Bernhard F. Klinger (Hrsg.),
Armin Abele, Klaus Becker
Thomas Maulbetsch, Wolfgang Roth

Der Vorsorgeplaner

Bernhard F. Klinger (Hrsg.),
Armin Abele, Klaus Becker
Thomas Maulbetsch, Wolfgang Roth

Der Vorsorgeplaner

Wie Sie durch Vollmachten, Verfügungen und
Testamente für den Krankheits-,
Pflege- und Erbfall vorsorgen

Linde international

stern

Bibliografische Information der Deutschen Nationalbibliothek
Die Deutsche Nationalbibliothek verzeichnet diese Publikation in der Deutschen Nationalbibliografie; detaillierte bibliografische Daten sind im Internet über http://dnb.d-nb.de abrufbar.

ISBN 978-3-7093-0356-6

Umschlag: *stern* und buero8
Satz: Hannes Strobl, Satz·Grafik·Design, 2620 Neunkirchen

1210 Wien, Scheydgasse 24, Tel.: +43/1/24 630
www.lindeverlag.de
www.lindeverlag.at

Druck: Hans Jentzsch & Co. GmbH, 1210 Wien, Scheydgasse 31
1

Inhalt

ÜBERSICHT ÜBER MUSTER UND BEISPIELE

Vorwort

Solange es einem gut geht, denkt man nicht gerne daran, dass sich das auch einmal ändern kann – und dass man besser daran täte, für diesen Fall vorzusorgen. Zu erschreckend ist der Gedanke. Und zu kompliziert alles, was mit Vollmachten, Patientenverfügungen, Testament oder Schweigepflichtentbindungserklärungen zu tun hat. Schon diese Worte!

Das ungute Gefühl müssen Sie überwinden – bei allem anderen hilft dieser *stern*-Ratgeber. Der umfangreiche „Vorsorgeplaner" macht es leicht, alles zu regeln, was einem im Krankheits- und Pflegefall nicht mehr möglich ist und was im Erbfall geklärt sein sollte. Nach ausführlichen Erläuterungen, was alles zu beachten ist, hält dieser Vorsorgeplaner vor allem Mustertexte bereit.

Von der Vorsorgevollmacht über die Betreuungs- und Patientenverfügung, von Organspendeverfügungen bis Vermögensübersichten – zu allem finden Sie Beispielformulierungen. So konkret, dass Sie nur noch unterschreiben oder in die Formulare alles Nötige eintragen müssen. Allein zum Thema Testament bietet das Buch aus der seit Jahren bewährten *stern*-Ratgeber-Reihe 30 verschiedene Gestaltungsmöglichkeiten für alle Lebenslagen.

Und schließlich finden Sie 15 vorformulierte Briefe und Hinweise für alles, was Sie bedenken müssen, wenn ein Ihnen nahestehender Mensch gestorben ist und Sie den Nachlass regeln müssen.

Schmerzhaft bleibt die Beschäftigung mit diesen Themen trotzdem. Doch mit dem „Vorsorgeplaner" werden Sie nichts vergessen und das Ausfüllen wird Ihnen leicht gemacht.

Frank Thomsen

Chefredakteur *stern.de*

Mehr Service auf stern.de

Kontrollbevollmächtigter – Missbrauch der Vorsorgevollmacht verhindern

Die Vorsorgevollmacht für Unternehmer

So sorgen Sie für den Notfall vor – Mustertexte für Vollmachten und Verfügungen

Dies und mehr unter www.stern.de/vorsorgeplaner

KAPITEL 1

Vorsorge für Krankheit, Unfall und Pflege

Die Vorsorgevollmacht

Warum sollte man eine Vorsorgevollmacht errichten?

Vermeidung einer Amtsbetreuung

Jeder Mensch kann durch eine Krankheit oder einen Unfall vorübergehend oder dauerhaft die Fähigkeit verlieren, seinen eigenen Willen zu äußern, selbständig Entscheidungen zu treffen und Rechtsgeschäfte abzuschließen. Nicht nur bei älteren Menschen kann dies auf Demenz – Stichwort „Alzheimer" – zurückgehen. Manche psychischen Erkrankungen sowie Bewusstlosigkeit in Folge eines schweren Unfalls schließen ebenfalls eine freie Willensbildung aus. Unabhängig davon, auf welchen Ursachen mangelnde Geschäftsfähigkeit beruht, sollte jeder Bürger für einen solchen Notfall vorsorgen. Denn fehlt die persönliche Vorsorge, kommt es zu folgendem Mechanismus: Der Arzt, eine Klinik, ein Heim oder eine andere Person oder Organisation benachrichtigt das Betreuungsgericht, und das Gericht setzt dann einen – unter Umständen fremden – Betreuer ein, der stellvertretend für die erkrankte Person handelt. Dies lässt sich vermeiden: Wenn der mündige Bürger als „Vollmachtgeber" mit einer Vorsorgevollmacht selbst bestimmt hat, wer ihn bei Handlungs- und/oder Äußerungsunfähigkeit vertreten soll, bestimmt das Gericht keinen Betreuer. Die Vorsorgevollmacht wirkt als zuverlässiges Langzeitmittel gegen die in der Gesellschaft stark abgelehnte und gefürchtete „Amtsbetreuung".

In vier Schritten zu Ihrer Vorsorgevollmacht

Kluge Planung

Eine vernünftige Vorsorgevollmacht bedarf einer gründlichen Planung in folgenden Schritten:

Schritt 1: Bestimmung der zu regelnden Angelegenheiten

Am Anfang sollte immer die Überlegung stehen, welche Angelegenheiten (gegenüber Banken, Behörden, Rentenstelle, Ämtern, Krankenkasse) zu regeln sind, wenn einmal krankheitsbedingt keine Handlungs- und Äußerungsfähigkeit bestehen sollte. Das Ergebnis, eine Liste der wichtigen Angelegenheiten, sollte um die jeweiligen Ansprechpartner – Name, Adresse und Telefonnummer – ergänzt werden.

Schritt 2: Wer soll später einmal für Sie als bevollmächtigte Person tätig werden?

Vertrauensperson erforderlich

Welche Personen verdienen so viel Vertrauen, dass sie als Bevollmächtigte infrage kommen? Sie sollten immer nur eine Person als Bevollmächtigten einsetzen, der Sie sehr großes Vertrauen entgegenbringen und die auch bereit und in der Lage ist, die Aufgabe zu übernehmen. Es ist von entscheidender Bedeutung, diese Person zu fragen, bevor Sie sie als Bevollmächtigten einsetzen.

Schritt 3: Sammlung von Informationen

Was Sie speziell auf Grund ihrer beruflichen Tätigkeit und privaten Situation mit einer Vorsorgevollmacht regeln sollten, können Sie in Gesprächen mit einem privaten und geschäftlichen Partner, Freunden und nicht zuletzt Juristen herausfinden. Umfassende Informationen finden Sie auch im Stern-Ratgeber „Patientenverfügung und Vorsorgevollmacht".

Schritt 4: Erstellen der Vorsorgevollmacht

Beratung durch einen Experten sinnvoll

Zwar können Sie Ihre Vorsorgevollmacht grundsätzlich selbst zu Papier bringen, doch auf Grund der großen Bedeutung eines solchen Dokuments sollten Sie einen Fachanwalt für Erbrecht einschalten, der sich in dieser sehr speziellen juristischen Materie sehr gut auskennt. Wegen der rechtlichen Schwierigkeiten, die mit einer Vorsorgevollmacht verbunden sind, sollte sich der Vollmachtgeber professioneller Hilfe bei der Erstellung der Vollmacht bedienen.

Wer braucht eine Vorsorgevollmacht?

Angehörige dürfen nicht entscheiden

Im Prinzip benötigt jeder Volljährige eine Vorsorgevollmacht. Bis zur Vollendung des 18. Lebensjahres gilt das „elterliche Sorgerecht". Es besagt, dass das Gesetz den Eltern die „Rechtsmacht" überträgt, für ihre minderjährigen Kinder rechtsverbindlich zu handeln. Diese Befugnis endet mit dem 18. Geburtstag des Kindes. Anschließend kann ein junger Erwachsener selbst mit einer Vorsorgevollmacht einer Person seines Vertrauens für den Fall der eigenen krankheitsbedingten Äußerungsunfähigkeit die „Rechtsmacht" übertragen. Wer auf diese Möglichkeit verzichtet, muss im Fall der Fälle – zum Beispiel nach einem schweren Unfall – damit rechnen, dass ein Gericht einen fremden Betreuer bestellt. Junge Leute mit Hobbys wie Gleitschirm-Fliegen, Motorradfahren, Klettern, Bungee-Jumping und Extremtouren sind gut beraten, eine Vorsorgevollmacht zu verfassen. Dies gilt auch für diejenigen, die sich für einen gefährlichen Beruf entschieden haben (zum Beispiel Fensterreiniger, Berufskraftfahrer, Feuerwehrleute).

Notwendig für Eheleute

Ehepartner sind übrigens nicht allein auf Grund eines Trauscheins befugt, für ihren Partner rechtsverbindlich zu handeln. Diese Meinung beruht auf einem weitverbreiteten Irrtum. In der Praxis führt dieser Irrtum häufig zu ernüchternden Erfahrungen. Eine Ehefrau kann für ihren Ehemann in der Regel keine Bankgeschäfte erledigen, wenn sie hierzu nicht ausdrücklich, zum Beispiel durch eine Vorsorgevollmacht, bevollmächtigt ist. Dies gilt auch für Entscheidungen über die medizinische Behandlung des Ehegatten oder Lebensgefährten. Zwar sind die Ärzte gehalten, mit den nächsten Angehörigen einer erkrankten Person zu sprechen und Einvernehmen herzustellen, doch das bedeutet nicht, dass ein Ehepartner für den anderen Entscheidungen treffen könnte. Dies ist nur unter der Voraussetzung möglich, dass er mit einer Vorsorgevollmacht die Übertragung der „Rechtsmacht" nachweisen kann. Vor allem dann, wenn der Arzt eine andere Meinung vertritt, besteht für einen Ehepartner ohne Vorsorgevollmacht keine Möglichkeit, Einfluss zu nehmen. Auch Ehepartner benötigen somit eine Vorsorgevollmacht! Andernfalls sind auch sie von der Entscheidung über gesundheitliche Maßnahmen ausgeschlossen.

Unverzichtbar für Singles und Witwer/n

Alleinstehende Personen, egal ob jüngere „Singles" oder ältere Witwen und Witwer, benötigen eine Vorsorgevollmacht (oder Betreuungsverfügung; siehe dazu Seite 19), wenn sie eine Betreuung durch fremde Personen ausschließen wollen.

Welche rechtlichen Wirkungen hat eine Vorsorgevollmacht?

Regeln Sie den Umfang Ihrer Vollmacht

Ein Bevollmächtigter kann immer nur mit den Befugnissen handeln, die er vom Vollmachtgeber übertragen erhält. Eine Vollmacht kann auf einen einzelnen Lebensbereich begrenzt sein (zum Beispiel die Gesundheitssorge oder die Vermögenssorge oder Postangelegenheiten). Der Bevollmächtigte darf nur in einem Bereich für den Vollmachtgeber tätig sein, der in der Vollmacht genannt ist.

Vorsorge für Gesundheit und Pflege

Erstreckt sich die Vollmacht ausschließlich auf den Bereich der Gesundheit und Pflege, kann der Bevollmächtigte stellvertretend für den Vollmachtgeber über die jeweilige medizinische Behandlung und tatsächliche Ausgestaltung der Pflege entscheiden, nicht jedoch über Geldanlagen und Aktiendepots. Umgekehrt kann der Bevollmächtigte für die Vermögenssorge nur in Geldangelegenheiten entscheiden, nicht jedoch über Therapien. Die Einwilligung in eine das Leben gefährdende Operation und in lebensverlängernde Maßnahmen oder deren Abbruch sollte möglichst nicht (nur) in einer Vorsorgevollmacht geregelt sein, sondern (auch) per Patientenverfügung (siehe dazu Seite 24). Erstreckt sich die Vollmacht auf die Befugnis zur „Aufenthaltsbestimmung", darf der Bevollmächtigte Ihr Pflege- oder Altersheim auswählen und die Auflösung Ihrer Wohnung vornehmen, sofern dies notwendig werden sollte.

Die Vollmacht kann sich auch darauf beziehen, dass Ihr Bevollmächtigter Sie gegenüber Behörden und Gerichten vertreten kann. Soll er auch finanzielle Angelegenheiten für Sie regeln dürfen, sind die Vertretungsbefugnis gegenüber Banken und die Regelung finanzieller Angelegenheiten in die Vollmacht aufzunehmen. In den meisten Fällen sollte die Vollmacht auch die „Postvollmacht" umfassen, damit Ihr Bevollmächtigter Ihre Briefe entgegennehmen, öffnen und beantworten kann. Viele Aufgaben überschneiden sich und sind nicht eindeutig nur einem einzelnen Lebensbereich zuzuordnen. Daher ist es in der Regel sinnvoll, eine Vorsorgevollmacht als „Generalvollmacht" anzulegen. Ihr Bevollmächtigter ist dann befugt, alle anfallenden Anliegen für Sie umfassend zu regeln. Die Rechtswirkung einer Vorsorgevollmacht erstreckt sich also immer so weit, wie Sie dem Bevollmächtigten gegenüber „Rechtsmacht" zuweisen.

Vorsorge für finanzielle Angelegenheiten

Muss die Vorsorgevollmacht schriftlich oder beim Notar errichtet werden?

Eine Vorsorgevollmacht kann theoretisch sogar mündlich erteilt werden. Da die mündliche Bevollmächtigung schwer oder überhaupt nicht nachzuweisen ist, sollte die Vollmacht schriftlich niedergelegt sein. So werden auch Zweifel an der Existenz einer Vorsorgevollmacht vermieden. Der Vollmachtgeber muss die Vollmachtsurkunde nicht handschriftlich niederlegen, sondern kann einen mit der Maschine oder dem PC vorgeschriebenen Text einfach unterschreiben.

Schriftform empfehlenswert

Eine notarielle Beurkundung ist nur dann erforderlich, wenn der Bevollmächtigte die Möglichkeit haben soll, für Sie zum Beispiel auch Grundstücksgeschäfte zu tätigen, gewerbliche Aktivitäten weiterzuführen oder eine Firma zu leiten. Besteht keine notarielle Vollmacht für diese Rechtsangelegenheiten, muss das Betreuungsgericht hierfür einen Ergänzungsbetreuer bestellen. Ob die Bevollmächtigung allerdings so weit gehen soll, muss jeder selbst entscheiden. Für die Vertretung und Regulierung der täglichen Fragen bedarf es einer solch weitreichenden Bevollmächtigung nicht.

Beurkundung nur ausnahmsweise notwendig

Welche Fehler kann ich bei Erteilung einer Vorsorgevollmacht machen?

Bei der Errichtung einer Vorsorgevollmacht kann man viele Fehler machen. Mangelhafte Formulierungen können dazu führen, dass der Bevollmächtigte die Möglichkeit hat, die Vollmacht zu seinen Gunsten zu missbrauchen. Ist außerdem die Vollmacht nicht auf spezielle Lebensbereiche korrekt zugeschnitten oder fehlen solche komplett, weist die Vollmacht „Lücken" auf. In diesem Fall passiert genau das, was Sie mit der Vollmacht vermeiden wollten: die Bestellung eines Betreuers für Aufgaben, für die Sie niemanden bevollmächtigt haben; es handeln dann im Rechtsverkehr zwei „Befugte" für Sie. Dies kann erhebliche Verwirrung stiften. Fehlerhafte Formulierungen können den Gebrauch der Vorsorgevollmacht einschränken oder gar verhindern.

Präzise Formulierung beachten

Ist in der Vollmacht die naheliegende Formulierung aufgenommen, dass *„die Vollmacht nur dann gilt, wenn ich krank bin oder meine Geschäfte nicht mehr selbst regeln kann"*, steht die Vollmacht unter einer rechtlichen Bedingung, nämlich Ihrer Erkrankung oder Geschäftsunfähigkeit. Ein Bevollmächtigter, der für Sie im Ernstfall tätig werden will, wird auf große Schwierigkeiten stoßen. Er muss damit rechnen, dass die Bank oder ein Amt zuerst prüft, ob die Bedingung für den Einsatz der Vollmacht – Erkrankung oder Geschäftsunfähigkeit – tatsächlich eingetreten ist. Die Vollmacht ist dann kaum zu verwenden, Ihre Angelegenheiten können nicht geregelt werden. Dem Bevollmächtigten können auch „Zügel angelegt" werden, so dass er die Vollmacht nach Ihren Anweisungen nur in bestimmten Situationen und nach Ihren Vorstellungen einsetzen darf (Vertrag mit einem Bevollmächtigten; siehe dazu Seite 15).

Keine Bedingungen aufnehmen

Eine weitere missglückte Formulierung für die Praxis kann darin liegen, dass die Vorsorgevollmacht nicht über den Tod des Vollmachtgebers hinaus wirksam ist. Bis die Erben ermittelt sind und handeln können, entsteht dann ein regelungsloser Zustand. In dieser Zeit ist der Bevollmächtigte handlungsunfähig und kann den Nachlass nicht verwalten. Er kann zum Beispiel kei-

Vollmacht „über den Tod hinaus" sinnvoll

ne Rechnungen bezahlen. Weil die Erteilung einer Vorsorgevollmacht mit zahlreichen Fehlern verbunden sein kann, sollte sie nicht ohne eine mit dieser rechtlichen Materie vertrauten Person – zum Beispiel einem Fachanwalt für Erbrecht – vorgenommen werden.

Wen soll man als Bevollmächtigten bestimmen?

Auswahl einer geeigneten Person

Sie sollten nur eine Person Ihres absoluten Vertrauens mit einer Vorsorgevollmacht ausstatten. Das Vertrauen sollte objektiv begründet sein (Lebensführung, Fähigkeit, mit Geld und bürokratischen Anforderungen umzugehen, Gesundheit, Einsatzbereitschaft, Zeitbudget). Enge Familienangehörige (Ehepartner, Kinder) kommen infrage, jedoch auch weiter entfernte Verwandte, gute Freunde oder sonstige Vertrauenspersonen. Machen Sie sich bewusst, dass Sie den Bevollmächtigten mit der Vorsorgevollmacht zu Ihrem Stellvertreter mit entsprechender Handlungs- und Entscheidungsbefugnis machen! Der „Vollmachtnehmer" sollte deshalb auch Ihre persönlichen Überzeugungen kennen und in der Lage sein, Ihren mutmaßlichen Willen notfalls aus Ihrer Lebensführung, Ihren Wertvorstellungen und Ihren Ansichten abzuleiten. Beachten Sie immer auch, dass Ihr Wille notfalls auch gegen Widerstände durchzusetzen ist.

Befähigung Ihres Bevollmächtigten

Dazu muss Ihr Bevollmächtigter gesundheitlich und altersmäßig in der Lage sein. Auch dürfen Sie nicht verkennen, dass nicht nur Sie selbst, sondern auch der Bevollmächtigte älter wird und Ihnen möglicherweise auf Grund seines Gesundheitszustandes nicht mehr helfen kann, wenn Sie in hohem Alter einen Bevollmächtigten benötigen. Es bietet sich daher an, für einen solchen Fall zumindest einen deutlich jüngeren Ersatzbevollmächtigten zu benennen. Sonst kommt der oben schon geschilderte Mechanismus in Gang: Ein Gericht bestellt einen Betreuer für Sie. In der Regel macht es Sinn, wenn Sie zumindest auch eines Ihrer Kinder als deutlich jüngere Person bevollmächtigen. Sie sollten jedoch ein Kind nicht gleichrangig mit dem Ehepartner bevollmächtigen, weil damit vermeidbare Konflikte vorprogrammiert sind. Vielmehr sollten Kinder oder andere Personen als Ersatzbevollmächtigte für den Fall eingesetzt werden, dass der Bevollmächtigte selbst nicht mehr handeln kann oder will.

Bereitschaft Ihres Bevollmächtigten

Sprechen Sie zuerst mit der Person, der Sie die Vollmacht übertragen möchten. Übertragen Sie einer Person nicht die Vollmacht, die die verantwortliche Aufgabe des Bevollmächtigten nicht übernehmen will oder kann. Es macht auch keinen Sinn, eine „Kandidatin" oder einen „Kandidaten" zu bedrängen. Wer Ihnen nicht nur spontan im Gespräch, sondern auch nach gründlicher Überlegung zusagt, könnte ein geeigneter Bevollmächtigter sein. Je schwieriger die übertragene Aufgabe ist (Verwaltung einer größeren Immobilie, behördlicher Schriftverkehr, Regelung steuerlicher Angelegenheiten), umso stärker kommt auch eine Person mit beruflichen Fachkenntnissen (zum Beispiel ein erfahrener Rechtsanwalt) als Bevollmächtigter infrage.

Durchsetzungsfähigkeit Ihres Bevollmächtigten

Wenn es Ihnen darauf ankommt, dass der Bevollmächtigte Ihre Wünsche und Interessen auch offensiv vertreten kann, sollte die Person in der Lage sein, überzeugend und konsequent zu handeln. Wenn Sie schon damit rechnen, dass der Bevollmächtigten sich gegen Widerstände auf Seiten von Behörden, Ärzten, Heimen oder Familienmitgliedern behaupten muss, sollten Sie bei der Auswahl der Person in besonderem Maße auf „Durchsetzungsfähigkeit" als entscheidendes Kriterium achten.

Sehr wichtig ist es in der Regel, dass Ihr Bevollmächtigter nicht allzu weit entfernt von Ihnen wohnt. Wenn Ihr einziges Kind im Ausland oder in einer viele Hundert Kilometer entfernten Großstadt arbeitet, ist es kaum in der Lage, in einem Notfall stellvertretend für Sie zu handeln. Über große Distanzen hinweg ist es kaum möglich, sich ein Bild von der Lage vor Ort machen, wichtige Gespräche zu führen oder Pflegedienste zu beauftragen und zu kontrollieren.

Was gilt, wenn der Bevollmächtigte vor dem Vollmachtgeber verstirbt oder selbst betreuungsbedürftig wird?

Wenn Sie Betreuung ausschließen wollen, müssen Sie zumindest einen Ersatzbevollmächtigten benennen. Ein Bevollmächtigter kann vor Ihnen versterben, selbst betreuungsbedürftig werden, von sich aus die Vollmacht niederlegen oder – aus welchen Gründen auch immer – nicht mehr stellvertretend für Sie handeln. Wenn Sie diesen Fall in Ihrer Vorsorgevollmacht nicht durch Benennung eines oder mehrerer Ersatzbevollmächtigter geregelt haben, muss das Betreuungsgericht einen Betreuer bestellen, der Sie rechtlich vertritt. Möglicherweise handelt dann stellvertretend für Sie eine Person, die Ihre Wünsche und Ansichten nicht kennt, Geld kostet und unter Umständen durch ihr Handeln Unfrieden in Ihrer Familie stiftet.

Bestimmung eines Ersatzbevollmächtigten

Wo sollte man die Vorsorgevollmacht aufbewahren?

Der Bevollmächtigte muss die Vorsorgevollmacht rasch auffinden können. Nur so kann er sofort loslegen, wenn Sie eines Tages plötzlich Ihre Angelegenheiten krankheitsbedingt nicht mehr selbst regeln können. Gleichzeitig muss die Vorsorgevollmacht vor unberechtigtem Zugriff durch Unbefugte gesichert sein. Verwandte, die verärgert sind, weil sie selbst nicht als Bevollmächtigte eingesetzt wurden oder mit einigem Recht befürchten, dass der Bevollmächtigte – wie vom Vollmachtgeber gewünscht – nicht ihre Interessen vertritt, dürfen keine Chance zur Vernichtung oder Entwendung der Vollmachtsurkunde bekommen. Die Aufbewahrung in der eigenen Wohnung oder im Wohnhaus des Vollmachtgebers kann im Einzelfall durchaus sinnvoll und möglich sein. Manchmal ist sie als problematisch einzustufen, wenn hier ein leichter Zugriff durch unbefugte Dritte möglich ist. Legen Sie die Vollmacht nicht in einen Safe oder in ein Bankschließfach! Denn bei dieser sicheren Verwahrung ist die Urkunde sicher nicht verfügbar, wenn Ihr Bevollmächtigter für Sie handeln soll.

Sichere Verwahrung

Es kann Wochen und Monate dauern, bis ein Gericht entschieden hat, dass ein Bankschließfach geöffnet werden kann! Sie sollten Ihre Vorsorgevollmacht immer so aufbewahren, dass der Bevollmächtigte sie ohne Probleme finden kann, zum Beispiel in einer Dokumentenmappe, deren Aufbewahrungsort Sie ausschließlich dem Bevollmächtigten mitteilen. Ist die Aufbewahrung zu Hause zu riskant, kommt als sicherer Ort eine Anwaltskanzlei Ihres Vertrauens infrage. Die bestmögliche Aufbewahrung ist immer im Einzelfall zu ermitteln – ein Patentrezept hierfür gibt es nicht.

Schnelle Auffindbarkeit sicherstellen

Sind Sie zeitweise oder längerfristig von zu Hause abwesend, zum Beispiel in einem Senioren- oder Pflegeheim, sollten Sie oder Ihre Angehörigen die Heimleitung darüber informieren, dass Sie eine Vorsorgevollmacht errichtet haben, wo sie aufbewahrt ist und wer der Bevollmächtigte ist. Die Heimleitung kann dann mit dem Bevollmächtigten Kontakt aufnehmen, sofern in pflegerischen, medizinischen und/oder finanziellen Angelegenheiten Entscheidungen zu treffen sind.

Information der Heimleitung

Ist eine Registrierung im Vorsorgeregister notwendig?

Seit Anfang 2005 wird in Berlin das Zentrale Register für Vorsorgevollmachten (www.vorsorgeregister.de) geführt. Auf Grund dieses Registers kann das zuständige Gericht rasch erkennen, dass wegen einer bestehenden Vorsorgevollmacht kein „Amtsbetreuer“ bestellt werden muss. Tritt ein Notfall ein und ist nicht bekannt, ob ein Vorsorgebevollmächtigter bestellt wurde, ordnet das Betreuungsgericht die Einsetzung eines Betreuers kurzfristig an. Bevor dies geschieht, fragt das Gericht jedoch online beim Zentralen Register an, ob eine Vorsorgevollmacht existiert. Ist das der Fall, wird der Bevollmächtigte umgehend informiert und ein Betreuungsverfahren gar nicht erst eingeleitet, das nach dem späteren Auftauchen der Vorsorgevollmacht wieder aufgehoben werden müsste. Das Vorsorgeregister speichert lediglich die Information, dass eine Vorsorgevollmacht einer bestimmten Person existiert, und einige Inhalte der Vollmacht (Name, Anschrift des Bevollmächtigten).

Registrierung Ihrer Vollmacht sinnvoll

Eine Hinterlegung der Vollmacht selbst ist dagegen nicht möglich. Das Vorsorgeregister umfasst sowohl privatschriftliche als auch notarielle Vorsorgevollmachten.

Keine Hinterlegung

EXPERTENTIPP

Auch wenn der Eintrag in das Zentrale Register der Bundesnotarkammer erfolgt ist, muss zusätzlich noch dafür gesorgt werden, dass der Bevollmächtigte die Vollmacht erhält oder sich diese zumindest einfach verschaffen kann, damit er für Sie handeln kann. Das Problem der sicheren und zugänglichen Aufbewahrung der Vollmacht ist durch die Registrierung im Vorsorgeregister nicht automatisch gelöst, dafür bleibt der Vollmachtgeber weiterhin selbst zuständig.

Wie lässt sich der Missbrauch verhindern?

Schutz vor Missbrauch

Allein die Tatsache, dass ein Bevollmächtigter zur Stellvertretung berechtigt ist, birgt das Risiko des Missbrauchs dieser „Rechtsmacht" in sich. Im medizinisch-gesundheitlichen Bereich besteht die Gefahr, dass der Bevollmächtigte sich nicht an die Wertvorstellungen und den Willen des Vollmachtgebers hält. Möglich ist auch, dass der Bevollmächtigte lediglich die Befugnis ausnutzt, um das zu tun, was seinen Interessen entspricht, jedoch andere Aufgabenbereiche, die er vom Vollmachtgeber übertragen erhielt, vernachlässigt.

Generalvollmacht nicht ohne Risiko

Liegt eine uneingeschränkte Generalvollmacht vor, ist das Risiko des Missbrauchs am größten. Der Bevollmächtigte kann damit die Bankkonten abräumen und sich dadurch selbst oder Dritte bereichern. Dasselbe Risiko besteht, wenn die Vorsorgevollmacht weitreichende Befugnisse zur Erledigung finanzieller Angelegenheiten umfasst und der Bevollmächtigte insoweit Bankvollmacht besitzt. Sie können einen solchen Vollmachtmissbrauch dadurch verhindern, dass Sie diese Risiken in einem gesonderten Grundvertrag (siehe dazu Seite 15) absichern und ausschließen.

Rechenschaftspflicht als Mittel zur Kontrolle

Der Bevollmächtigte ist gegenüber dem Vollmachtgeber und dessen Erben rechenschaftspflichtig. So kann er in der Ausübung seiner Tätigkeiten kontrolliert werden. Auf diese Kontrollbefugnis sollte der Vollmachtgeber nicht verzichten. Verstößt der Bevollmächtigte gegen Weisungen des Vollmachtgebers, können Regressansprüche von ihm selbst oder seinen Erben geltend gemacht werden. Um zum Beispiel das Abräumen von Konten zu verhindern, empfiehlt es sich, die Befugnis, Geld abzuheben und/oder zu überweisen, auf bestimmte Höchstbeträge zu begrenzen.

EXPERTENTIPP

Mit einem Grundvertrag können Sie vermeiden, dass Ihr Bevollmächtigter Ihre Vollmacht missbräuchlich einsetzt, etwa um sich zu bereichern. Ein solcher Vertrag regelt zwischen dem Vollmachtgeber und dem Bevollmächtigten, wie der Bevollmächtigte die Vollmacht nutzen soll und was er zu unterlassen hat. Sehr sinnvoll ist die Bestimmung, dass ein Kontrollbevollmächtigter bei finanziellen Transaktionen ab einer bestimmten Höhe zustimmen muss. Vorteilhaft ist auch eine Regelung, die besagt, dass die zweckentsprechende Verwendung der vorhandenen Geldmittel des Vollmachtgebers generell von einem Dritten, zum Beispiel einem Verwandten, Anwalt oder einer sonstigen Person, gegengezeichnet werden muss („Vier-Augen-Prinzip"). Allzu viele und enge Kontrollmechanismen sollte man allerdings nicht vorsehen. Der Bevollmächtigte darf nicht den Eindruck gewinnen, es werde ihm ausschließlich Misstrauen entgegengebracht. Denn dies kann dazu führen, dass er seine Tätigkeit erst gar nicht aufnimmt oder auf Grund von „Schikanen" niederlegt.

Erhält der Bevollmächtigte eine Vergütung und Ersatz seiner Aufwendungen?

Kraft Gesetz kein Vergütungsanspruch

In der Regel entsteht mit der Unterschrift unter eine Vorsorgevollmacht zugleich ein Auftragsverhältnis zwischen dem Vollmachtgeber und dem Bevollmächtigten. Das Auftragsverhältnis ist im Gesetz bis in Einzelheiten geregelt. Ohne ausdrückliche Vereinbarung erhält der Bevollmächtigte keine Vergütung. Ist für die Tätigkeiten des Bevollmächtigten eine Vergütung vereinbart, handelt es sich um einen „Geschäftsbesorgungsvertrag“. Aus dem Vermögen des Vollmachtgebers muss dann die vereinbarte Vergütung gezahlt werden.

Auch dann, wenn eine solche Vergütungsabsprache nicht getroffen ist, hat der Bevollmächtigte aber einen Anspruch auf Ersatz seiner Auslagen, es sei denn, auch dies wurde ausdrücklich ausgeschlossen.

Auslagenersatz

Eher unüblich ist eine Absprache, nach der ein Verwandter als Bevollmächtigter eine Vergütung erhält, zumal der Bevollmächtigte häufig auch Erbe oder Miterbe wird. Nur bei umfangreichen Aufgaben – Verwaltung von Mietshäusern, Geschäftsführung von Firmen – ist auch zwischen Verwandten regelmäßig eine Vergütung für Vollmachttätigkeiten zu erwarten. Je weniger eng und freundschaftlich das Verhältnis zwischen dem Bevollmächtigten und dem Vollmachtgeber ist, je stärker die Tätigkeit der Vollmachtausübung als berufliche Aktivität verstanden wird, desto eher ist eine Vergütung üblich. Wer einem Anwalt per Vorsorgevollmacht umfangreiche Vertretungsaufgaben überträgt, weil er auf dessen juristische Kompetenz, menschliche Integrität und Durchsetzungsfähigkeit Wert legt, wird sich nicht scheuen, die Tätigkeiten nach den üblichen Gebührensätzen zu vergüten.

Vergütung vertraglich regeln

Was sollte der Bevollmächtigte für sich selbst beachten?

Jeder Bevollmächtigte ist gegenüber dem Vollmachtgeber bereits ab Übernahme seiner Tätigkeit über sein gesamtes Handeln auskunfts- und rechenschaftspflichtig. Diese Pflicht besteht gegenüber den Erben des Vollmachtgebers fort, endet also nicht mit etwa mit dem Tod des Vollmachtgebers. Aus diesem Grund ist jeder Bevollmächtigte gut beraten, alle Ausgaben und Aktivitäten vollständig zu dokumentieren.

Tätigkeitsnachweis wichtig

Es liegt im elementaren Interesse des Bevollmächtigten, über Einnahmen und Ausgaben akribisch Buch zu führen und Belege wie Quittungen und Rechnungen – getrennt von eigenen Belegen – zu sammeln; bei Bestehen einer Kontovollmacht sollte der Bevollmächtigte auch die Kontoauszüge ordnen und sammeln, um die Verwendung der Geldmittel des Vollmachtgebers jederzeit bis auf den letzten Cent nachweisen zu können. Je genauer der Bevollmächtigte Buch führt und Belege sammelt, desto stärker schützt er sich vor etwaigen Regressansprüchen.

Belege sammeln

Vertrag mit einem Bevollmächtigten

Nicht nur zwischen Ihrem Bevollmächtigten und dem „Rechtsverkehr“ (gemeint sind insbesondere Banken, Versicherungen, Kliniken, Heime, Ämter und Ärzte) entstehen Rechtsbeziehungen, die auf der Vollmacht basieren. Es sollte jedoch auch die Basis für die Zusammenarbeit zwischen dem Vollmachtgeber und dem Bevollmächtigten klar geregelt sein. Sie sollten daher zusätzlich zur Vollmacht mit dem Bevollmächtigten einen gesonderten „Grundvertrag“ abschließen. Dieser Vertrag sollte regeln, was der Bevollmächtigte genau tun darf und was nicht und wie er Ihnen gegenüber Rechenschaft abzulegen hat.

Rechte und Pflichten des Bevollmächtigten klären

Dieses „Innenverhältnis“ zwischen Vollmachtgeber und Bevollmächtigtem ist in rechtlicher Hinsicht genauso wichtig wie die Vorsorgevollmacht selbst. Einfluss auf das „Außenverhältnis“ (gegenüber Dritten) hat der Grundvertrag nicht. In der Vollmacht ist das „rechtliche Können“ verbrieft, im Grundvertrag das „rechtliche Dürfen“, also die Grenzen der Befugnis des Bevollmächtigten, die Vollmacht einzusetzen. Leider wird dieses Innenverhältnis in aller Regel übersehen und gar nicht geregelt. Dies führt immer wieder zu massivem Ärger, der durch eine sinnvolle Vertragsgestaltung zu vermeiden wäre.

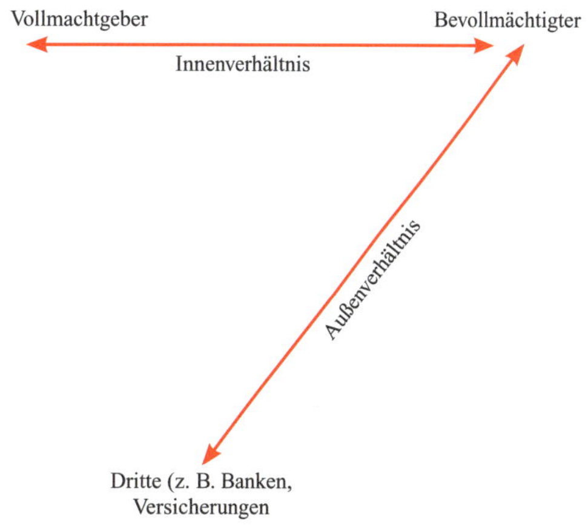

Strikt das Außen- und Innenverhältnis trennen!

Grundvertrag

Der Grundvertrag stellt die rechtliche Grundlage für die im Außenverhältnis einzusetzende Vollmacht dar. Wird der Bevollmächtigte gegen Entgelt tätig, handelt es sich bei dem Vertrag um einen „Geschäftsbesorgungsvertrag" nach § 675 BGB. Bei unentgeltlicher Tätigkeit liegt hingegen ein Auftragsverhältnis nach § 662 BGB vor. Unabhängig von der Art des Grundvertrags kann der Vollmachtgeber dem Bevollmächtigten im Innenverhältnis verbindlich Wünsche, Anweisungen und Leitlinien vorgeben, die zu beachten sind, wenn die Vollmacht eingesetzt wird. Hierzu ist der Bevollmächtigte dann verpflichtet.

EXPERTENTIPP

Ihre Wertvorstellungen sollten Sie nicht in die Vollmachtsurkunde schreiben. Durch das Vorlegen der Vollmacht bei Dritten erfahren diese von Ihren Wünschen, Wertvorstellungen und Ansichten. Den Rechtsverkehr gehen diese höchstpersönlichen Anschauungen jedoch nichts an; solche „Leitlinien" sind nur maßgeblich gegenüber dem Bevollmächtigten. Klären Sie deshalb Ihre Wertvorstellungen, Wünsche und Weisungen direkt mit dem Bevollmächtigten allein im Innenverhältnis und legen Sie diese Vorgaben für ihn im Grundvertrag fest.

Weisungen

Die Anweisungen an den Bevollmächtigten sollten Sie so umfangreich gestalten, wie Sie ihm „Rechtsmacht" mittels Vollmacht übertragen. Sie können ihm beispielsweise genaue Vorgaben darüber machen, auf welche Weise er Ihr Vermögen zu verwalten hat, wenn Sie ihm den Bereich „finanzielle Tätigkeiten" zuweisen. Sie können außerdem regeln, in welchem Umfang die Geldmittel für Ihren laufenden Lebensunterhalt zu verwenden sind. Weiter können Sie die Anlage von Vermögen verbindlich vorschreiben (zum Beispiel in Aktien, Fonds, Sparzertifikaten, Edelmetallen oder einem bestimmten Verhältnis dieser Anlageformen). Ihr Bevollmächtigter ist nicht befugt, von solchen Vorgaben abzuweichen.

EXPERTENTIPP

Bedenken Sie aber, dass der Bevollmächtigte nicht zu sehr eingeschränkt werden sollte. Er kann sonst auf veränderte Umstände – so etwa fallende Aktienkurse oder einen Bankencrash – nicht so reagieren, wie Sie dies selbst tun würden.

Wünsche an den Bevollmächtigten

Sie können auch vorgeben, dass der Bevollmächtigte einmalig oder regelmäßig bestimmte Geldbeträge an von Ihnen näher bezeichnete wohltätige, kirchliche oder gemeinnützige Organisationen oder wissenschaftliche Einrichtungen in Form von Spenden überweisen soll. Für den Fall, dass es Ihnen wichtig ist, Ihren Enkelkindern jeweils zum Geburtstag oder zu Weihnachten einen bestimmten Geldbetrag zu schenken, können Sie dies ebenfalls im Grundvertrag anordnen.

Untersagung bestimmter Geschäfte

Ihr Handlungsspielraum geht auch so weit, dass Sie Ihren Bevollmächtigten anweisen können, überhaupt keine Rechtsgeschäfte vermögensrechtlicher Art vorzunehmen oder dies nur unter ganz bestimmten Bedingungen zu tun. Sie können beispielsweise untersagen, dass der Bevollmächtigte stellvertretend für Sie Kredite über einen bestimmten Betrag aufnimmt, Immobilien veräußert oder bestimmte Gegenstände (so etwa ein Auto) verkauft. Ist eine solche Einschränkung gewünscht, sollten Sie auch im „Außenverhältnis" darauf achten, dass die Vollmacht die Vornahme solcher Rechtsgeschäfte untersagt. Fehlt in der Vollmacht der Hinweis auf Einschränkungen und nimmt Ihr Bevollmächtigter dennoch – weisungswidrig – solche Rechtsgeschäfte vor, bleiben diese gültig. Selbst wenn der Bevollmächtigte also seine Kompetenzen überschritten hat, müssen Sie für den Vertrag einstehen, den er für Sie abgeschlossen hat.

Haftung des Bevollmächtigten

Sie können sich zwar dann an den Bevollmächtigten wenden und von ihm Schadenersatz oder „Freistellung" fordern. Sollten Sie hierzu zum Beispiel aus gesundheitlichen Gründen nicht mehr in der Lage sein, kann diese Aufgabe ein Kontrollbevollmächtigter übernehmen. Aber das ist nicht so einfach, wenn Sie gerade auf einen rechtlichen Vertreter – also einen Bevollmächtigten – angewiesen sind.

Ein ganz anderer Sachverhalt besteht, wenn ein Dritter die Beschränkung der Vollmacht kannte oder kennen konnte und dennoch mit dem Bevollmächtigten ein von Ihnen nicht zugelassenes Rechtsgeschäft abschließt. In diesem Fall entfällt die Schadenersatzpflicht des Bevollmächtigten. Wenn Sie per Vollmacht festgelegt haben, dass der Bevollmächtigte pro Monat nur über einen bestimmten Maximalbetrag verfügen darf, und die Bank nicht auf diese Einschränkung achtet, dann ist ein Rechtsgeschäft mit Beträgen über dem Maximalbetrag insgesamt nicht gültig und Sie können sich mit Schadenersatzforderungen direkt an die unaufmerksame Bank wenden.

Pflegeanweisungen

Für Ihre persönliche Pflege können Sie dem Bevollmächtigten im Grundvertrag bestimmte Vorstellungen und Anweisungen an die Hand geben. Beispielsweise können Sie ihm per Vertrag mitteilen, wo und von wem Sie später einmal bei Bedarf versorgt, gepflegt oder behandelt werden möchten.

EXPERTENTIPP

Neben persönlichen Wünschen können Sie per Vorsorgevollmacht auch vorgeben, was Sie kategorisch ausschließen oder nicht so gerne akzeptieren wollen. So können Sie Ihrem Bevollmächtigten im Grundvertrag vorgeben, dass Sie die Pflegeheime A und B mit gutem Ruf bevorzugen, jedoch unter keinen Umständen in den Heimen X, Y und Z leben wollen. Sinnvoll ist es häufig, die Wünsche abstrakt zu formulieren (zum Beispiel religiöse Ausrichtung, therapeutische Möglichkeiten, örtliche Nähe zu Verwandten). Beachten Sie bitte auch, dass Ihre Wünsche nicht mit Ihren finanziellen Möglichkeiten kollidieren. Wie im normalen Leben kann man auch im Zustand der Handlungsunfähigkeit nicht „in Saus und Braus" über die eigenen Verhältnisse leben.

Behandlungswünsche

Im Grundvertrag sollten Sie insbesondere Wünsche niederlegen, die sich auf Krankheiten beziehen (Wahl von Fachärzten, Krankenhäusern, Behandlungsmethoden). Bitte beachten Sie, dass der Grundvertrag nicht in Widerspruch zu einer eventuell bestehenden Patientenverfügung stehen darf.

Umfang der Rechenschaftspflicht

Besonders wichtig ist die Regelung zur Auskunfts- und Rechenschaftspflicht des Bevollmächtigten (§ 666 BGB) Ihnen gegenüber. Der Grundvertrag sollte regeln, ob und in welchen zeitlichen Intervallen der Bevollmächtigte Auskunft erteilen und Rechenschaft ablegen soll. Sie behalten damit die Kontrolle über das Handeln Ihres Bevollmächtigten und können auf etwaige Verstöße umgehend reagieren. Sind Sie zu einer solchen Kontrolle gesundheitlich nicht mehr in der Lage, kann ein von Ihnen eingesetzter Kontrollbevollmächtigter diese Aufgabe für Sie übernehmen (siehe dazu Seite 132). Wünschen Sie keinerlei Aufsicht und Kontrolle gegenüber Ihrem Bevollmächtigten, weil Sie ihm blind vertrauen (zum Beispiel Ihrem langjährigen Ehegatten), sollten Sie dies ebenfalls schriftlich im Grundvertrag festhalten; diese Anweisung bindet in Ihrem Todesfall auch Ihre Erben. Ein Streit über die Ausübung der Vorsorgevollmacht zu Ihren Lebzeiten kann dann zwischen Ihrem Bevollmächtigten und Ihren Erben nicht entstehen.

Formulierungsbeispiel „Eingeschränkte Rechenschafts- und Auskunftspflicht des Bevollmächtigten"

Gemäß § 666 BGB ist der Beauftragte nur zu einer jährlichen Rechnungslegung über die Vermögensverwaltung in Form einer geordneten Zusammenstellung der Einnahmen und Ausgaben, versehen mit den entsprechenden Belegen, soweit diese erteilt zu werden pflegen und den Betrag von 50 € überschreiten, und zu einer jährlichen Vermögensaufstellung, die über den Ab- und Zugang des Vermögens Auskunft gibt, verpflichtet und hat darüber Auskunft zu erteilen. Eine weitergehende Rechnungslegungs- und Auskunftspflicht des Beauftragten besteht nicht. Das erste Rechnungslegungsjahr beginnt mit der ersten Vermögensverfügung des Beauftragten.

Über quittierte Barbeträge zur Bestreitung der gewöhnlichen Lebenshaltungskosten des Auftraggebers besteht ebenfalls Abrechnungspflicht des Beauftragten. Empfangszeichnungsberechtigt sind insoweit auch Mitarbeiter beauftragter Haus- und Pflegedienste.

Der Beauftragte hat die Rechnungslegung des Auftraggebers binnen drei Monaten nach Ablauf des Rechnungslegungszeitraums vorzulegen. Der Auftraggeber hat, sofern er keine Beanstandungen hat, innerhalb eines Monats nach Rechnungslegung dem Beauftragten mit befreiender Wirkung Entlastung zu erteilen. Äußert sich der Auftraggeber innerhalb dieser Frist nicht, gilt die Entlastung als erteilt. Kann die Entlastung aus gesundheitlichen Gründen nicht erteilt werden, ist der Vorgang einem Kontrollbevollmächtigten vorzulegen. Hierzu wird bestimmt Herr Peter Moormann.

Die Darlegungs- und Beweislast für die Unrichtigkeit der Zusammenstellung der Einnahmen und Ausgaben und hierbei insbesondere der Verbleib der Einnahmen und dafür, dass über nicht mehr vorhandene Vermögenswerte nicht nach den Weisungen oder im Interesse des Vollmachtgebers verfügt worden ist, richtet sich nach § 666 BGB.

Formulierungsbeispiel „Völlige Freistellung von Rechenschafts- und Auskunftspflichten des Bevollmächtigten“

Der Vollmachtgeber erklärt hiermit, dass der Bevollmächtigte dem Vollmachtgeber keinerlei Auskunft und/oder Rechenschaft schuldet; in Abweichung zu § 666 BGB ist der Bevollmächtigte daher zu keinerlei Rechnungslegung über die Vermögensverwaltung in Form einer geordneten Zusammenstellung der Einnahmen und Ausgaben, versehen mit den entsprechenden Belegen, soweit diese erteilt zu werden pflegen, und zu keiner jährlichen Vermögensaufstellung, die über den Ab- und Zugang des Vermögens Auskunft gibt, verpflichtet und hat darüber keinerlei Auskunft zu erteilen. Über quittierte Barbeträge zur Bestreitung der gewöhnlichen Lebenshaltungskosten des Vollmachtgebers besteht keine Abrechnungspflicht des Bevollmächtigten.

Ich, der Vollmachtgeber, bestätige außerdem, dass der Vollmacht kein Auftrags-, sondern ein reines Gefälligkeitsverhältnis zugrunde liegt, wobei mir, dem Vollmachtgeber, der rechtliche Unterschied dieser Rechtsinstitute hinsichtlich der Vorschriften der §§ 662 ff. BGB bekannt ist. Mir ist bewusst, dass ich damit auf die zu meinen Gunsten aus §§ 662 ff. BGB bestehenden Rechte verzichte, weil ich vollstes Vertrauen in meinen Bevollmächtigten habe.

Die in diesem Vertrag gewählten Begriffe „Auftraggeber(in)", „Beauftragter" und „Geschäftsbesorgung" stehen der Tatsache, dass der Vollmacht ein reines Gefälligkeitsverhältnis zugrunde liegt, nicht entgegen; diese Begriffe wurden nur zur Vereinfachung der Bezeichnung des Vollmachtgebers und des Bevollmächtigten und der entsprechenden Tätigkeiten, also ohne jegliche rechtliche Bedeutung, gewählt.

Der Bevollmächtigte bestätigt, dass es sich bei dem der Vollmacht zugrunde liegenden Rechtsverhältnis um ein reines Gefälligkeitsverhältnis handelt. Ein Auftragsverhältnis war zu keinem Zeitpunkt gewollt. Der Bevollmächtigte nimmt den vorsorglich erklärten Verzicht auf den Anspruch auf Auskunfts- und Rechnungslegung des Vollmachtgebers hiermit an. Die Bestellung eines Kontrollbevollmächtigten wird von mir, dem Vollmachtgeber, ausdrücklich nicht gewünscht.

Die Darlegungs- und Beweislast für die Unrichtigkeit der Zusammenstellung der Einnahmen und Ausgaben und hierbei insbesondere der Verbleib der Einnahmen und dafür, dass über nicht mehr vorhandene Vermögenswerte nicht nach den Weisungen oder im Interesse des Vollmachtgebers verfügt worden ist, trifft in Abweichung zu § 666 BGB denjenigen, der sich darauf beruft, sofern entgegen unserer o. g. Vereinbarung dennoch ein Auftragsverhältnis zwischen uns angenommen werden sollte, was wir allerdings ausschließen.

CHECKLISTE

Vertrag zwischen Vollmachtgeber und Bevollmächtigtem

- Basis der Vollmacht (rechtlich unverbindliches Gefälligkeitsverhältnis oder ein verbindlicher Auftrag)
- Anweisungen zur persönlichen Versorgung für den Vorsorgefall (Vorgaben für die Gesundheitssorge, Aufenthaltsfrage im Pflegeheim oder Krankenhaus)
- Abstimmung bei Vorgaben zur Gesundheitssorge mit einer eventuell bestehenden Patientenverfügung
- Regelung der Vermögensangelegenheiten (falls diese Aufgabe besteht, Anweisungen, wie und in welchem Umfang die Kapitalanlageform gewählt werden soll)
- Kapitalanlagen (welche Risikoklassen sollen bei Geldanlagen mit der Vorsorgevollmacht (nicht) abgeschlossen werden dürfen)
- Anweisung an den Bevollmächtigten, Ihr zu verwaltendes Vermögen getrennt von dessen Privatvermögen zu halten
- Umfang der Auskunfts- und Rechenschaftspflicht des Bevollmächtigten, auch gegenüber einem Kontrollbevollmächtigten (§ 666 BGB)
- Aufnahme einer Haftungsbegrenzung des Bevollmächtigten auf Vorsatz und grobe Fahrlässigkeit
- Vergütung und Aufwendungsersatz für den Bevollmächtigten
- Vorgaben für die Art, den Umfang und die Durchführung Ihrer Trauerfeier und Bestattung

CHECKLISTE

Vorsorgevollmacht

Auf diese Punkte sollten Sie beim Abfassen einer Vorsorgevollmacht achten:

- Die Befugnisse des Bevollmächtigten sind so eindeutig geregelt, dass er weiß, was er tun darf und was nicht.
- Ein Ersatzbevollmächtigter ist benannt.
- Die dem Bevollmächtigten übertragenen Aufgaben sind in vermögensrechtlicher Hinsicht ebenso klar geregelt wie bei persönlichen Angelegenheiten.
- Bei der Abfassung sind Bedingungen vermieden worden.
- Mit dem Bevollmächtigten ist ein Grundvertrag über das Innenverhältnis abgeschlossen.
- Die Vollmacht ist individuell auf mich abgestimmt und nicht nur ein angekreuzter Vordruck.
- Die Vollmacht gilt über den Tod hinaus, so dass der Nachlass nicht handlungsunfähig ist.
- Der Bevollmächtigte weiß, wo sich meine Patientenverfügung befindet.
- Meine Vorsorgevollmacht ist aktuell und entspricht meinem Willen.

Die Betreuungsverfügung

Vermeidung einer Betreuung durch Fremde

Wer keine Vorsorgevollmacht ausgestellt hat, muss damit rechnen, dass das Betreuungsgericht bei Äußerungs- und Entscheidungsunfähigkeit (Bewusstlosigkeit, Koma, Demenz) einen Betreuer bestellt. Das kann ein naher Angehöriger sein, es kann aber auch ein „Berufsbetreuer" (zum Beispiel ein Rechtsanwalt) oder ein „Amtsbetreuer" (Mitarbeiter der Betreuungsbehörde) sein – eine Person, der das Gericht vertraut, die Sie aber zunächst einmal nicht persönlich kennt.

Wenn Sie für den Fall, dass für Sie ein Betreuer bestellt wird, dem Gericht Vorgaben machen wollen, wer Betreuer werden sollte und wer nicht, dann können Sie das mit einer „Betreuungsverfügung“ tun. Das Betreuungsgericht muss solche vorab ausdrücklich erklärten Wünsche und Vorschläge beachten.

Wer braucht eine Betreuungsverfügung?

Versorge für den Fall einer Betreuungsbedürftigkeit

Wer keine Vertrauensperson als Vorsorgebevollmächtigten einsetzen kann oder will, kann dem Betreuungsgericht seinen Willen für einen künftigen Fall der Betreuungsbedürftigkeit vorsorglich mitteilen. Insbesondere verwitwete, alleinstehende oder gegenüber Familienangehörigen distanzierte Menschen sind gut beraten, eine Betreuungsverfügung zu errichten. Auch dann, wenn Sie es für unwahrscheinlich halten, in absehbarer Zeit eine Vorsorgevollmacht zu benötigen, können Sie mit einer Betreuungsverfügung Ihren Willen rein vorsorglich niederlegen. Eine Betreuungsverfügung kommt auch immer dann in Betracht, wenn Sie ausschließen wollen, dass bestimmte Personen – zum Beispiel nahe Verwandte, die Sie nicht schätzen – als Betreuer für Sie bestellt werden. Sobald ein Arzt die Betreuungsbedürftigkeit festgestellt hat, hat die Betreuungsverfügung als ihr persönlicher Wille rechtliche Bedeutung.

CHECKLISTE

Gründe für Betreuungsbedürftigkeit

- Psychische Erkrankung
- Geistige Behinderung
- Schwere Drogenabhängigkeit
- Schwere körperliche Erkrankungen
- Erhebliche Gebrechlichkeit
- Bewusstlosigkeit nach einem Unfall
- Altersverwirrtheit, Demenz

Ist eine solche „Eingangsdiagnose“ gestellt und ist die Krankheit ursächlich dafür, dass jemand seinen Willen nicht mehr frei bilden oder danach handeln kann, muss das Gericht einen Betreuer bestellen – vorausgesetzt, es gibt keine Vorsorgevollmacht. Da ein „Schicksalsschlag“ oder eine gesundheitliche Verschlechterung jeden Menschen treffen kann, ist es ratsam, vorzusorgen – mit einer Betreuungsverfügung oder einer Vorsorgevollmacht oder mit beiden Dokumenten.

In fünf Schritten zu Ihrer Betreuungsverfügung

Vorfragen

Eine Betreuungsverfügung hat erheblichen Einfluss darauf, wer Sie später im Notfall vertreten soll. Bei der Vorbereitung können Sie die folgenden Fragen beantworten:

1. Kann ich und will ich per Vorsorgevollmacht eine Betreuung verhindern?
2. Ist die Betreuungsverfügung ein guter Weg für mich, meinen Willen im Fall der Betreuungsbedürftigkeit durchzusetzen?
3. Wer soll bei einem Notfall für mich zum Betreuer bestellt werden, wer auf keinen Fall? (Verwandter, Freund, Berufsbetreuer, Mitarbeiter der Betreuungsbehörde, Betreuungsverein)
4. Nach welchen Richtlinien, Wünschen und Weisungen soll der Betreuer für mich tätig werden?
5. Kann ich – etwa auf Grund eigener rechtlicher Kompetenzen – die Betreuungsverfügung selbst schreiben oder benötige ich fachkundige Unterstützung?

Was passiert ohne Betreuungsverfügung?

Gerichtliche Bestimmung Ihres Betreuers

Wer weder eine Vorsorgevollmacht noch eine Betreuungsverfügung errichtet hat, muss damit rechnen, dass das zuständige Betreuungsgericht nach dem Gesetz und eigenen Vorstellungen und Erfahrungen einen Betreuer auswählt. Bei der Auswahl des Betreuers ist das Gericht zunächst gehalten, den nahen Personenkreis des Betroffenen (Ehegatte, Verwandte, Bekannte) zu berücksichtigen. Der künftige Betreuer muss bereit und geeignet sein, in dem ihm übertragenen Aufgabenkreis (Vermögenssorge, Gesundheitssorge, Postangelegenheiten) die Vertretung zu übernehmen. Nur wenn keine Angehörigen bekannt sind, die zur Betreuung bereit oder geeignet sind, und sich keine sonstigen Dritten persönlich zur Übernahme der Betreuung bereit erklären, entscheidet sich das Gericht für eine fremde Person oder für einen Betreuungsverein als Betreuer.

EXPERTENTIPP

Ehegatten sind nicht bereits auf Grund der Ehe vom Gericht immer vorrangig als Betreuer auszuwählen. Auch die Kinder des Betroffenen sind nicht schon auf Grund der Verwandtschaft fähige Betreuer. Richter am Betreuungsgericht versuchen, im Gespräch herauszufinden, ob Angehörige bereit und in der Lage sind, die verantwortungsvolle Aufgabe des Betreuers zu übernehmen. Wer für einen Verwandten gerne die Betreuung übernehmen würde, sollte dem Gericht gegenüber die eigenen Beweggründe und auch die benötigten Fähigkeiten (auf Grund beruflicher oder privater Aktivitäten) darlegen. Bei der Auswahl des Betreuers spielen immer auch die Kosten eine Rolle. Abgesehen von Ehrenamtlichen haben Betreuer in der Regel Anspruch auf eine Vergütung. Wenn Sie nicht selbst über ausreichende Mittel verfügen, ist der Betreuer durch die Staatskasse zu entlohnen. Das Gericht versucht daher zunächst, einen Betreuer zu finden, der ehrenamtlich arbeitet. Dagegen ist auch nichts einzuwenden, wenn sich aus Ihrem persönlichen Umfeld eine oder mehrere Personen kompetent ehrenamtlich engagieren. Problematisch ist jedoch eine billige Lösung mit einem Betreuer, der gerade noch als geeignet erscheint, also gerade noch mit Mühe den Anforderungen entspricht. Mit einer Vorgabe in einer Betreuungsverfügung können Sie verhindern, dass für Sie eine unpassende Betreuungslösung zu Stande kommt.

Welche rechtlichen Wirkungen hat eine Betreuungsverfügung?

Gericht muss Wünsche berücksichtigen

Das Betreuungsgericht ist an die Vorgaben einer gültigen Betreuungsverfügung gebunden. Wenn Sie selbst bestimmt haben, wer Ihr Betreuer werden soll, ist einem ansonsten möglichen Streit innerhalb der Familie die Grundlage entzogen. Sie können sich darauf verlassen, dass die von Ihnen zum Betreuer vorgeschlagene Person vom Gericht tatsächlich bestellt wird. Nur wenn der von Ihnen vorgeschlagene Betreuer nicht geeignet sein sollte, darf er nicht ernannt werden. Befindet sich beispielsweise der von Ihnen vorgeschlagene Betreuer in Privatinsolvenz, darf er nicht als Betreuer für Ihre Vermögensangelegenheiten bestellt werden. Dasselbe gilt bei Vermögensstraftaten (Diebstahl, Raub).

EXPERTENTIPP

Eine Betreuungsverfügung hilft Ihnen nur dann, wenn die von Ihnen zur Übernahme des Betreueramtes ausgewählte Person dazu bereit ist. Eine Verpflichtung, die vorgeschlagene Betreuertätigkeit zu übernehmen, besteht nicht. Sie sollten mit dem gewünschten Betreuer vor Errichtung Ihrer Betreuungsverfügung deshalb klären, ob er zur Übernahme dieser Aufgabe überhaupt bereit ist.

Welche Vorteile bietet eine Vorsorgevollmacht gegenüber einer Betreuungsverfügung?

Vor- und Nachteile

Die Bestellung eines Betreuers erfolgt im Rahmen eines gerichtlichen Verfahrens. Dieses Verfahren ist formell, bürokratisch und unflexibel. Nicht selten kritisiert wird die regelmäßige Rechenschaftspflicht gegenüber dem Betreuungsgericht. Ein Betreuer ist auch bestimmten Grenzen unterworfen: Er darf ohne Zustimmung des Gerichts ein Grundstück nicht im Wege vorweggenommener Erbfolge an die Kinder übertragen. Auch sonstige Verfügungen über Ihre Immobilie (Belastung, Verkauf) darf der Betreuer ohne Genehmigung des Gerichts nicht vornehmen. Eine solche gerichtliche Genehmigung wird nur erteilt, wenn die Veräußerung zum Verkehrswert erfolgt und im Interesse des Betroffenen liegt. Das Genehmigungsverfahren ist oft zeitraubend und setzt in der Regel teure Verkehrswertgutachten voraus, die der Betreuer auf Kosten des Betroffenen einholen muss. Im Gegensatz dazu bietet die Vorsorgevollmacht wesentlich mehr Flexibilität. Der Betroffene kann außerhalb des formalisierten Gerichtsverfahrens vertreten werden. Eine wirksame Kontrolle des Bevollmächtigten kann durch die Einsetzung eines Kontrollbevollmächtigten erfolgen. Darüber hinaus kann die Kontrolle auf die individuellen Erfordernisse und Bedürfnisse punktuell abgestimmt werden. Liegt eine Vorsorgevollmacht vor, wird ein kostenintensives gerichtliches Verfahren zur Bestellung eines Betreuers gar nicht erst eingeleitet.

Muss eine Betreuungsverfügung schriftlich oder beim Notar errichtet werden?

Schriftform ausreichend

Sie können Ihre Betreuungsverfügung selbst schreiben und müssen nicht zum Notar gehen. Sogar eine mündliche Verfügung ist möglich. Zu Beweiszwecken ist es jedoch dringend zu empfehlen, eine Betreuungsverfügung schriftlich abzufassen und mit Ort, Datum und Unterschrift zu versehen. In welcher Art und Weise die Schriftform eingehalten wird, ist unerheblich und gleichermaßen verbindlich. Sie können das Dokument handschriftlich, mit einer herkömmlichen Schreibmaschine oder auf einem PC oder Notebook schreiben und dann handschriftlich unterzeichnen.

EXPERTENTIPP

Vergessen Sie auf keinen Fall, Ihre Unterschrift unter Ihre Betreuungsverfügung zu setzen. Sonst handelt es sich lediglich um einen unverbindlichen Entwurf der Verfügung.

Welche Pflichten hat der Betreuer gegenüber dem Gericht?

Rechenschaftspflicht Ihres Betreuers

Ein Betreuer muss gegenüber dem Gericht umfassend (in der Regel einmal jährlich) Rechenschaft ablegen. Bei der Übernahme der Vermögenssorge ist er verpflichtet, ein vollständiges Verzeichnis über Vermögen, Einnahmen, Ausgaben, Schulden und dauernde Zahlungsverpflichtungen des Betroffenen zu erstellen. Nach Jahresfrist und am Ende der Betreuung muss der Betreuer die Veränderungen des Vermögens durch Rechnungslegung und Belege nachweisen. Übrigens besteht auch gegenüber den Erben einer betreuten Person, die verstorben ist, Rechenschaftspflicht. Die Erben können einen Betreuer auf Schadenersatz verklagen, wenn die Rechnungslegung nicht stimmt und Belege fehlen.

EXPERTENTIPP

Betreuer müssen Verzeichnisse mit größter Sorgfalt erstellen. Dies gilt bereits für die erste Vermögensübersicht, die „Arbeitsgrundlage" der Betreuung. Der zuständige Rechtspfleger unterstützt den eingesetzten Betreuer bei der Erstellung des Verzeichnisses.

Gerichtliche Genehmigung

Erstreckt sich die Betreuung auf die Gesundheitsfürsorge, muss der Betreuer für folgende Maßnahmen die Genehmigung des Betreuungsgerichts einholen:

- Unterbringung in einer psychiatrischen Anstalt, einer Klinik oder anderen Anstalt, sofern der Betreute nicht selbst einwilligt
- Einschränkung der persönlichen Freiheit des Betroffenen: Anbringung mechanischer Vorrichtungen (Bettgitter, Fixierung am Rollstuhl); Unterbringung in einer geschlossenen Anstalt (psychiatrische Krankenstation, Pflegeheim)
- Kündigung der Mietwohnung des Betreuten
- Abschluss eines Miet- oder Pachtvertrags, der länger als vier Monate dauern soll
- Vermietung von Wohnraum durch den Betreuten (wenn der Betreute zum Beispiel ein Haus besitzt, das vermietet werden soll)
- Ausstattung oder Versprechen einer Ausstattung
- die (Nicht-)Einwilligung in eine Untersuchung des Gesundheitszustands, eine Heilbehandlung oder einen ärztlichen Eingriff, wenn die begründete Gefahr besteht, dass der Betreute auf Grund der Maßnahme oder deren Nichtdurchführung stirbt oder einen schweren und länger dauernden gesundheitlichen Schaden erleidet

Nur dann, wenn zwischen Betreuer und behandelndem Arzt Einvernehmen darüber besteht, dass die (Nicht-)Durchführung der Maßnahme dem Willen des Betreuten entspricht, ist keine Genehmigung durch das Gericht erforderlich.

EXPERTENTIPP

Das Betreuungsrecht ist in stetigem Wandel und wird vom Gesetzgeber häufig der gesellschaftlichen Entwicklung angepasst. Entsprechend sind die Zustimmungserfordernisse des Betreuungsgerichts ebenfalls ständig im Fluss, so dass die jeweils aktuelle Gesetzeslage unbedingt im Auge behalten werden muss.

Wo kann ich meine Betreuungsverfügung hinterlegen?

Registrierung im Vorsorgeregister

Sie können im Zentralen Vorsorgeregister (www.vorsorgeregister.de) auch Betreuungsverfügungen registrieren lassen. Sie können dort angeben, wer notfalls als Betreuer eingesetzt werden soll, so dass das Gericht bei einer Onlineabfrage sofort erfährt, wen es zu bestellen hat. In einigen Bundesländern ist es möglich, die Betreuungsverfügung beim Betreuungsgericht zu hinterlegen. Ob dies möglich ist, erfahren Sie beim Amtsgericht. Ansonsten können Sie die Verfügung in Ihren eigenen persönlichen Unterlagen, bei Verwandten sowie Personen hinterlegen, die Sie zum Betreuer oder Ersatzbetreuer vorschlagen. Auf jeden Fall muss sichergestellt sein, dass Ihr Dokument auffindbar ist – hier gibt es nur individuelle Lösungen und kein Patentrezept.

EXPERTENTIPP

Gemäß § 1901c BGB besteht eine Ablieferungspflicht an das Betreuungsgericht für denjenigen, der Vorschläge zur Betreuung einer Person in Besitz hat oder davon Kenntnis erlangt.

CHECKLISTE

Betreuungsverfügung

- Wer soll mein Betreuer sein?
- Wer soll mein Ersatzbetreuer sein?
- Sind die von mir erwünschten Betreuer und Ersatzbetreuer bereit, das Amt zu übernehmen?
- Wer soll auf keinen Fall mein Betreuer sein?
- Welche besonderen Wünsche sollen während der Betreuung erfüllt werden (Heim, Therapie)?
- Sind Vorsorgevollmacht und Betreuungsverfügung kombiniert und harmonisiert?
- Ist meine Betreuungsverfügung mit Ort, Datum und Unterschrift versehen?
- Sind die Aufbewahrung der Verfügung und die Registrierung (www.vorsorgeregister.de) geregelt?

Die Patientenverfügung

Vorsorge für Wachkoma und Demenz

Mit einer Patientenverfügung können Sie Ihre Behandlungswünsche für Ihre Zukunft festlegen. Für den Fall, dass Sie irgendwann einmal nicht mehr mitteilen können, welche Untersuchungen und Therapien Sie wünschen und welche Sie ablehnen, findet der Arzt in der Patientenverfügung Ihre Vorstellungen, die für ihn verbindlich sind. Ihre Patientenverfügung spielt eine entscheidende Rolle, wenn Sie lebensverlängernde Maßnahmen – etwa bei Wachkoma, Demenz oder schweren Gehirnverletzungen und einer unmöglichen Verbesserung Ihres Gesundheitszustands – ausschließen wollen. Beachten Sie bitte, dass Ihre Patientenverfügung klar und eindeutig formuliert sein muss, dass Passagen zur verbotenen aktiven Sterbehilfe ungültig sind und dass die Verfügung zunächst für darin beschriebene Krankheitskonstellationen maßgeblich ist. Wenn Sie also lange und breit darlegen, was bei einer Krebserkrankung zu geschehen hat, ist dies alles erst einmal nicht von Bedeutung, wenn Sie wegen eines Autounfalls schwer verletzt sind oder im hohen Alter an Demenz leiden. Die in der Patientenverfügung dargestellten Krankheitssituationen dienen aber als Richtschnur für die nicht beschriebenen Krankheitsbilder.

Wozu dient eine Patientenverfügung?

Selbstbestimmungsrecht des Patienten

Eine Patientenverfügung dient dazu, das Recht auf Selbstbestimmung auch dann wahrzunehmen, wenn man sich in Folge eines Unfalls oder einer schweren Erkrankung nicht mehr selbst äußern kann. Sie macht – im Idealfall mit juristisch nicht angreifbaren Formulierungen – klar, welche Diagnosen und Therapien ein Patient wünscht oder akzeptiert und welche nicht. Eine Patientenverfügung ist immer eine höchstpersönliche Angelegenheit. Sie dient der Mitteilung von individuellen Behandlungswünschen und kann niemals stellvertretend von einer anderen Person unterzeichnet werden. Eine eminent wichtige Bedeutung hat die Patientenverfügung im Zusammenhang mit lebensverlängernden Maßnahmen. Die moderne Medizin ist heute in der Lage, einen schwer kranken oder in hohem Maße pflegebedürftigen Patienten über viele Monate und Jahre am Leben zu erhalten.

Künstliche Ernährung

Dies geschieht unter anderem durch Medikamente, Operationen, künstliche Ernährung mit einer „PEG-Magensonde" sowie künstliche Beatmung durch eine Herz-Lungen-Maschine. PEG heißt „perkutane endoskopische Gastrostomie" und bezeichnet eine direkte Verbindung in Form eines Kunststoffschlauchs zwischen Bauchwand und Magen, durch den zur künstlichen Ernährung flüssige und breiförmige Nahrungsmittel gepumpt werden können. Die Verlängerung der Lebenszeit auf einer Intensivstation oder in einem Pflegeheim ist oft für die Patienten und ihre Angehörigen nichts anderes als eine Leidenszeit. Manchmal kommt es zu einer jahrelangen Liegezeit ohne Aussicht auf Besserung. Manche Patienten werden bewegungsunfähig und verlieren die Kontrolle über elementare Körperfunktionen.

Viele Patienten sind jahrelang auf Pflegeleistungen angewiesen, 24 Stunden an 365 Tagen im Jahr. Solange ein Patient bei Bewusstsein ist und sich selbst äußern kann, kann er bestimmte ärztliche Behandlungen ablehnen. Oftmals kann ein Patient jedoch nicht mehr seinen eigenen Willen bilden, sich nicht mehr artikulieren und nicht einmal mehr Vorschlägen zustimmen oder sie ablehnen. Langes Leiden ist dann vorprogrammiert, denn die Ärzte sind nach berufsethischen Grundsätzen („Hippokratischer Eid") und nach dem Gesetz gehalten, alles zu tun, um das Leben aufrechtzuerhalten.

Pflegebedürftigkeit

BEISPIEL

Der Rentner Max Müller erleidet im Alter von 74 Jahren einen schweren Herzinfarkt. Weil er erst spät in seiner Wohnung aufgefunden wird, ist sein Gehirn stark geschädigt. Sein Schicksal: Er liegt im Wachkoma in einer Klinik und wird hier per Magensonde künstlich ernährt und mit einer Herz-Lungen-Maschine künstlich beatmet. Es besteht keine Aussicht, dass sich dieser Zustand jemals bessert. Max Müller hat keine Patientenverfügung verfasst. Aus diesem Grund behandeln die Ärzte den Patienten Müller auf lange Sicht mit dem „Maximalprogramm" der Lebenserhaltung. Die Verwandten haben so gut wie keine Chance, ohne entsprechende Patientenverfügung von Max Müller eine Beendigung der Behandlung, sprich „Abschaltung der Geräte", durchzusetzen.

In einer Patientenverfügung legen Sie verbindlich fest, was Ärzte, Pflegepersonal, Bevollmächtigte, Betreuer und Betreuungsgerichte zu tun und zu lassen haben, wenn Sie schwer erkrankt sind oder einen Unfall hatten und sich nicht mehr äußern können. Ohne eine Patientenverfügung wird der behandelnde Arzt Ihnen immer – trotz auswegloser Situation – das Maximalprogramm mit allen einschlägigen medizinischen Diagnosen und Therapien zukommen lassen. Hierzu ist er nach dem Hippokratischen Eid verpflichtet.

Regelung Ihrer Behandlungswünsche

Mit Ihrer Patientenverfügung können Sie das verhindern. Nur auf diesem Wege können Sie festlegen, dass der behandelnde Arzt bestimmte von Ihnen nicht gewollte Behandlungen abbrechen muss – auch dann, wenn der Sterbevorgang noch nicht eingesetzt hat.

Zwangsbehandlung verhindern

BEISPIEL

Der Lehrer Robert Maierhofer liegt nach einem schweren Verkehrsunfall im Wachkoma (keine oder nur sehr geringe Gehirnaktivität feststellbar). Er wird künstlich ernährt und künstlich beatmet. Es besteht keine Aussicht, dass sich dieser Zustand jemals bessert. Maierhofers Frau weiß, dass ihr Mann vor einigen Jahren eine Patientenverfügung verfasst hat. Sie holt das Dokument aus den persönlichen Unterlagen ihres Mannes und legt es in der Klinik den Ärzten vor. Die Ärzte erfahren nun, dass ihr Patient festgelegt hat, dass lebensverlängernde Maßnahmen und hier die namentlich genannten Mittel PEG-Magensonde und Herz-Lungen-Maschine spätestens nach vier Wochen Anwendung abzuschalten sind, sofern keine Aussicht auf Heilung besteht. Da noch kein Betreuer bestellt ist und keine Vorsorgevollmacht verfasst wurde, wenden sich die Ärzte nun an das zuständige Betreuungsgericht. Das Betreuungsgericht bestellt einen Betreuer, der mit den behandelnden Ärzten über die weiteren ärztlichen Maßnahmen auf Grundlage der Patientenverfügung entscheidet.

Welche Fragen muss ich für mich selbst vor der Erstellung einer Patientenverfügung beantworten?

Eine Patientenverfügung hat immer nur dann eine Bedeutung, wenn Sie aus einem bestimmten Grund (beispielsweise Gehirnverletzung, Wachkoma, Demenzerkrankung im fortgeschrittenen Stadium) selbst nicht mehr in der Lage sind, Ihre gesundheitliche Situation zu erfassen, Behandlungsvorschläge eines Arztes zu verstehen und Entscheidungen zu treffen. Solange Sie selbst sprechen oder notfalls per Handzeichen oder Augenbewegung Zustimmung oder Ablehnung signalisieren können, hat eine Patientenverfügung keine Bedeutung. Es gilt dann Ihr aktuell geäußerter Wille und nicht das, was Sie in Ihrer Patientenverfügung niedergelegt haben.

Vorrang des Patientenwillens

Maximalbehandlung – ja oder nein?

- Die erste Frage, die Sie für sich beantworten müssen, lautet: Will ich für den Fall, dass ich selbst nichts mehr verstehen, einsehen, entscheiden und mitteilen kann, meine Behandlungsvorstellungen (gewünschte oder abgelehnte ärztliche Maßnahmen) schriftlich verbindlich zur Weitergabe an meinen in der Zukunft behandelnden Arzt niederlegen oder nicht? Wenn Sie zu der Auffassung gelangen, dass Sie das Maximalprogramm lebenserhaltender Maßnahmen – auch künstliche Ernährung per Magensonde und künstliche Beatmung per Herz-Lungen-Maschine – für sich wünschen, brauchen Sie keine Patientenverfügung zu schreiben. Denn Ärzte sind in diesem Fall nach allgemein anerkannten berufsethischen Prinzipien („Eid des Hippokrates") verpflichtet, alles zu tun, um Sie am Leben zu erhalten. Anders ist das, wenn Sie für den Fall ihrer eigenen Unfähigkeit, zu verstehen, zu entscheiden und sich mitzuteilen, eine einzelne oder mehrere ärztliche Maßnahmen zur Lebensverlängerung ablehnen.

Welche Behandlungen lehne ich ab?

- In diesem Fall lautet Frage zwei, die Sie nun für sich beantworten müssen: Welche Behandlungen möchte ich, welche lehne ich ab, sobald eine ärztliche Diagnose gestellt wurde? Was ist für mich persönlich ein menschenwürdiges Leben und Sterben?

Wo will ich sterben?

- Frage drei lautet: Wo will ich sterben und wer soll mich begleiten? Diese Frage ist insbesondere für jene Menschen von großer Bedeutung, die nicht in einer festen und verlässlichen Partnerschaft leben und sich darüber im Klaren sind, dass sie sich auch auf Freunde im Fall einer schweren Erkrankung oder eines langen Leidenswegs nicht verlassen können.

Spezielle Behandlungswünsche

Wenn Sie bereits erkrankt sind und damit rechnen müssen, dass sich Ihr Gesundheitszustand verschlechtert, können Sie für bekannte oder voraussichtliche Stadien der Erkrankung Ihre Patientenwünsche niederlegen: Sie erläutern Ihre Erkrankung und legen fest, dass Sie ab dem typischen Stadium X der Erkrankung auf diese oder jene Weise behandelt werden wollen.

EXPERTENTIPP

Zeigen Sie in Ihrer Verfügung deutlich auf, dass Sie sich mit den vorgenannten Fragen intensiv auseinandergesetzt haben und Ihre Patientenverfügung nach reiflicher Überlegung erstellt haben. Sie können auch darauf hinweisen, dass Ihnen die Folgen eines Behandlungsverzichts bekannt sind: vorzeitige Beendigung des Lebens.

In acht Schritten zu Ihrer Patientenverfügung

Wie gestalte ich meine Patientenverfügung?

Eine vernünftige Patientenverfügung können Sie nicht im Hoppla-Hopp-Verfahren errichten. Auch das „Abkupfern" eines Musters empfiehlt sich nicht. Vordrucke, die in unterschiedlicher Form und Ausgestaltung erhältlich sind, geben teilweise falsche oder überholte Inhalte vor. Eine Patientenverfügung bedarf einer gründlichen Planung in folgenden Schritten.

1. Information

Im Internet können Sie sich unter „Lebenserhaltung", „Abbruch lebenserhaltender Maßnahmen", „passive Sterbehilfe", „BGB § 1901a", „Patientenverfügung", „Demenz", „Alzheimer", „Wachkoma", „Gehirnverletzung" und vielen anderen Suchwörtern informieren. Aus Büchern, Zeitschriften und Broschüren können Sie ebenfalls wichtige Informationen zu Krankheiten und Behandlungen entnehmen.

2. Beratung

Beratung sinnvoll

Zusätzlich sollten Sie sich mit Ihrem Hausarzt über diese Thematik unterhalten, da er Ihnen medizinische Fachbegriffe erläutern kann. Ethische Fragen können Sie mit Gesprächspartnern aus Ihrer Glaubensgemeinschaft oder wertorientierten Institutionen und Organisationen erörtern.

3. Die eigene Willensbildung

Ob mündige Bürgerin oder mündiger Bürger – Sie werden sich auf Basis Ihrer Informationen und Ihrer eigenen Wertvorstellungen darüber klar werden, was Sie wollen und was Sie ablehnen. Möglicherweise lehnen Sie – wie viele andere Menschen – künstliche Ernährung und andere Maßnahmen ab, die bei aussichtsloser Besserung nicht nur die Lebens-, sondern auch die Leidenszeit verlängern. Entscheidungen in solchen Fragen sind eine sehr private Angelegenheit.

4. Entwurf eines Textes

Sind Sie sich im Klaren, was Sie wollen, können Sie einen Entwurf Ihrer Patientenverfügung erstellen oder Textpassagen sammeln.

5. Abfassung

Anschließend erfolgt die endgültige Abfassung des Textes. Die Schriftform ist mittlerweile zwingend im Gesetz vorgeschrieben. Sie sollten einen Fachanwalt für Erbrecht mit der Texterstellung beauftragen oder dort Ihren eigenen Text prüfen lassen. Nur Spezialisten kennen die aktuelle Rechtslage und die rechtlichen Gründe, die zur Ungültigkeit einer Patientenverfügung führen können.

Schriftform zwingend

6. Unterschrift

Die Unterschrift schließt den Text ab. Nur mit Ihrer Unterschrift entfaltet die Patientenverfügung rechtliche Wirksamkeit. Ohne Unterschrift liegt nur ein unverbindlicher Entwurf vor.

7. Aufbewahrung

Abschließend hinterlegen Sie die Patientenverfügung in Ihrem Vorsorgeordner oder in Ihren persönlichen Unterlagen. Wichtig ist, dass die Patientenverfügung auch aufgefunden und den behandelnden Ärzten übergeben werden kann. Für Notfälle ist ein Hinweis auf die Patientenverfügung in Ihrer Geldbörse hilfreich.

Sorgfältige Aufbewahrung

8. Vertrauensperson

Für den Fall, dass Sie alleine in einer Wohnung leben und normalerweise niemand Zugang zu Ihren privaten Unterlagen hat, sollten Sie Ihre Patientenverfügung (in unterschriebener Kopie) auch einer Vertrauensperson übergeben, die für Sie das Dokument verwahrt und im Ernstfall behandelnden Ärzten vorlegt. Eine in einer privaten Wohnung ohne Ihre Mitwirkung nicht auffindbar hinterlegte oder gar in einem Banksafe verwahrte Patientenverfügung kann keine Wirkung entfalten, weil sie nie dorthin gelangt, wo sie beachtet werden soll (in eine Arztpraxis, Klinik oder ein Pflegeheim, zum zuständigen Betreuungsgericht). Idealerweise ist die Vertrauensperson auch Ihr Bevollmächtigter (siehe dazu Seite 9).

Mitwirkung Ihrer Vertrauensperson

Was geschieht, wenn schwer erkrankte Personen keine Patientenverfügung geschrieben haben?

Wer keine Patientenverfügung erstellt hat, muss im Zustand der andauernden Bewusstlosigkeit, im Wachkoma oder bei schwerer Demenz damit rechnen, dass das Maximalprogramm lebenserhaltender Maßnahmen umgesetzt wird. Ein Abbruch lebensverlängernder Maßnahmen ist dann kaum mehr möglich. Vor allem dann, wenn Sie sich nie schriftlich oder gegenüber Zeugen zu der Frage geäußert haben, wie Sie behandelt werden wollen, besteht keine Möglichkeit, eine möglicherweise viele Jahre andauernde künstliche Ernährung zur Lebenserhaltung zu beenden – auch wenn daraus für Sie eine lang andauernde Leidenszeit resultiert.

Ein vom Betreuungsgericht eingesetzter Betreuer oder der von Ihnen bestimmte Vorsorgebevollmächtigte hat in einer solchen Situation Ihren mutmaßlichen Behandlungswillen zu erkunden und danach für Sie zu entscheiden. Laut dem Bürgerlichen Gesetzbuch (BGB) sind hierbei „insbeson-

Mutmaßlicher Patientenwille

dere frühere mündliche oder schriftliche Äußerungen, ethische oder religiöse Überzeugungen und sonstige persönliche Wertvorstellungen" zu berücksichtigen. Doch wenn Sie keine schriftlichen Dokumente mit einschlägigem Inhalt verfasst haben und nahe Angehörige, Freunde oder ein Lebensgefährte nichts zu Ihren Überzeugungen sagen können, ist der mutmaßliche Wille nicht festzustellen. Immer dann, wenn aus den Werten einer christlichen Religionsgemeinschaft, der Sie angehören, Ihr mutmaßlicher Behandlungswille abgeleitet werden kann, wird eine lebensbejahende Einstellung und damit der Wunsch „Lebenserhaltung" angenommen werden.

Welche Rechtsgrundlagen bestehen für eine Patientenverfügung?

Gesetzliche Regelung seit 1.9.2009

Die Patientenverfügung ist seit 1. September 2009 im Bürgerlichen Gesetzbuch – § 1901a bis § 1901c BGB – geregelt. Der § 1904 BGB wurde gleichzeitig verändert und an die neue Rechtslage angepasst. Dabei wurden die Formalien, inhaltlichen Anforderungen und Grenzen sowie die Geltung einer Patientenverfügung festgelegt. Damit eine Patientenverfügung wirksam ist, muss sie zwingend schriftlich verfasst sein. Oberstes Gebot ist die Achtung des Patientenwillens. Durch die gesetzliche Regelung wurde die generelle Akzeptanz einer Patientenverfügung erhöht. Es liegt jetzt Rechtsicherheit für alle direkt Beteiligten vor, und zwar dahin gehend, was verboten, erlaubt oder geboten ist. Der Inhalt einer Patientenverfügung ist jetzt verbindlich. Ein Arzt kann sich über Ihren Willen nicht mehr hinwegsetzen. Der Gesetzgeber hat weiter bestimmt, wie der sogenannte mutmaßliche Wille zu ermitteln ist, wenn keine Patientenverfügung vorliegt und der Patient sich selber nicht mehr äußern kann. Im Gesetz ist dabei auch angeordnet, inwieweit Ehegatten, Verwandte und dem Patienten nahestehende Personen (zum Beispiel ein Lebensgefährte oder Freunde) in verschiedenen Situationen bei der Entscheidung über eine bestimmte Behandlung angehört werden müssen.

Ist eine Patientenverfügung rechtsverbindlich?

Rechtssicherheit für alle Beteiligten

Durch die gesetzliche Regelung im Bürgerlichen Gesetzbuch seit 2009 ist sichergestellt, dass eine Patientenverfügung von allen Beteiligten zu beachten ist. Nach jahrelanger Unsicherheit ist die Patientenverfügung seit der gesetzlichen Regelung verbindliche Rechtsgrundlage für das ärztliche Handeln gegenüber einer Person, die das Dokument verfasst hat. Aus juristischer Sicht „Beteiligte" sind in diesem Zusammenhang das ärztliche Personal, die Bediensteten und die Leitung von Pflegeheimen, die Vorsorgebevollmächtigen, der oder die Betreuer und die eventuell eingeschalteten Gerichte. Sie alle sind an die schriftliche Patientenverfügung gebunden. Voraussetzung ist allerdings, dass die Patientenverfügung formell und inhaltlich wirksam erstellt worden ist. Somit können Sie eine Lebensverlängerung in Form eines jahrelangen Leidens oder eines „Dahinvegetierens" im Wachkoma vermeiden.

Widerruf

Eine Patientenverfügung verliert ihre Rechtskraft und Gültigkeit nur bei einem wirksamen Widerruf. Sie können, wenn Sie schwer erkrankt sind und in der Regel nichts verstehen, nachvollziehen, denken und entscheiden können, in einem lichten Moment Ihre Patientenverfügung ohne Probleme mündlich oder schriftlich widerrufen. Angenommen, Sie haben festgelegt, dass lebenserhaltende Maßnahmen zu beenden sind, und Sie erwachen kurz vor Eintritt des Todes, so können Sie gegenüber den behandelnden Ärzten und Pflegekräften neue Wünsche äußern, die sogleich maßgeblich sind, und Ihre Patientenverfügung ein für alle Mal widerrufen.

EXPERTENTIPP

Legen Sie in Ihrer Vorsorgevollmacht fest, dass Ihr Bevollmächtigter Ihre Patientenverfügung umsetzen muss. Für den Fall, dass Ihr Bevollmächtigter – zum Beispiel ein Familienangehöriger – diese Aufgabe aus emotionalen Gründen nicht erfüllen möchte, können Sie eine weitere Vorsorgevollmacht speziell für den „Aufgabenkreis Umsetzung der Patientenverfügung" zu Papier bringen und einer anderen Person übertragen, die hierzu bereit ist. Damit ist sichergestellt, dass der zweite Bevollmächtigte Ihre Patientenverfügung Ärzten, Pflegepersonal oder dem zuständigen Gericht vorlegt und Ihr Wille umgesetzt wird.

Muss der Arzt meine Patientenverfügung beachten?

Klare Patientenverfügung verbindlich

Liegt eine formell und inhaltlich wirksame Patientenverfügung vor, die von einer einwilligungsfähigen volljährigen Person verfasst worden ist, ist der Arzt verpflichtet, nach den schriftlich niedergelegten Wünschen und Vorstellungen zu handeln. Ist in einer Patientenverfügung eine bestimmte Behandlung untersagt und führt der Arzt die Behandlung trotzdem durch, begeht der behandelnde Arzt eine Körperverletzung und damit eine Straftat. Der Patient hat nämlich dieser Behandlung, die einen Eingriff in seine körperliche Unversehrtheit darstellt, nicht zugestimmt. Es ist in diesem Zusammenhang völlig ohne Belang, ob die Anweisung gegen die Regeln der Medizin verstößt oder nicht. Verweigert der behandelnde Arzt eine medizinisch sinnvolle oder zumindest anerkannte Behandlung, die in der Patientenverfügung wirksam angeordnet worden ist, handelt er ebenfalls rechtswidrig. Stellen die Angehörigen oder ein Betreuer fest, dass ein behandelnder Arzt sich über eine gültige Patientenverfügung hinwegsetzt, sollten sie den Patienten in ein anderes Krankenhaus oder Pflegeheim verlegen, das bereit und in der Lage ist, die Patientenverfügung umzusetzen. Sofern dies aus praktischen Gründen nicht möglich sein sollte, müssen sie beim Betreuungsgericht einen Antrag auf Verlegung und/oder Durchführung der Maßnahme stellen. Sobald der gerichtliche Beschluss rechtskräftig ist, ist gewährleistet, dass die Patientenverfügung realisiert wird.

Stellen Ärzte ihre Behandlung wegen der Patientenverfügung völlig ein?

Therapiereduktion

Ist in einer Patientenverfügung der Verzicht auf bestimmte ärztliche Behandlungsmaßnahmen niedergelegt, so bedeutet dies niemals eine Einstellung sämtlicher ärztlicher Behandlungen. Eine Patientenverfügung, die einen Abbruch von Behandlungen unter bestimmten Voraussetzungen beinhaltet, führt nicht zu der Konsequenz, dass der Erkrankte bei einem Behandlungsabbruch verhungert oder verdurstet. Es geht beim Verzicht auf lebensverlängernde Maßnahmen immer nur um eine Therapiereduzierung, die den Sterbevorgang einleitet. Realisiert wird beispielsweise der Verzicht auf bestimmte Medikamente, Transfusionen, Reanimationen oder Operationen. Es wird jedoch immer eine ausreichende ärztliche und pflegerische Grundversorgung sichergestellt. Dies beinhaltet die Stillung des Hunger- und Durstgefühls sowie eine ausreichende Zufuhr von Schmerzmitteln.

Wer entscheidet letztlich über den Abbruch lebensverlängernder Maßnahmen?

Liegt eine formell und inhaltlich ordnungsgemäß erstellte Patientenverfügung vor und beinhaltet diese für eine bestimmte Behandlungssituation einen Verzicht oder den Abbruch von lebensverlängernden Maßnahmen, so ist dieser Wille maßgeblich. Verständigen sich in diesem Zusammenhang der Arzt und der Bevollmächtigte oder Betreuer auf die Beendigung der Behandlung, so ist eine gerichtliche Genehmigung nicht erforderlich. Dies wurde im Bürgerlichen Gesetzbuch ausdrücklich gesetzlich festgelegt und geregelt.

Wer entscheidet bei Meinungsverschiedenheiten?

Sind sich Arzt und Bevollmächtigter oder Betreuer auf Grund unterschiedlicher Auslegung des Inhalts der Patientenverfügung nicht einig, muss der Abbruch der Behandlung durch das Betreuungsgericht genehmigt werden. Eventuell sind dabei dem Patienten nahestehende Personen vorab anzuhören, sofern dies zeitlich möglich ist. Der gleiche Verfahrensablauf gilt, wenn keine Patientenverfügung vorliegt und widerstreitende Vorstellungen über den weiteren Behandlungsablauf zwischen dem behandelnden Arzt und dem Bevollmächtigten oder Betreuer bestehen. Ausgehend vom „mutmaßlichen Willen“ des Patienten muss ebenfalls das Betreuungsgericht entscheiden. Auch im folgenden Fall entscheidet letztlich das zuständige Betreuungsgericht: Eine Behandlung wäre medizinisch geboten, soll jedoch laut Patientenverfügung nicht durchgeführt oder abgebrochen werden, obwohl die Gefahr besteht, dass der Patient stirbt oder ein schwerer gesundheitlicher Schaden eintritt.

Betreuungsgericht

Können sich in einem solchen Fall die „Beteiligten“ – der Arzt und der Bevollmächtigte oder Betreuer – nicht einigen, hat das Gericht das letzte Wort.

BEISPIEL

Martin Baumeister liegt nach einem Schlaganfall im Pflegeheim. Er ist motorisch eingeschränkt, kann aber noch selbständig schlucken und Nahrung zu sich nehmen. Der Oberarzt schlägt im Einvernehmen mit der Pflegeleitung vor, dass Baumeister eine Magensonde zur leichteren und schnelleren künstlichen Ernährung gelegt werden soll. Die Bevollmächtigte Martin Baumeisters, seine Tochter Luise, ist jedoch der Auffassung, dass eine künstliche Ernährung medizinisch nicht notwendig ist. Sie argumentiert gegenüber dem Arzt und der Pflegeleitung, dass in Deutschland Magensonden zur künstlichen Ernährung viel zu häufig – etwa 100.000 Mal im Jahr – und überwiegend nur zu dem Zweck gelegt werden, den Pflegekräften die Arbeit zu erleichtern. Die selbstbewusste und streitbare Tochter wendet sich an das Betreuungsgericht. Das Gericht bestellt nun einen Verfahrenspfleger, der die Rechte des Patienten im gerichtlichen Verfahren wahrnimmt.

Was versteht man unter Sterbehilfe?

Was bedeutet „Sterbehilfe"?

Die Sterbehilfe wird unterteilt in zwei Varianten: die strafbare aktive Sterbehilfe im Sinne von „Tötung auf Verlangen" (etwa per Verabreichung von Gift) und die straffreie passive und indirekte Sterbehilfe im Sinne von Verzicht oder Reduktion auf ärztliche oder lebensverlängernde Maßnahmen. In einer Patientenverfügung ist nur die straffreie passive oder indirekte Sterbehilfe rechtswirksam. Beinhaltet ein solches Dokument die Aufforderung zur aktiven Sterbehilfe, ist zumindest der entsprechende Passus ungültig und darf weder von einem Bevollmächtigten noch einem Betreuer oder Arzt befolgt werden. Wer den Wunsch nach aktiver Sterbehilfe erfüllt, macht sich in jedem Fall strafbar.

Passive Sterbehilfe erlaubt

Eine zulässige passive Sterbehilfe liegt bei einem Sterbenden oder Wachkoma-Patienten ohne Aussicht auf Heilung vor, sofern für einen solchen Fall in einer Patientenverfügung der Verzicht auf lebensverlängernde Maßnahmen angeordnet wurde. Die passive Sterbehilfe bedeutet dann beispielsweise:

- keine weitere künstliche Beatmung
- keine weitere Dialyse
- keine weitere Gabe mehr von Medikamenten, ausgenommen Schmerz- und Beruhigungsmittel

Indirekte Sterbehilfe straffrei

Zulässiger Inhalt einer Patientenverfügung ist auch die „indirekte Sterbehilfe". Wenn Sie per Patientenverfügung festlegen, dass im fortgeschrittenen Stadium einer unheilbaren Erkrankung die Schmerzbehandlung Vorrang haben soll und eine Verkürzung des Lebens in Kauf zu nehmen ist (ohne dass dies das Ziel der Behandlung ist), dann ist dies ein zulässiger Behandlungswunsch. Im Einvernehmen mit dem Betreuer oder Bevollmächtigten kann ein Arzt Ihnen dann Morphium verabreichen, obwohl dieses Mittel das Leben verkürzen und eine Abhängigkeit hervorrufen kann.

Ist aktive Sterbehilfe zulässig?

Aktive Sterbehilfe strafbar

Jedes aktive Tun, das den Tod eines anderen Menschen herbeiführt, ist nach geltendem Recht strafbar. Dies gilt auch dann, wenn ein Patient aktive Sterbehilfe wünscht und andere Personen darum bittet. Folgende Handlungen sind in jedem Fall strafbar:

- die Zufuhr einer Überdosis an Schmerz- oder Beruhigungsmitteln
- eine Kaliuminjektion oder
- die Gabe einer Zyankali-Kapsel

EXPERTENTIPP

Anweisungen zur aktiven Sterbehilfe in einer Patientenverfügung sind unwirksam. Sie sollten derartige Wünsche nicht in Ihre Patientenverfügung aufnehmen. Sie riskieren damit, dass die gesamte Verfügung erst einmal auf Zulässigkeit überprüft wird, an Überzeugungskraft verliert und von Ärzten, einem Bevollmächtigten oder Betreuer und nicht zuletzt vom zuständigen Betreuungsgericht infrage gestellt wird. Es kann nicht in Ihrem Interesse liegen, dass zunächst einmal per Deutung und Interpretation festgelegt wird, welche Inhalte Ihrer Verfügung zulässig sind und welche nicht.

Was bedeutet Palliativmedizin?

Linderung von Schmerzen in der Sterbephase

Ist eine Krankheit nicht mehr heilbar, so setzt die Palliativmedizin ein. Das Wort „palliativ" kommt aus dem Lateinischen (pallium = Mantel) und bedeutet so viel wie „schützend". Die Palliativmedizin hat die Linderung der Schmerzen und Krankheitssymptome zum Ziel sowie die Gewährleistung eines beschwerdefreien würdevollen Lebens des Patienten bis zu dessen Tod. Sie beinhaltet auch Gespräche über Tod und Sterben sowie die Betreuung der Angehörigen.

Die Palliativmedizin ist aus der Hospiz-Bewegung entstanden. Weitere Informationen erhalten Sie bei der Deutschen Gesellschaft für Palliativmedizin e.V. (www.dgpalliativmedizin.de) oder beim Deutschen Hospiz- und PalliativVerband e.V. (www.hospiz.net).

Was ist unter Wachkoma, Demenz und Bewusstlosigkeit zu verstehen?

Wachkoma

- Ein „Wachkoma" liegt vor, wenn ein Mensch in einem Zustand der anhaltenden Bewusstlosigkeit ist, aber „wach" sein kann in dem Sinne, dass die Augen geöffnet sind und der Blick umherwandert. Der Fachbegriff hierzu lautet „Apallisches Syndrom". Das Apallische Syndrom ist ein Krankheitsbild in der Neurologie. Dabei kommt es zu einem funktionellen Ausfall der gesamten Großhirnfunktion oder größerer Teile, während Funktionen von Zwischenhirn, Hirnstamm und Rückenmark erhalten bleiben. Dadurch wirken die Betroffenen wach, haben aber aller Wahrscheinlichkeit nach kein Bewusstsein und nur sehr begrenzte Möglichkeiten der Kommunikation (etwa bei „basaler Stimulation") mit ihrer Umwelt. In Deutschland wird von mindestens 10.000 Betroffenen ausgegangen. Das Wachkoma kann auf eine schwere Schädel-Hirn-Verletzung oder einen Sauerstoffmangel, Gehirnstoffwechselerkrankungen und Demenzerkrankungen wie Alzheimer im Endstadium zurückgehen. Wachkoma wird – und das ist im Zusammenhang mit Ihrer Patientenverfügung von Bedeutung – nach jüngeren Untersuchungen viel zu oft falsch diagnostiziert. Neurophysiologische Untersuchungen wie die Messung von Hirnströmen, die eindeutig belegen können, dass keine Gehirntätigkeit mehr feststellbar ist, gehören in der Bundesrepublik Deutschland noch nicht zum Standard. Die Folge: Menschen, die in sich gefangen sind und sich nicht mitteilen können, werden fatalerweise als „Wachkoma-Patienten" betrachtet. Immer wieder kommt es vor, dass solche Patienten auch noch nach vielen Jahren wieder ins Bewusstsein zurückfinden. Wenn Sie in Ihrer Patientenverfügung Aussagen für ein eigenes „Wachkoma" machen und sichergehen wollen, dass diese Diagnose stimmt, sollten Sie per Patientenverfügung festlegen, dass „Wachkoma" zweifelsfrei mit den modernsten neurophysiologischen Methoden zu diagnostizieren ist.

Bewusstlosigkeit

- Die „Bewusstlosigkeit" ist vom Wachkoma zu unterscheiden. Bewusstlosigkeit liegt vor, wenn der Zustand nur temporär ist. Das Wachkoma ist ein Zustand anhaltender, dauernder Bewusstlosigkeit. Die Bewusstlosigkeit ist daran erkennbar, dass der Patient nicht ansprechbar ist. Er reagiert bei tiefer Bewusstlosigkeit nicht einmal mehr auf Schmerzreize, die Muskulatur ist erschlafft.

Demenz

- „Demenz" liegt vor beim Verfall der geistigen Leistungsfähigkeit, der erworbenen Denkfähigkeit. Erste Anzeichen sind Vergesslichkeit und Orientierungslosigkeit. Ursachen für Demenzerkrankungen sind unter anderem Durchblutungsstörungen, Stoffwechselstörungen, Gehirntumore und Alkoholismus (chronische Vergiftung des Gehirns). Die Auswirkungen einer Demenzerkrankung reichen bis zur Unfähigkeit, simple Alltagsangelegenheiten zu bewältigen und zum Verlust der Persönlichkeit.

EXPERTENTIPP

Viele Menschen lehnen es ab, im Zustand der Hilflosigkeit ohne Bewusstsein und ohne Persönlichkeit bei schwerer Pflegebedürftigkeit ihr Dasein zu fristen. Sie wollen vermeiden, dass sie über längere Zeiträume bewusstlos, bewegungsunfähig und pflegebedürftig – ernährt per Magensonde und beatmet per Maschine – quasi zwischen Leben und Tod gehalten werden. Das einzige Mittel, eine derartige Situation wirksam auszuschließen, ist eine perfekt formulierte, juristisch unangreifbare Patientenverfügung mit eindeutigen Behandlungswünschen.

Wie sollte eine Patientenverfügung gestaltet sein?

Schriftform notwendig

Seit dem 1. September 2009 ist eine Patientenverfügung nur wirksam, wenn sie schriftlich niedergelegt ist. Eine klare Gliederung des Dokuments mit Zwischenüberschriften ist empfehlenswert. Sie erleichtert es einem Bevollmächtigten, Arzt oder Richter, bestimmte Inhalte ohne langes Suchen aufzufinden und andere Personen auf wesentliche Inhalte aufmerksam zu machen. Sie können Ihre grundlegenden Werte zu Beginn des Textes in wenigen Worten deutlich machen. Ersparen Sie aber den Adressaten im eigenen Interesse philosophische Erörterungen, moralische Diskussionen, theologische Gedankenspiele und ethische Auseinandersetzungen.

Unterschrift ausreichend

Vermeiden Sie es vor allem, widersprüchliche Ideen, Prinzipien, Grundsätze und Anordnungen zu Papier zu bringen. Denn in diesem Fall ist es notwendig, Ihre Ausführungen nach allen Regeln der Kunst zu interpretieren. Mit klaren und eindeutigen Aussagen tragen Sie dazu bei, dass Ihre Patientenverfügung keinen Fehldeutungen unterliegt. Sie müssen den Text – anders als ein privatschriftliches Testament – nicht komplett mit der Hand schreiben. Es genügt ein mit Schreibmaschine oder Computer geschriebener Text mit Ihrer handschriftlichen Unterschrift. Die Unterschrift ist zwingende Voraussetzung der Gültigkeit. Ohne Unterschrift bleibt das Dokument ein unverbindlicher Entwurf, der bestenfalls herangezogen wird, um ihren mutmaßlichen Willen zu ergründen. Geben Sie vor der Unterschrift auch Ort und Datum an. Falls Sie auf Grund eines angegriffenen Gesundheitszustands nicht mehr in der Lage sein sollten, zu unterschreiben, sollten Sie zum Notar gehen und um eine notarielle Beglaubigung der Erstellung Ihrer Patientenverfügung bitten.

EXPERTENTIPP

Wählen Sie als Überschrift über Ihre Verfügung nicht Worte wie „Patiententestament" oder „Patientenbrief". Solche Begriffe können zu Missverständnissen führen, zum Beispiel zu dem, es handle sich um Ihr Testament, das Sie als Patient geschrieben haben; ein Dokument also, das erst nach Ihrem Tod Bedeutung erlangt. Eine Person, die Ihr Dokument liest, könnte zu der Schlussfolgerung kommen, dass es sich überhaupt nicht um eine Patientenverfügung oder um ein Schriftstück ohne rechtliche Wirkung handelt. Wählen Sie deshalb als Überschrift das Wort „Patientenverfügung". Damit schließen Sie Zweifel von vornherein aus.

Ärztliches Attest ratsam

Falls Sie bereits unter einem angegriffenen Gesundheitszustand leiden und sichergehen wollen, dass die Rechtmäßigkeit Ihrer Patientenverfügung – etwa auf Grund angeblich mangelnder Einsichtsfähigkeit – nicht angezweifelt werden kann, sollten Sie ein ärztliches Attest zur Urteilsfähigkeit einholen und Ihrer Verfügung anheften. Damit beseitigen Sie mögliche Zweifel an der rechtmäßigen Entstehung der Patientenverfügung. Legen Sie großen Wert darauf, alle Passagen Ihrer Patientenverfügung präzise und zweifelsfrei zu formulieren.

Etliche Formulierungen in Patientenverfügungen sind zu allgemein gehalten und der Auslegung bedürftig. Vermeiden Sie insbesondere folgende Formulierungen:

Präzise Formulierungen

- „Sollte ich in einen menschenunwürdigen Zustand geraten, ...“
- „Wenn meine Lage ausweglos geworden ist, ...“
- „Wenn mir ein erträgliches Leben nicht mehr möglich ist, ...“

Derartige Formulierungen setzen eine Bedingung für die Geltung der Patientenverfügung, die keineswegs klar ist. Die Vorstellungen, wann ein Menschenleben unwürdig, ein Leben unerträglich oder eine Lage aussichtslos ist, gehen weit auseinander. Unklare Formulierungen sind für den behandelnden Arzt und den Bevollmächtigten oder Betreuer sowie das Betreuungsgericht nicht bindend, da sie nicht überprüfbar sind. Es ist evident, dass sich hieraus erhebliche Probleme bei der Umsetzung der Patientenverfügung ergeben können.

Seien Sie auch vorsichtig mit der Verwendung pseudowissenschaftlicher Begriffe, die mehr und mehr Eingang in die Alltagssprache finden. Solche fragwürdigen Begriffe stehen im klaren Widerspruch zu einer eindeutigen Dokumentation Ihres persönlichen Willens.

Unklare Fachbegriffe

BEISPIEL

Der Begriff „effiziente Schmerztherapie“ bezeichnet für die Anhänger dieses Schlagworts eine Behandlung, die möglichst viel Lebensqualität sichern soll. Der Begriff enthält jedoch keine eindeutige Aussage, ob die Schmerzbehandlung auch dann gewollt ist, wenn sie zur Lebensverkürzung oder zum Verlust des Bewusstseins führt. Wenn Sie in Ihrer Patientenverfügung die unklaren Worte „effiziente Schmerztherapie“ verwenden, kann weder ein Arzt noch ein Richter mit Sicherheit sagen, was Sie damit gemeint haben. Mit anderen Worten: Ihr Wille kann nicht umgesetzt werden, die Aussage zur Effizienz der Schmerztherapie ist nicht bindend.

EXPERTENTIPP

Lassen Sie Ihre Patientenverfügung von einem Fachanwalt für Erbrecht verfassen oder Ihren eigenen Text dort juristisch prüfen. Sie beugen damit möglichen Schwierigkeiten bei der Umsetzung und Anerkennung Ihrer Patientenverfügung vor.

Welche Fragen sollte eine Patientenverfügung regeln?

Die Äußerung des persönlichen Willens muss eindeutig erkennbar sein. Es dürfen keine Zweifel an der Ernsthaftigkeit der niedergeschriebenen Anweisungen entstehen. Die Patientenverfügung muss regeln, in welchen medizinischen Notsituationen sie gelten soll und welche ärztlichen Maßnahmen jeweils zu treffen sind. Sie können zu folgenden Notsituationen Aussagen zu Papier bringen – die Aufstellung ist keineswegs erschöpfend:

Inhalt einer Patientenverfügung

- Unmittelbarer Sterbeprozess
- Endstadium einer tödlich verlaufenden Krankheit
- Wachkoma
- Fortgeschrittenes Stadium einer Demenzerkrankung
- Dauerhafter Verlust der Einsichts- und Kommunikationsfähigkeit

Eine Patientenverfügung kann im Einzelnen regeln, ob folgende Maßnahmen (Grundentscheidungen) in den genannten Notsituationen zu ergreifen sind oder nicht:

- Rechtlich zulässige passive Sterbehilfe
- Rechtlich zulässige indirekte Sterbehilfe

- Behandlungs- und Ernährungsabbruch
- Behandlungsverzicht bei Demenz oder Dauerkoma

Behandlungsarten

Die hier aufgezählten Grundentscheidungen sind mit konkreten Behandlungsmöglichkeiten zu verbinden. Folgende ärztliche Maßnahmen können in der Patientenverfügung geregelt werden:

- Lebenserhaltende Maßnahmen
- Schmerz- und Symptombehandlung
- Künstliche Ernährung
- Künstliche Flüssigkeitszufuhr
- Wiederbelebung
- Künstliche Beatmung
- Dialyse
- Gabe von Antibiotika
- Gabe von Blut und Blutbestandteilen
- Gabe von Antibiotika zur (vorübergehenden) Lebensverlängerung
- Gabe von kreislaufunterstützenden Substanzen

Berücksichtigung von Krankheiten

Die Patientenverfügung kann Diagnosen und Therapien ausschließen oder verlangen. Sie kann auch auf vorhandene oder drohende Krankheiten eingehen. Dies ist keineswegs verpflichtend. Sie sollten jedoch dann, wenn Sie auf eine vorhandene oder drohende Krankheit eingehen und in diesem Zusammenhang Behandlungswünsche niederlegen, deutlich machen, dass Sie sich bei der Abfassung der Verfügung ernsthaft mit Ihrer Krankheit auseinandergesetzt haben. Im Ernstfall gibt dies allen Beteiligten ein hohes Maß an Sicherheit.

EXPERTENTIPP

Führen Sie mit Ihrem Hausarzt vor der Erstellung Ihrer Patientenverfügung ein ausführliches Beratungsgespräch über die möglichen Inhalte. Der Arzt kann Ihnen die medizinischen Möglichkeiten und deren Folgen umfassend erläutern. In der Patientenverfügung können Sie auch festlegen, ob Sie zur Lebensverlängerung eine Organtransplantation wünschen oder nicht.

Ist der Anwendungsbereich einer Patientenverfügung eingeschränkt?

Sie allein entscheiden!

Über den Anwendungsbereich Ihrer Patientenverfügung bestimmen Sie selbst. Er liegt zwischen der „Minimalbehandlung“ und der „Maximalbehandlung“, zwischen allumfassenden Regelungen und einem einzelnen, eher peripheren Behandlungswunsch, der Ihnen möglicherweise die Abfassung einer Patientenverfügung wert ist. In jedem Fall entscheiden Sie, in welchen Notsituationen Ihre Patientenverfügung überhaupt angewandt werden soll. Der Sinn einer Patientenverfügung ist es häufig, dem Arzt die Anweisung zu geben, in bestimmten möglichen Notsituationen komplett auf lebensverlängernde Maßnahmen zu verzichten. Inhalt der Patientenverfügung ist dann eine Behandlungsanweisung abweichend von der Maximalbehandlung, eventuell sogar nur eine Minimalbehandlung. Ein derartiger Behandlungswunsch kann dazu führen, dass eine medizinisch sinnvolle Therapie nicht durchgeführt werden darf. Es liegt aus diesem Grunde in Ihrem elementaren Interesse, dass Sie sich über die Folgen Ihrer Patientenverfügung oder einzelner Willensäußerungen im Klaren sind. Dann, wenn die Notsituation eingetreten ist und die Patientenverfügung für bare Münze genommen wird, können Sie einen Irrtum oder eine Leichtsinnigkeit beim Formulieren von Handlungsanweisungen nicht mehr korrigieren.

Was kann ich zur Durchsetzung meiner Patientenverfügung tun?

Absicherung durch eine Vorsorgevollmacht

Die Durchsetzung einer Patientenverfügung ist alles andere als eine Selbstverständlichkeit. Was nützt eine Verfügung, wenn keine Person Ihr Papier dem behandelnden Arzt, dem Pflegeverantwortlichen oder dem Betreuer vorlegt und bei Meinungsverschiedenheiten Ihren Behandlungswillen „1 zu 1" durchsetzt? Erstellen Sie deshalb neben der Patientenverfügung auch eine Vorsorgevollmacht (siehe dazu Seite 9). Der Vorsorgebevollmächtigte wird die Patientenverfügung vorlegen und umsetzen, sobald die Voraussetzungen hierfür gegeben sind. Wichtig ist, dass Ihr Bevollmächtigter sich bei Widerständen durchsetzen kann. Weigert sich beispielsweise das Pflegeheim, einen von Ihnen gewünschten und per Patientenverfügung mitgeteilten Behandlungsabbruch durchzuführen, muss der Bevollmächtigte sich an das Betreuungsgericht wenden und den zuständigen Richter überzeugen. Dies ist auch dann erforderlich, wenn der behandelnde Arzt und der Bevollmächtigte sich nicht über die richtige Behandlung im Sinne der Patientenverfügung einigen können.

Muss ich meine Patientenverfügung regelmäßig erneuern oder neu unterschreiben?

Wiederholtes Unterzeichnen nicht erforderlich

Im Bürgerlichen Gesetzbuch ist seit 1. September 2009 eindeutig und klar geregelt, dass eine Patientenverfügung mit Ihrer Unterschrift Geltung erlangt. Diese Neuregelung hat einen jahrelangen Streit in juristischen und fachwissenschaftlichen Kreisen beendet. Der Gesetzgeber hat bewusst auf eine Aktualisierungspflicht und auf eine Beratungspflicht verzichtet. Somit steht fest: Sie müssen Ihre Patientenverfügung nicht regelmäßig unterschreiben, um die fortlaufende Gültigkeit zu erreichen. Eine „Regelmäßigkeit" kennt das Gesetz nicht. Machen Sie sich nicht den Irrglauben zu eigen, eine Patientenverfügung müsse „regelmäßig" unterschrieben werden. Ziehen Sie eine Parallele zum Thema „Testament": Ihr Testament müssen Sie auch nicht in gewissen Abständen unterschreiben. Hintergrund ist, dass die Unterschrift unter der Patientenverfügung oder ein Testament eine Willenserklärung ist. Solange Sie Ihre Willenserklärung nicht widerrufen, gilt sie weiter.

BEISPIEL

Hans Muche hat sich die Mühe gemacht, eine Patientenverfügung zu schreiben. Da er von einem Freund gehört hat, dass die Unterschrift immer wieder zu erneuern ist, unterschreibt er jedes Jahr an seinem Geburtstag die Patientenverfügung. Dies geschieht acht Mal. Beim nächsten Geburtstag feiert Muche einen runden Geburtstag, richtet ein großes Fest aus und vergisst, erneut die Patientenverfügung zu unterzeichnen. Während einer Reise verunglückt Hans Muche und wird schwer verletzt in eine Unfallklinik eingewiesen. Nun stellt sich die Frage, ob die Patientenverfügung auch ohne die neunte Unterschrift noch Gültigkeit hat. Bedeutet die fehlende neunte Unterschrift, dass Hans Muche seine Patientenverfügung verworfen hat? Oder gilt die Serie der Unterschriften weiter? Über diese Fragen können sich nun die Juristen auseinandersetzen. Doch Hans Muche wollte etwas anderes, er hatte an Rechtsstreitigkeiten gar kein Interesse. Er wollte, dass seine Behandlungswünsche realisiert werden.

Stellen Sie die Fortgeltung klar

Um Zweifel an der Gültigkeit auszuschließen, ist es durchaus sinnvoll, bereits bei der Errichtung der Patientenverfügung ausdrücklich zu erklären, dass die Bestimmungen auch ohne weitere Bestätigungen ihre Wirksamkeit bis zum ausdrücklichen Widerruf oder bis zur Vernichtung behalten sollen.

Formulierungsbeispiel „Fortgeltung der Patientenverfügung"

> In einer akuten Situation darf mir nicht unterstellt werden, dass ich meinen Willen geändert hätte. Es ist für mich deshalb nicht erforderlich, die Patientenverfügung wiederholt schriftlich oder sogar notariell zu bestätigen. Ich bin mir bewusst, dass ich von Gesetzes wegen den in meiner Patientenverfügung niedergelegten Willen nicht durch regelmäßiges Unterschreiben bekräftigen muss, um die Gültigkeit auch über einen längeren Zeitraum zu erhalten.

Kann man eine Patientenverfügung ändern oder widerrufen?

Änderungen und Widerruf jederzeit möglich

Sie können Ihre Patientenverfügung jederzeit ändern, widerrufen oder vernichten. Niemand kann Ihnen das Recht nehmen, Ihr Selbstbestimmungsrecht wahrzunehmen. Der Widerruf kann durch die Vernichtung des Dokuments oder ein weiteres Dokument geschehen, in dem Sie die Unwirksamkeit der Patientenverfügung mit Ihrer Unterschrift bestätigen. Schwer erkrankt können Sie noch per Handzeichen oder Augenbewegung Ihren Willen äußern und die Frage, ob Ihre Patientenverfügung denn nun angewandt werden soll, per Wimpernschlag oder Handbewegung mit „Ja" und „Nein" beantworten. Sie können Ihre Patientenverfügung jedoch nicht mehr widerrufen, wenn Sie geistig oder körperlich nicht mehr in der Lage sind, eine Erklärung abzugeben. Dieses Risikos müssen Sie sich bewusst sein. Sobald Sie sich nicht mehr mitteilen können, gilt der Wille, den Sie in der Patientenverfügung niedergelegt haben.

Regelmäßige Überprüfung

Prüfen Sie von Zeit zu Zeit den Inhalt Ihrer Patientenverfügung! Ihre Willenserklärung bedarf möglicherweise einer Modifikation in einzelnen oder mehreren Aspekten, wenn sich Ihre Wertvorstellungen in Bezug auf Krankheiten oder medizinische Behandlungsmöglichkeiten geändert haben. Insbesondere bei einer bevorstehenden schweren Operation kann es sein, dass Sie Wert darauf legen, den Inhalt der Patientenverfügung an Ihre aktuelle Situation anzupassen.

Welche Aufgaben hat der Betreuer im Zusammenhang mit einer Patientenverfügung?

Betreuer muss Ihre Patientenverfügung beachten

Ein Betreuer wird vom Betreuungsgericht für den Aufgabenkreis „Gesundheitssorge" bestellt, wenn eine Person für den Fall der eigenen Handlungs- und/oder Äußerungsfähigkeit keine Vorsorgevollmacht erstellt hat. Ist einer der nächsten Angehörigen geeignet, die Gesundheitssorge zu übernehmen, so wird er im Regelfall zum Betreuer bestellt. Ansonsten bestellt das Betreuungsgericht einen Berufs-, Vereins- oder Amtsbetreuer. Ihr Betreuer mit dem Aufgabenkreis „Gesundheitssorge" kümmert sich um die Durchsetzung Ihrer Patientenverfügung oder erkundet – bei fehlender Patientenverfügung – Ihren mutmaßlichen Willen.

Angehörige sind anzuhören

Dabei ist er unter gewissen Voraussetzungen angehalten, den Ehegatten, Verwandte und die dem Patienten nahestehenden Personen bei solchen Entscheidungen anzuhören. Im Regelfall entscheidet der Betreuer zusammen mit dem Arzt über die weitere Behandlung bzw. über einen Abbruch lebenserhaltender Maßnahmen. Er muss sich dabei an das seit 2009 im Gesetz festgelegte Verfahren halten. Dies hat der Bundesgerichtshof mit Urteil vom 10.11.2010 bestätigt.

EXPERTENTIPP

Erstellen Sie immer eine Vorsorgevollmacht. Mit der eigenen Benennung eines Vorsorgebevollmächtigten ist sichergestellt, dass eine Person handelt, zu der Sie Vertrauen haben und die Sie kennt. Der Bevollmächtigte setzt dann Ihre Patientenverfügung um. Ohne eine Vorsorgevollmacht wird ein für Sie – eventuell unbekannter – vom Betreuungsgericht bestellter Betreuer diese Tätigkeiten wahrnehmen.

Wo bewahre ich meine Patientenverfügung auf?

Schnelle Auffindbarkeit sicherstellen

Wie erfahren Ärzte, Krankenhäuser, Pflegeeinrichtungen oder Sterbehospize überhaupt von der Existenz Ihrer Patientenverfügung? Eine allgemeine Beantwortung dieser Frage ist fast nicht möglich. Es handelt sich bei jedem Mitbürger immer um einen speziellen Einzelfall. Sie selbst müssen sicherstellen, dass Ihre Patientenverfügung im Fall Ihrer Unfähigkeit, Entscheidungen zu treffen oder Ihren Willen mitzuteilen, rasch und unproblematisch aufgefunden wird. Vor allem allein lebende Personen sind gut beraten, dafür zu sorgen, dass ihre Patientenverfügung aufgefunden und beachtet werden kann. Es bietet sich an, einer Vertrauensperson aus dem nächsten Umfeld – dies kann ein Familienmitglied, ein Freund, ein Nachbar oder eine andere zuverlässige Person sein – mitzuteilen, wo sich die Patientenverfügung befindet.

Vertrauensperson informieren

Noch besser ist es, wenn Sie der Vertrauensperson selbst das Original oder eine unterzeichnete Kopie der Patientenverfügung übergeben. Wenn Sie per Vorsorgevollmacht eine andere Person bevollmächtigen, sollten Sie ihr die Patientenverfügung übergeben. Eine Vernetzung von Vorsorgevollmacht und Patientenverfügung ist außerordentlich sinnvoll. Ihr Bevollmächtigter kann sich dann im Gespräch mit Ärzten, Pflegeleitungen und Richtern darum kümmern, dass Ihre Behandlungswünsche umgesetzt werden.

EXPERTENTIPP

Weisen Sie bereits in Ihrer Vorsorgevollmacht darauf hin, dass Sie eine Patientenverfügung erstellt haben. Es macht auch Sinn, wenn Sie in der Vollmacht auf den Verwahrungsort und Personen hinweisen, die das Dokument aufbewahren oder Ihre Patientenverfügung beschaffen können. Auch ein Notfallausweis, den Sie in Ihrer Geldbörse mit sich führen, kann hilfreich sein. Weisen Sie in diesem Dokument auf die Existenz Ihrer Patientenverfügung und den Aufbewahrungsort hin.

Sie können auch Ihrem Hausarzt eine Kopie der Patientenverfügung übergeben. Erfährt Ihr Hausarzt, dass Sie in einer Klinik oder in einem Krankenhaus behandelt werden, kann er seinen Kollegen neben Informationen zu Ihrem Gesundheitszustand auch die Patientenverfügung geben.

Registrierung im Vorsorgeregister

Eine sehr gute Möglichkeit, auf Ihre Patientenverfügung aufmerksam zu machen, ist der Eintrag in das Zentrale Vorsorgeregister der Bundesnotarkammer. Hier können Sie Ihre Patientenverfügung jedoch nur im Zusammenhang mit einer Vorsorgevollmacht oder einer Betreuungsverfügung registrieren lassen. Weiter bieten Organisationen, wie die Patientenschutzorganisation Deutsche Hospizstiftung (www.hospize.de) und das Deutsche Rote Kreuz (www.zentralarchiv.info) eine Hinterlegungsmöglichkeit oder Registrierung von Patientenverfügungen gegen eine Gebühr an.

CHECKLISTE

Patientenverfügung

- Eingangsformel (individuelle Aussage zu Ihren grundlegenden Werten)
- Sämtliche Situationen, für die die Patientenverfügung gelten soll. Alle Anordnungen zu ärztlichen/pflegerischen Maßnahmen (Ihre Entscheidungen)
- Aussagen zur Verbindlichkeit der Patientenverfügung
- Hinweise auf eine Vorsorgevollmacht, einen Bevollmächtigten, eine Betreuungsverfügung oder einen Organspendeausweis (soweit vorhanden)
- Schlussbemerkungen
- Ort, Datum und Unterschrift
- Hinweise auf die rechtliche und die ärztliche Beratung, die Sie vor Unterzeichnung der Patientenverfügung in Anspruch genommen haben

Entbindung von der ärztlichen Schweigepflicht

Warum sollten Ärzte von ihrer Schweigepflicht entbunden werden?

Ärzte sind zur Verschwiegenheit verpflichtet

Verschiedene Berufsgruppen unterliegen der Schweigepflicht. Dazu gehören zum Beispiel Ärzte, Krankenhausmitarbeiter, Krankenpfleger, Altenpfleger, Mitarbeiter in Pflegeheimen etc. Die Schweigepflicht selbst hat den Zweck, den Schutz des persönlichen Lebens- und Geheimnisbereichs einer Person, die sich bestimmten Berufsgruppen anvertraut, zu gewährleisten. Die Schweigepflicht schützt das Recht auf informationelle Selbstbestimmung. Dieses Recht hat in Deutschland Verfassungsrang. Von der Schweigepflicht kann nur der Patient selbst die Geheimnisträger entbinden. Zweck der Schweigepflichtentbindung ist beispielsweise die Informationsgewinnung bzgl. ärztlicher oder pflegerischer Maßnahmen und deren Folgen. Mit der Auskunft kann auch die Abrechnung der getätigten Leistungen überprüft werden. Gleiches gilt der Überprüfung von durchgeführten bzw. nicht durchgeführten Nachbehandlungen. Eine Schweigepflichtentbindung dient ebenfalls einer Gutachtenerstellung hinsichtlich eines eventuell vorliegenden ärztlichen Kunstfehlers.

Befreien Sie Ihren Arzt von seiner Schweigepflicht

Fehlt eine Schweigepflichtentbindung (siehe dazu Seite 145), so erhält der Bevollmächtigte selbst bei einem Behandlungsfehler von den Ärzten und entsprechenden Stellen keinerlei Auskunft. Diese Auskunft erhält nur der Erbe des verstorbenen Patienten und lediglich unter ganz gewissen Voraussetzungen. Der Patient sollte die Ärzte etc. neben der Auskunft an den Bevollmächtigten auch von der Schweigepflicht gegenüber Dritten entbinden. Dritte können beispielsweise unabhängige Gutachter sein, die direkt Informationen vom ehemals behandelnden Arzt benötigen.

EXPERTENTIPP

Die Schweigepflichtentbindung sollte beinhalten, dass sie auch über den Tod des Patienten hinaus Geltung hat. Dadurch wird möglichen Schwierigkeiten nach dem Ableben bereits im Vorfeld begegnet.

Organspendeverfügung

Wer sollte eine Organspendeverfügung errichten?

Regeln Sie, ob Sie Organe spenden wollen

Jeder Mensch, der bereit ist, nach seinem klinischen Tod Organe zu spenden, sollte diese Bereitschaft per „Organspendeausweis" – rechtlich korrekt als „Organspendeverfügung" bezeichnet – signalisieren. Sie können aber auch dann, wenn Sie keine Organspende wünschen, ein entsprechendes Dokument verfassen, so dass im Ernstfall erst gar keine Bemühungen um eine Organspende (Befragung von Verwandten) stattfinden. In Folge eines Unfalls oder einer Erkrankung kann die Gehirnfunktion unwiederbringlich und vollständig zerstört sein. Der unwiederbringliche Verlust jeder Wahrnehmung, des Denkens, der Steuerung der Atmung und der zentralen Steuerungsfähigkeit für die Körperfunktionen wird als „Hirntod" bezeichnet. In diesem Fall ist eine Fortsetzung therapeutischer Bemühungen sinnlos. Die künstliche Aufrechterhaltung der Herz-Kreislauf-Funktion muss dann abgebrochen werden. Kommt aus medizinischer Sicht eine Organ- und Gewebespende in Betracht, führt der behandelnde Arzt oder ein als Transplantations-Koordinator tätiger Mediziner ein Gespräch mit den Angehörigen. Die künstliche Beatmung wird nach den Bestimmungen im Transplantationsgesetz aufrechterhalten.

Sofern der Patient keine Organspendeverfügung unterzeichnet hat, entscheiden die Angehörigen nach seinem mutmaßlichen Willen. Die Reihenfolge der Verwandten ergibt sich wie folgt:

- Ehegatte oder Lebenspartner einer eingetragenen gleichgeschlechtlichen Lebenspartnerschaft
- volljährige Kinder

- Eltern
- volljährige Geschwister
- Großeltern

Widerspruch zur Patientenverfügung vermeiden

Beachten Sie bei der Abfassung einer Organspendeverfügung (siehe dazu Seite 146), dass die Zustimmung zur Organentnahme mit der Anordnung einer „Minimalbehandlung" in Ihrer Patientenverfügung kollidieren kann. Die Minimalbehandlung kann dazu führen, dass Organe geschädigt werden und für eine Organspende nicht mehr tauglich sind. Sie sollten deshalb in der Patientenverfügung klarstellen, ob die behandelnden Ärzte berechtigt sind, medizinische Maßnahmen zur Erhaltung der Lebensfähigkeit eines Organs durchzuführen, die dem Grunde nach dem Wunsch nach einer Minimalbehandlung widersprechen. Führen Sie mit Ihrem Hausarzt ein ausführliches Beratungsgespräch über diese Problematik. Er kann Ihnen die medizinischen Möglichkeiten und die medizinischen Folgen umfassend erläutern.

Notfallausweis

Wozu dient ein Notfallausweis?

Schnelles Auffinden Ihrer Vorsorgeregelungen

Ein Notfallausweis (siehe dazu Seite 147) – auch „Notfallkarte" genannt – dient in einem Notfall dem schnellen Auffinden Ihrer Patientenverfügung und Vorsorgevollmacht sowie der umgehenden Verständigung Ihres Hausarztes, Bevollmächtigten oder Betreuers. Ihr Notfallausweis sollte Namen, Funktion, Telefonnummer (auch Mobiltelefon-Verbindung) und Adressen der jeweiligen Personen beinhalten. Beachten Sie bitte, dass ein Notfallausweis und die damit gewährleistete schnelle Verfügbarkeit Ihrer Patientenverfügung nicht unmittelbar und sofort zur Beachtung Ihrer Behandlungswünsche führen. Ein Arzt, der irgendwo auf der Welt Nothilfe leistet, wird sofort tätig, ohne auch nur eine Sekunde lang zu prüfen, ob Sie lebenserhaltende Maßnahmen ablehnen oder nicht. Erst dann, wenn die Notfallversorgung abgeschlossen ist und Sie nun in einer Klinik, in einem Pflegeheim oder in einem Hospiz behandelt werden, kann Ihr Vorsorgebevollmächtigter oder Betreuer Ihre Patientenverfügung an den behandelnden Arzt übergeben. Erst dann besteht überhaupt die Möglichkeit, dass Ärzte und Pflegepersonal Ihre Patientenverfügung zur Kenntnis nehmen und Ihre Behandlungswünsche realisieren.

EXPERTENTIPP

Gehen Sie auf Nummer sicher und führen Sie immer einen Notfallausweis bei sich. In dieser Karte ist vermerkt, ob eine Patientenverfügung existiert und welche Person informiert werden soll. Erstellen sie mehrere Notfallausweise, die Sie an verschiedenen Örtlichkeiten Ihres Alltags vorsichtshalber deponieren. Überprüfen sie regelmäßig die angegebenen Namen, Adressen und Telefonnummern. Männer können die Notfallkarte in ihrem Geldbeutel aufbewahren. Bei Frauen bietet sich die Handtasche als weiterer Aufbewahrungsort an. Zusätzlich können Sie ein Handy mit sich führen, das eine Funktion zur Ortung Ihrer Person oder eine Taste bzw. einen Knopf für einen Notfallanruf hat.

KAPITEL 2

Vorsorge für den Erbfall

Bestattungsverfügung

Totenfürsorge

Unter die „Totenfürsorge" fällt das Recht, den Ort der letzten Ruhestätte zu bestimmen und die Bestattung des Verstorbenen zu organisieren. Sie beinhaltet auch die Grabfürsorge und das Recht, den Verstorbenen umzubetten (zum Beispiel an einen von ihm gewünschten Ort). Das Recht der Totenfürsorge steht einer Person zu, die der Verstorbene vor seinem Tod auf der Basis seines Selbstbestimmungsrechts bestimmt hat. Diese Person muss nicht der Ehegatte oder ein Verwandter sein. Jede Bürgerin und jeder Bürger verfügt über die Freiheit, einer Person ihres Vertrauens – zum Beispiel einem Lebenspartner, einem Freund oder einem Angehörigen der eigenen Religionsgemeinschaft – die Totenfürsorge zu übertragen.

Wer regelt die Bestattung?

Nur wenn der Erblasser selbst keine Wahl getroffen hat, wer die Totenfürsorge ausüben darf, sehen die Landesgesetze hierfür die nächsten Angehörigen in folgender Reihenfolge vor:

1. Ehegatte
2. Lebenspartner
3. volljährige Kinder
4. Eltern
5. volljährige Geschwister
6. Großeltern
7. volljährige Enkelkinder

Es macht keinen Sinn, in einem Testament einen Totenfürsorgeberechtigten zu benennen und Anordnungen für die eigene Bestattung zu treffen. Die Nachlassgerichte eröffnen in aller Regel erst einige Wochen nach einem Todesfall das Testament des Verstorbenen. Zu diesem Zeitpunkt muss aber die Beerdigung nach den Vorgaben des Gesetzgebers bereits erfolgt sein. Da die Bestattung wenige Tage nach dem Todesfall erledigt sein muss, kann der in einem Testament dargelegte Wille des Verstorbenen gar nicht realisiert werden.

Bestattung nicht im Testament regeln

Wer also einer Person seines Vertrauens das Recht übertragen will, die Beisetzung zu organisieren, sollte dies in einem gesonderten Schriftstück festlegen. Ein solcher vom Erblasser geäußerter Wille wird „Bestattungsverfügung" genannt. Eine solche Verfügung in den eigenen persönlichen Unterlagen oder im Besitz einer nahestehenden Person kann dann unmittelbar nach dem Todesfall umgesetzt werden.

Wozu dient eine Bestattungsverfügung?

Inhalt einer Bestattungsverfügung

Eine Bestattungsverfügung kann im Einzelnen Antworten auf folgende Fragen geben: Welche Person darf für die Durchführung der Bestattung Sorge tragen, über den Leichnam bestimmen und über die Art der Bestattung sowie den Ort und die Gestaltung der letzten Ruhestätte entscheiden? Die mit diesem Dokument vom Verstorbenen berechtigte Person kann damit selbst – auch gegen den erbitterten Widerstand der Angehörigen – den Willen des Verstorbenen durchsetzen und für seine wunschgemäße Bestattung Sorge tragen. Die Bestattungsverfügung dient damit der Durchsetzung des eigenen Willens des Verstorbenen in Bezug auf den Umgang mit seiner Leiche, die Art der Bestattung und den Ort der letzten Ruhestätte. Eine Bestattungsverfügung ist ein hervorragendes Mittel, um einen absehbaren Streit unter den Angehörigen über die Totenfürsorge zu vermeiden. Sie sorgt für eine schnelle und reibungslose Abwicklung der Beerdigung nach den Wünschen und Vorgaben des Verstorbenen.

Eine Bestattungsverfügung muss keiner bestimmten Form entsprechen. Sie kann handschriftlich oder am Computer getippt und dann mit der Hand unterschrieben werden. Sogar eine mündliche Verfügung in einem Gespräch ist denkbar. Aus Beweisgründen empfiehlt sich jedoch dringend, eine schriftliche Bestattungsverfügung abzufassen. Andernfalls ist die gewünschte Sicherheit im Rechtsverkehr nicht gewährleistet. Eine Bestattungsverfügung sollte zumindest folgende Fragen beantworten:

Welche Form muss beachtet werden?

- Welche Person ist zur Durchführung der Bestattung berechtigt?
- Wie soll die Bestattung im Einzelnen ausgestaltet sein (Angaben zu Ort und Art der Bestattung)?
- Welche Eigenschaften soll der Grabstein haben, wie soll er aussehen, welche Inschrift soll er tragen?
- Wie soll die Trauerfeier gestaltet sein?

Formulierungsbeispiel „Bestattungsverfügung“

1. Ich, ..., wünsche eine Feuerbestattung mit anschließendem Begräbnis in einem Urnengrab auf dem ...-Friedhof in ... Die Liegedauer für mein Grab hat mindestens ... Jahre zu betragen. Ich wünsche mir einen Grabstein aus ... mit folgender Inschrift: ...

Für meine Bestattung gelten folgende Anweisungen:

- ... (Art der Trauerfeier),
- ... (Teilnehmer),
- ... (Musik),
- ... (Redner oder Unterbleiben von Reden),
- ... (genauer Ort und Gestaltung des Trauermahls),
- ... (Bepflanzung des Grabes und Grabpflege).

2. Ich erteile Herrn/Frau ... (Name, Vorname, Geburtsdatum und Adresse) die

Vollmacht,

alles, was im Zusammenhang mit meiner Bestattung, der Trauerfeier, der Grabpflege und Errichtung meines Grabes steht, zu veranlassen und zu vereinbaren.

Soweit ich meine Wünsche nicht vorstehend ausdrücklich niedergelegt habe oder diese sich nicht umsetzen lassen, ist der Bevollmächtigte berechtigt, Entscheidungen zu meiner Bestattung nach eigenem freiem Ermessen zu treffen. Er ist weiter berechtigt, ihm angemessen erscheinende Trinkgelder und/oder Spenden bis zu einem Höchstbetrag von je ... €, jedoch nicht mehr als insgesamt ... €, aus Anlass meiner Bestattung auszuzahlen. Die Kosten sind von den Erben aus meinem Nachlass zu bezahlen. Meinem Bevollmächtigten ist gestattet, meine Erben in allen Angelegenheiten zu vertreten, die sich im weitesten Sinne auf die vorgenannten Bereiche beziehen.

3. Diese Vollmacht kann von meinen Erben nur aus wichtigem Grund widerrufen werden.

Ort, Datum und Unterschrift

Sorgerechtsverfügung und Testamentsvollstreckung zu Gunsten der Kinder

Wer benötigt eine Sorgerechtsverfügung?

Fürsorge für minderjährige Kinder

Eltern mit minderjährigen Kindern können durch eine Sorgerechtsverfügung bestimmen, wer für den eher unwahrscheinlichen, aber immerhin möglichen Unglücksfall, dass beide Eltern versterben, für die minderjährigen Kinder sorgen soll. Der Sorgeberechtigte wird auch „Vormund" genannt. Verstirbt nur ein Elternteil, geht die elterliche Sorge automatisch auf den anderen Elternteil über. Wenn aber Vater und Mutter zur gleichen Zeit sterben, entscheidet das Vormundschaftsgericht, wer künftig bis zur Volljährigkeit der Kinder das Sorgerecht übernehmen soll. Wenn Sie rein vorsorglich einen Vormund für Ihre minderjährigen Kinder benennen und festlegen, welche Verwandten nicht Vormund werden sollen, ist das Familiengericht gehalten, diesen Wunsch anzuerkennen.

Wohl des Kindes maßgeblich

Bei der Auswahl eines Sorgeberechtigten entscheiden die Richter immer auch zum Wohl Ihrer Kinder. Bei gravierenden Gründen kann das Gericht von Ihrer Willenserklärung abweichen. Wenn Sie eine Person mit erheblichen Straftaten oder das Mitglied einer dubiosen Sekte als gewünschten Sorgeberechtigten benannt haben, darf sich das Gericht über Ihre Vorgaben hinwegsetzen. Wenn Sie keine Sorgerechtsverfügung geschrieben haben, sucht das Gericht im Ernstfall unter den nächsten Verwandten nach einem geeigneten Vormund.

EXPERTENTIPP

Eine Sorgerechtsverfügung (ein Muster finden Sie auf Seite 143) muss der Form eines Testaments entsprechen, also handschriftlich niedergelegt und unterschrieben sein. Achten Sie darauf, dass das Dokument im Ernstfall aufgefunden und an das Nachlassgericht übergeben werden kann.

Aufgaben des Sorgeberechtigten

Wer das „Sorgerecht" hat (ausübt), hat die Pflicht, sowohl über die persönlichen als auch vermögensrechtlichen Angelegenheiten des Kindes zu entscheiden. Sie können per Sorgerechtsverfügung Ihren Wunsch-Sorgeberechtigten von etwaigen gesetzlichen Beschränkungen der Vormundschaft ausnehmen und ihn so zum „befreiten Vormund" machen. Der Vormund ist dann relativ frei im Umgang mit dem Vermögen der Kinder, das ihm anvertraut ist. Dies bedeutet immer auch ein Risiko. Schon allein aus Unerfahrenheit kann ein in der Kindererziehung perfekter, aber in Geldangelegenheiten unerfahrener Sorgeberechtigter schwere Fehler machen und unter dem Einfluss habgieriger Finanzdienstleister völlig ungeeignete Anlageformen wählen.

Testamentsvollstreckung zur Nachlassverwaltung

Wenn es Ihnen wichtig ist, dass das ererbte Vermögen der Kinder professionell verwaltet und vermehrt wird, können Sie einem unabhängigen und in der Vermögensverwaltung versierten Testamentsvollstrecker diese Aufgabe übertragen.

EXPERTENTIPP

Damit der (ein) Testamentsvollstrecker für die Kinder tätig werden darf, muss dies ebenfalls (in der Sorgerechtsverfügung) in Form eines Testaments (handschriftlich mit Unterschrift) niedergelegt sein. Sie können die Sorgerechtsverfügung (wer soll zum Sorgeberechtigten bestimmt werden?) mit der Anordnung kombinieren, dass das Vermögen der Kinder von einem Testamentsvollstrecker verwaltet wird.

Pflichten des Testamentsvollstreckers

Der Testamentsvollstrecker ist verpflichtet, das Vermögen ausschließlich im Interesse Ihrer Kinder zu verwalten. Er ist berechtigt, für seine Leistung ein angemessenes Honorar zu fordern. Da ein Sorgeberechtigter umfassenden Zugriff auf das Vermögen der Kinder hat und grundsätzlich kaum einer Kontrolle unterliegt, lohnt es sich in der Regel, im Interesse Ihrer Kinder einen unabhängigen und fachlich versierten Testamentsvollstrecker mit der Vermögensverwaltung zu betrauen. Der Testamentsvollstrecker hat als Unbeteiligter allein das Interesse Ihrer Kinder zu beachten. Insoweit ist er dem Sorgeberechtigten gegenüber rechenschaftspflichtig und bei einem Verstoß schadenersatzpflichtig. Dadurch werden die Kindesinteressen noch besser geschützt, als wenn der Sorgeberechtigte allein Zugriff auf das Vermögen des Kindes hat.

EXPERTENTIPP

Sie können den Erbteil Ihres Kindes auch über dessen Volljährigkeit hinaus, zum Beispiel bis zum 25. Lebensjahr, unter die Obhut eines Testamentsvollstreckers stellen. Dem Kind fließen dann – je nach Ihrer Anordnung – zum Beispiel nur die Erträge des Nachlasses zu, die Nachlasssubstanz darf nicht angegriffen werden. Zu dem von Ihnen festgelegten Zeitpunkt erhält Ihr Kind dann die volle Verfügungsgewalt über den Nachlass. Wünschen Sie, dass mit Ihrem Nachlass auch eine Ausbildung, Fortbildung oder ein Studium für Ihr Kind finanziert wird, können Sie dies ebenfalls zur Aufgabe des Testamentsvollstreckers machen.

Vollmacht über den Tod hinaus

Wann ist eine Vollmacht über den Tod hinaus sinnvoll?

Transmortale Vollmacht erleichtert Nachlass-abwicklung

Achten Sie darauf, dass die Vorsorgevollmacht über den Tod des Vollmachtgebers hinaus wirksam ist. Bis die Erben amtlich feststehen, entsteht ansonsten ein regelungsloser Zustand. In dieser Zeit kann der Nachlass nicht verwaltet werden, zum Beispiel kann die Beerdigung nicht bezahlt werden. Außerdem haben diejenigen Personen, die zuerst die Wohnung des verstorbenen Vollmachtgebers betreten, die Möglichkeit, sang- und klanglos Nachlassgegenstände beiseitezuschaffen. Um diesen „Wettlauf der Erben" zu verhindern, kann der über den Tod hinaus („transmortal") Bevollmächtigte die Wohnung einfach absperren und erst dann den Personen Zutritt gewähren, die sich später mit einem Erbschein ausweisen können. Das schützt vor Streit innerhalb der Familie.

Formulierungsbeispiel „Vollmacht über den Tod hinaus"

Die Vollmacht bleibt in Kraft und gilt fort, auch wenn ich geschäftsunfähig werde oder sterbe. Mein Bevollmächtigter ist berechtigt, meinen Nachlass bis zur amtlichen Feststellung meiner Erben in Besitz zu nehmen und zur Vermeidung eines Nachlasspflegers zu verwalten.

Lebensversicherung und Verträge zu Gunsten Dritter

Versorgung im Erbfall

Jeder Bürger hat die Möglichkeit, neben den Erben und Pflichtteilsberechtigten anderen Personen – im Gesetz ist von „Dritten" die Rede – per Vertrag einen Teil des eigenen Vermögens zuzuwenden. Die Leistung an den begünstigten Dritten erfolgt mit dem Tod des Erblassers „am Nachlass vorbei", fällt also nicht wie ein Vermächtnis zuerst in den Nachlass und an die Erben. Bei einem Vertrag zu Gunsten Dritter auf den Todesfall kommt es auf erbrechtliche und sonstige Formvorschriften nicht an. Typische Formen eines solchen Vertrags:

Sparbuch

- Anlegung eines Sparkontos auf den Namen eines Dritten mit dem Vorbehalt eigener Verfügungsbefugnis zum Tod.
- Vertrag zur Nachfolge als (Teil-)Eigentümer, Aktieninhaber oder Geschäftsführer einer Firma (gesellschaftsrechtliche Eintritts- oder Nachfolgeklauseln).
- Bausparvertrag mit Drittbegünstigung auf den Todesfall.

- Lebensversicherungsvertrag auf den Todesfall, soweit das Bezugsrecht widerruflich ist. Die Leistung erfolgt nach dem Tod des Erblassers an die Person, die im Vertrag als Begünstigte genannt ist.

BEISPIEL

Hans Müller schließt eine Lebensversicherung ab und benennt seine mit ihm nicht verheiratete Lebensgefährtin Anna Schmitt als Bezugsberechtigte für die Versicherungsleistung. Nach dem Tod von Herrn Müller erhält Frau Schmitt von der Lebensversicherungsgesellschaft direkt die Versicherungssumme.

EXPERTENTIPP

Wenn Sie dem begünstigten Dritten zu Ihren Lebzeiten noch nicht mitteilen wollen, dass Sie ihn für den Fall Ihres Todes beschenken, hat der Begünstigte keinerlei Kenntnis vom Vertrag zu seinen Gunsten. Sie können über Ihr Geld weiterhin verfügen und zum Beispiel bei Eigenbedarf ein Konto auflösen oder einen Versicherungsvertrag kündigen. Der Begünstigte muss jedoch nach Ihrem Tod die Schenkung noch annehmen. Sie können Ihre Bank, Sparkasse, Bausparkasse oder Versicherungsgesellschaft anweisen, den Betrag nach Ihrem Tod an den Beschenkten auszuzahlen und dabei gleichzeitig auf die Möglichkeit des Widerrufs dieser Anweisung zu verzichten. Dies ändert nichts daran, dass Sie zu Lebzeiten jederzeit auf Ihr für eine Schenkung vorgesehenes Vermögen zugreifen können.

Wie kann man mit einer Lebensversicherung sinnvoll vorsorgen?

Der Abschluss einer Lebensversicherung als Vertrag zu Gunsten Dritter auf den Todesfall kann vielfältige Beweggründe haben. Oft besteht der Wunsch, den Lebensunterhalt naher Angehöriger nach dem eigenen Tod über die Lebensversicherung abzusichern.

Liquidität nach dem Erbfall

In anderen Fällen kommt es den Erblassern darauf an, den eigenen Erben die Möglichkeit zu bieten, mit der Versicherungssumme Pflichtteilsansprüche und Erbschaftsteuern zu bezahlen. Es besteht jedoch auch die Möglichkeit, mit einem Lebensversicherungsvertrag auf den Todesfall mit widerruflichem Bezugsrecht Pflichtteilsansprüche von enterbten Verwandten oder Ehegatten zu reduzieren. Nach der Rechtsprechung des Bundesgerichtshofs gilt als Berechnungsgrundlage für Pflichtteilsansprüche nicht die Lebensversicherungssumme, sondern der Rückkaufswert am Todestag. Dieser Rückkaufswert liegt im Regelfall weit unter dem Wert der Lebensversicherungssumme, die beim Tod des Versicherten auszubezahlen ist. Bei Risikolebensversicherungen hat er sogar einen Wert von Null.

Testament

Ihr letzter Wille

Jeder deutsche Staatsbürger kann ab 16 Jahren durch einseitige „Verfügung von Todes wegen“ seine Erben bestimmen oder Personen von der gesetzlichen Erbfolge ausschließen. Eine solche Verfügung wird im Volksmund „letzter Wille“ und im Gesetz „Testament“ genannt. Soweit im Folgenden Ausführungen zum Testament gemacht werden, gelten diese nur für deutsche Staatsangehörige. Für Personen anderer Staatsangehörigkeit gelten – von wenigen Ausnahmen abgesehen – selbst dann, wenn sie in Deutschland leben, die erbrechtlichen Regelungen ihres jeweiligen Heimatlandes, die von den deutschen Gesetzen stark abweichen können.

In zehn Schritten zum Ihrem Testament

Schritt 1: Kann ich ein Testament errichten?

Testier-freiheit

Voraussetzung für die wirksame Errichtung eines Testaments ist, dass überhaupt noch ein Testament errichtet werden kann – Juristen prüfen, ob die jedem Menschen zustehende „Testierfreiheit“ bereits durch eine bestehende „letztwillige Verfügung von Todes wegen“ eingeschränkt ist. Es ist zu klären, ob wegen bereits errichteter und bindend gewordener Testamente oder Erbverträge ein Testament nicht mehr errichtet werden kann. In manchen Fällen kann die nicht mehr existierende Testierfreiheit durch Widerruf, Aufhebung oder Anfechtung einer letztwilligen Verfügung zurückgewonnen werden. Nur dann, wenn keine „letztwillige Verfügung“ mit Bindungskraft mehr existiert, kann ein neues Testament errichtet werden. Ein bestehendes Testament ohne Bindungskraft kann jederzeit durch einen neuen eigenen „letzten Willen“ ersetzt werden. Es gilt immer der „allerletzte Wille“ – und nicht die zuvor verfassten Testamente, wenn sich diese widersprechen. Das letzte Testament setzt die zuvor geschriebenen insoweit außer Kraft.

Schritt 2: Was kann ich vererben? Wer hat schon etwas bekommen?

Bestands-aufnahme des Vermögens

Ausgangspunkt jeder Testamentsgestaltung ist es, zunächst genau Bescheid zu wissen, welches Vermögen vorhanden ist und damit vererbt werden kann. Um sich einen Überblick zu verschaffen, empfiehlt sich eine Vermögensaufstellung. Ehegatten sollten ihr Vermögen getrennt auflisten. Im Gegensatz zu einem weitverbreiteten Missverständnis gehört einem Ehepartner ohne Ehevertrag das Vermögen, das er in die Ehe eingebracht hat und das er während der Ehe geerbt oder als Schenkung erhalten hat, ganz alleine. Nur er kann es daher alleine mittels Testament weitergeben. Auf Auslandsvermögen ist besonderes Augenmerk zu legen. Die Vererbung dieses Vermögens folgt häufig anderen erbrechtlichen Regelungen als in Deutschland. Außerdem sollten auch bereits gemachte Zuwendungen zusammengestellt werden, da diese erheblichen Einfluss auf die Erbauseinandersetzung oder Pflichtteilsansprüche haben können.

Schritt 3: Welche Ziele will ich erreichen?

Wünsche und Ziele des Testierenden

Um ein Testament zu errichten, ist es notwendig, ein Ziel zu verfolgen. Es ist daher sinnvoll, zunächst ein oder mehrere Ziele zu definieren. Hier finden Sie eine Auflistung einiger Ziele, die Sie sich zu eigen machen können:

- Mein Partner soll wirtschaftlich abgesichert sein und/oder in unserem Haus/in unserer Wohnung auch nach meinem Tod wohnen bleiben können.
- Es geht mir um die Absicherung meiner Kinder oder anderer Angehöriger.
- Ich möchte nicht, dass meine Erben streiten.
- Es ist mir wichtig, dass meine Erben möglichst keine/wenig Erbschaftsteuer zahlen müssen.
- Ich möchte, dass mein Vermögen „Gutes“ bewirkt (mögliche Zwecke: Unterstützung eines Heims für bedürftige Kinder, Förderung von Wissenschaft, Umweltschutz, Entwicklungshilfe oder Tierschutz).
- Langjährige Freunde oder ein Mensch, dem ich etwas zu verdanken habe, sollen durch Einzelzuwendung (ein „Vermächtnis“) Anerkennung erfahren.
- Gegenstände von wissenschaftlichem oder kulturellem Wert sollen der Nachwelt erhalten bleiben.
- Ich will, dass eine Person als Dank für meine intensive Pflege während einer schweren Erkrankung eine Zuwendung erhält.
- Meine Erben sollen von der schwierigen und oft komplizierten Abwicklung des Nachlasses entlastet werden. Aus diesem Grund will ich einen Testamentsvollstrecker einsetzen, der die Abwicklung meines Nachlasses professionell und unabhängig erledigt.
- Bestimmte Vermögenswerte und Gegenstände sollen in der Familie bleiben.

- Ich will die Pflege und Unterhaltung meines Grabes in bestimmter Weise sichern.
- Mein Haustier soll auch nach meinem Tod versorgt sein.
- Bestimmte Personen sollen in jedem Fall von der Erbfolge ausgeschlossen sein.
- Ich will Pflichtteilsansprüche soweit als möglich vermeiden und optimieren.

Schritt 4: Wer soll was bekommen?

Verteilung des Vermögens

Im nächsten Schritt können Sie eine Zuordnung von Personen und Vermögenswerten vornehmen oder definieren, welcher Erbe welchen Anteil am Nachlass erhalten soll. Zur Streitvermeidung ist es sinnvoll, bereits im Vorfeld abzuklären, ob die ins Auge gefassten Personen überhaupt an bestimmten, für sie vorgesehenen Gegenständen interessiert sind.

Schritt 5: Bestehen Pflichtteilsrechte?

Pflichtteil begrenzt Testierfreiheit

Werden nahe Angehörige bei der Aufteilung des Nachlasses nicht berücksichtigt, ist zu prüfen, ob Pflichtteilsansprüche bestehen. Durch Pflichtteilsansprüche enterbter naher Angehöriger kann die vorgesehene Verteilung durcheinandergeraten. Trotz grundsätzlich bestehender „Testierfreiheit" lassen sich nicht immer alle Wünsche in Richtung vollständiger Enterbung der gesetzlichen Erben umsetzen. Besonders nahe Angehörige wie Kinder, Ehegatten und auch die eigenen Eltern (sofern keine Kinder vorhanden sind) können per Testament nicht vollständig enterbt werden, da ihnen ein „Pflichtteilsrecht" und damit eine Mindestbeteiligung am Nachlass zusteht. Der Pflichtteil ist ein auf Geld gerichteter Anspruch und besteht wertmäßig in der Hälfte des gesetzlichen Erbteils. Dieses Recht muss bei der Testamentsplanung berücksichtigt werden. Wer alles verteilt, ohne die unmittelbar nach dem Todesfall fälligen Geldzahlungen an eine oder mehrere pflichtteilsberechtigte Personen zu berücksichtigen, bringt die Erben in die Bredouille.

Schritt 6: Bestimmung eines Testamentsvollstreckers

Nachlassverwaltung und Teilung regeln

Wenn Ziele und Verteilung feststehen, sollte festgelegt werden, wer die Nachlassabwicklung in die Hand nehmen und zu einem guten Ende führen soll. In der Regel sind die Erben für die Nachlassabwicklung sowie die Auszahlung von Vermächtnissen und Pflichtteilsansprüchen zuständig. Wer Bedenken hat, dass die Erben in der Lage sind, den Nachlass korrekt und einvernehmlich abzuwickeln, sollte an die Einsetzung eines Testamentsvollstreckers seines Vertrauens denken.

Schritt 7: Text und Testament

Handschriftliches oder notarielles Testament?

Jede Person, die des Schreibens mächtig und mindestens 16 Jahre alt ist, kann ein eigenes handschriftliches Testament errichten. Sie muss den Text – am besten unter dem Titel „Testament" oder „Mein letzter Wille" – von vorne bis hinten mit der eigenen Hand zu Papier bringen und mit dem eigenen Namen unterschreiben. Orts- und Datumsangaben sind zwar nicht zwingend erforderlich, aber äußerst sinnvoll. Bei mehreren widerstreitenden Testamenten gilt letztlich das Testament, das zum Schluss errichtet wurde, als definitiv „letzter Wille". Wer ein Testament nicht selber aufsetzen und schreiben möchte, kann einen Notar aufsuchen zum Zwecke der Errichtung eines „notariellen Testaments" (formuliert und vorgelesen von einem Notar, sodann unterzeichnet).

Klare Benennung der Erben und der Erbquoten

Bei der Errichtung eines Testaments sollten im ersten Schritt immer der oder die Erben ausdrücklich bestimmt werden. Erst im zweiten Schritt sollten „Vermächtnisse" ausgesetzt werden. Laientestamente enthalten oft nur eine Reihe von Zuweisungen von Nachlassgegenständen an verschiedene Personen, ohne festzulegen, wer Erbe werden soll. Dies führt dann insbesondere bei der Abwicklung des Nachlasses zu erheblichen Schwierigkeiten, wie etwa bei der Berichtigung der Grundbücher oder der Auflösung der Erblasserkonten. Grund hierfür ist häufig, dass Erbschaft und Vermächtnis im Volksmund als gleichbedeutend angesehen werden, obwohl juristisch ein erheblicher Unterschied besteht: Ein Erbe tritt in die Fußstapfen des Erblassers, wird dessen Rechtsnachfolger und erhält den kompletten Nachlass (aus dem er eventuell ein Vermächtnis auszahlen muss). Er muss neben Vermögenswerten auch eventuell vorhandene Schulden übernehmen. Der Erbe muss den Nachlass abwickeln (Wohnungsauflösung, Begleichung von Schulden, Erbauseinandersetzung).

Ein Vermächtnisnehmer bekommt dagegen nur einen bestimmten Teil des Vermögens (der Erbmasse) ausgegliedert (ein Auto, ein Haus oder ein Buch), muss keine Schulden übernehmen und sich mit Nachlassangelegenheiten nicht herumschlagen. Sofern keine Bankvollmacht über den Tod hinaus besteht, kann sich ausschließlich der Erbe gegenüber der Bank des Verstorbenen legitimieren und Geld vom Konto abheben. Wenn der Erbe aber nicht eindeutig feststeht, ist keine Verfügung über das Konto möglich, bis das Nachlassgericht im Wege der Auslegung des Testaments geklärt hat, wer Erbe geworden ist, und einen Erbschein ausstellt. Während des laufenden Erbscheinverfahrens ist der Nachlass blockiert und muss ggf. ein Nachlasspfleger bestellt werden.

Abgrenzung Erbe und Vermächtnisnehmer

Schritt 8: Beratung durch einen Fachanwalt für Erbrecht

Sobald die Wünsche geklärt (oder auch nur mögliche Wünsche aufgelistet sind) und eventuell ein Entwurf des Testaments zu Papier gebracht ist, ist es sinnvoll, zu einem Fachanwalt für Erbrecht zu gehen und mit ihm die eigenen Wünsche, Ideen und Vorstellungen sowie deren Umsetzung zu besprechen. Ein Erstberatungsgespräch mit dem Fachanwalt hilft, Irrtümer und Fehler zu vermeiden. Der Fachanwalt kann Ihnen sagen, ob Sie überhaupt ein Testament errichten sollten (nicht notwendig, wenn die gesetzliche Erbfolge exakt Ihren Wünschen entspricht), ob ein Einzeltestament oder ein gemeinsames Ehegatten- oder Lebenspartner-Testament Ihre Interessen besser trifft. Er kann Sie vor juristischen Fallstricken warnen, in Zusammenarbeit mit Ihnen komplexe Nachfolgeregelungen erarbeiten und insbesondere für Problemthemen („Absicherung behinderter Kinder", „Enterbung undankbarer Verwandter", „Geliebte", „verschwiegenes uneheliches Kind") raffinierte Lösungen anbieten, die Ihnen den geraubten Schlaf zurückbringen.

Beratung unverzichtbar

Eine Erstberatung durch den Fachanwalt für Erbrecht kostet nach der Gebührenordnung für Rechtsanwälte kein Vermögen (maximal 190 € zzgl. Mehrwertsteuer). Weitere Leistungen wie die Formulierung eines perfekten, individuell auf die persönlichen Wünsche ausgerichteten und juristisch wasserdichten Testaments gehen über die Kosten der Erstberatung hinaus. Dies gilt auch für mehrere Termine, die dem Zweck dienen, konsequent mit Ihnen ein ausgewogenes, durchdachtes, Streit vermeidendes Testament zu erarbeiten.

Erstberatung kostet nur 190 € netto

Schritt 9: Aufbewahrung des Testaments

Wenn Sie sich für ein handschriftliches Testament entschieden haben, müssen Sie sicherstellen, dass das Dokument auch aufgefunden und eröffnet werden kann. Es ist äußerst riskant, ein Testament versteckt in einem Buch zu verwahren. Es wird vielleicht nicht gefunden. Die Aufbewahrung im Banksafe stellt die Angehörigen zunächst vor ein Problem: kein Zugang zum Safe ohne Testament. Wer in seinem Testament bestimmte Angehörige enterbt, sollte dafür sorgen, dass nicht gerade diese es sind, die das Testament auffinden. Andernfalls besteht die Gefahr, dass die Enterbten den „letzten Willen" aus Ihrer Feder verschwinden lassen und nicht – wie gesetzlich vorgeschrieben – an das Nachlassgericht weitergeben. Es empfiehlt sich deshalb dringend, das Testament an einem Ort aufzubewahren, an dem dieses sicher und von zuverlässigen, vertrauenswürdigen und nicht enterbten Personen gefunden wird. Eine oder mehrere im Testament begünstigte Personen sollten zumindest den Ort der Aufbewahrung kennen.

Sichere Verwahrung Ihres letzten Willens

Wer ganz auf Nummer sichergehen will, dass das Testament nicht von Angehörigen oder anderen Personen kassiert wird, sollte sein privatschriftliches Testament beim Nachlassgericht gegen eine vergleichsweise geringe Gebühr in Verwahrung geben. Im Todesfall wird es dann sicher eröffnet und ist vor Verlust geschützt.

Hinterlegung

Schritt 10: Testaments-TÜV

Regelmäßige Überprüfung ratsam

Von Zeit zu Zeit ist es sinnvoll, das einmal verfasste Testament darauf zu überprüfen, ob es noch den aktuellen Wünschen und Vorstellungen entspricht oder sich wesentliche Änderungen der Lebensumstände oder des Vermögens ergeben haben. Wenn Sie Änderungen an Ihrem Testament vornehmen wollen, sollten Sie das Dokument komplett neu schreiben. Änderungen und Ergänzungen in einem bestehenden Testament führen häufig zu Widersprüchen und Unklarheiten und damit zum Streit der Erben.

Welche Nachteile hat die gesetzliche Erbfolge?

Risiken der gesetzlichen Erbfolge

Die gesetzliche Erbfolge, nach deren Bestimmungen Verwandte und – sofern vorhanden – der Ehepartner erben, ist zwar juristisch im Bürgerlichen Gesetzbuch BGB niedergelegt. Die Standardlösungen aus dem Gesetz entsprechen jedoch heute sehr häufig nicht mehr der gesellschaftlichen Realität und führen in vielen Fällen zu erheblichen Problemen. Die vom Gesetzgeber vorgesehene Erbfolge kann den Zielen und Wünschen einer Person, die sich mit einer Nachfolgeregelung für die Zeit nach dem eigenen Tod beschäftigt, komplett widersprechen. Bei der gesetzlichen Erbfolge kommen häufig Personen in den Genuss einer Erbschaft, die überhaupt nicht als Erben gewünscht sind (zum Beispiel die Eltern, wenn ein unverheirateter und kinderloser Partner stirbt) (Siehe auch Seite 186).

Erbengemeinschaften sind streitanfällig

Die gesetzliche Erbfolge führt in den allermeisten Fällen zur Bildung einer Erbengemeinschaft. Das Problem: Die Erben – auch „Miterben" genannt – müssen die Nachlassverwaltung und -abwicklung grundsätzlich gemeinschaftlich vornehmen, sich in vielen Angelegenheiten einigen und Kompromisse schließen. Auch eine Verwandtschaft, die sich immer gut verstanden hat, kann in Erwartung von Reichtümern in Fraktionen zerfallen. Oft torpediert ein einziger Querulant jede denkbare und vernünftige Lösung. Blockade-Strategen kommen voll auf ihre Kosten, wenn keine Mehrheiten für die Verwaltung des Nachlasses existieren, sondern etwa zwei Miterben jeweils 50 Prozent des gesamten Erbes erhalten.

Einstimmige Beschlüsse beim Verkauf

Wichtige nachlassbezogene Aktivitäten – zum Beispiel der Verkauf einer Immobilie – sind sogar nur mit Zustimmung aller Miterben möglich. Selbst ein einziger Erbe, der nur einen verschwindend kleinen Erbteil erhalten hat, kann die gesamte Erbengemeinschaft lahmlegen. Erbengemeinschaften sind in sehr vielen Fällen außerordentlich streitanfällig und führen häufig dazu, dass nur wenige eher unwichtige Aktivitäten entfaltet werden können und Wichtiges überhaupt nicht erledigt wird.

Blockade unter Miterben

Im Endeffekt zieht eine erfolgreiche Blockade in der Erbengemeinschaft nach sich, dass eine Erbauseinandersetzung (Teilung des Nachlasses nach Erbteilen) nur durch Zwangsversteigerung – Versilberung des gesamten Nachlasses – erreicht werden kann. Dadurch wird jedoch das gesamte, oft über mehrere Generationen aufgebaute Familienvermögen zerschlagen, das durch einen Todesfall in einen Nachlass geraten ist. Nicht selten macht ein einziger Querulant unter den Erben erhebliche wirtschaftliche Werte zunichte.

Gefahr der Teilungsversteigerung

Denn im Rahmen einer Versteigerung des Nachlasses lassen sich viele werthaltige Gegenstände häufig nur weit unter dem echten Wert veräußern, außerdem entstehen Kosten, die alle Miterben entsprechend ihrer Erbbeteiligung zu tragen haben.

Bei Eintritt der gesetzlichen Erbfolge findet weiter keine gezielte Steuerung des Vermögensflusses statt. Eine im Einzelfall maßgebliche gesetzliche Standardlösung für die Erbfolge kann dazu führen, dass Angehörige, zum Beispiel Ehegatten oder minderjährige und behinderte Kinder, nicht bestmöglich finanziell abgesichert werden. Schließlich führt die gesetzliche Erbfolge nicht selten zu einer nachteiligen Erbschaftsteuerbelastung.

Wer sollte testieren?

Bei folgenden Konstellationen ist die Abfassung eines Testaments in der Regel sinnvoll:

- Ehepaar mit gemeinsamen Kindern
- Ehegatten mit Kindern aus erster Ehe

- Ehepartner mit minderjährigen Kindern
- Ehepaare ohne Kinder
- geschiedene oder in Trennung lebende Partner
- nicht eheliche Lebensgemeinschaften oder Partnerschaften
- Familie mit einer Person, die über Firmen und Gesellschaftsbeteiligungen im Vermögen verfügt
- eine Person möchte an Dritte Vermögen zuwenden (Beispiel: Vermächtnis an gemeinnützige Institution)

Welche Formalien sind beim Testament zu beachten?

Von Nottestamenten abgesehen kann der letzte Wille auf zweierlei Art und Weise festgelegt werden. Es ist zwischen öffentlichen und privaten Testamenten zu unterscheiden:

Notarielles Testament

- Ein „öffentliches" Testament wird beim Notar „errichtet". Dies kann auf zweierlei Art geschehen: Entweder der Notar erstellt auf Grundlage der zuvor geäußerten Wünsche des Testierenden eine eigene Urkunde, liest den Text vor und lässt sie vom Testierenden unterschreiben, ehe er sie ebenfalls unterzeichnet oder aber der Testierende übergibt dem Notar ein Schriftstück mit der Bestimmung, dass es sich dabei um sein Testament handele. Es spielt dabei keine Rolle, wer die Schrift verfasst hat. Ort, Datum oder Unterschrift sind entbehrlich. Die Schrift kann offen oder verschlossen an den Notar übergeben werden, der sie dann verwahrt.

Handschriftliches Testament

- Wer ein „handschriftliches" Testament errichten will, muss darauf achten, dass das gesamte Testament handschriftlich geschrieben und unterschrieben ist. Sinnvoll ist weiter, das Testament mit „Testament" oder mit „Mein letzter Wille" zu überschreiben und mit Ort und Datum zu versehen. Sie können Ihr privates Testament nicht auf dem Computer schreiben. Erst dann, wenn Sie den Text mit der Hand geschrieben und sodann handschriftlich unterzeichnet haben, handelt es sich um Ihr maßgebliches Testament. Alles andere, ob handschriftliche Ideensammlungen oder durchgestrichene Passagen, ob aus dem Computer ausgedruckte und unterschriebene Texte oder Fragmente im Papierkorb, ist nichtig und wird so behandelt, als wäre es nie geschrieben.

Wie erfolgt eine Erbeinsetzung?

Erben klar und deutlich festlegen

Wer kein Testament schreibt oder vor einem Notar errichtet, überlässt dem Gesetz die Erbeinsetzung. Es werden dann Verwandte der ersten, zweiten, dritten oder x-ten Ordnung Erben – oft Personen die auf dem Globus wie die Stecknadel im Heuhaufen gesucht werden müssen. Wer die gesetzliche Erbfolge außer Kraft setzen will, muss rechtzeitig selber aktiv werden und ein Testament errichten und darin einen Erben bestimmen. Erfolgt keine ausdrückliche und eindeutige Erbeinsetzung, sondern werden Gegenstände des Nachlasses nur an verschiedene Personen verteilt, muss das Nachlassgericht im Wege der Auslegung ermitteln, wer Erbe geworden ist. Ist dies nicht möglich, gilt im Zweifel die gesetzliche Erbfolge. Einzelzuordnungen von Gegenständen stellen nach dem Gesetz im Zweifel lediglich Vermächtnisse dar.

EXPERTENTIPP

Wer nur ausschließen will, dass eine bestimmte Person oder ein bestimmter Familienstamm zum Erben wird, kann auch ein „Negativtestament" errichten, indem er das gesetzliche Erbrecht dieser unliebsamen Personen ausdrücklich ausschließt.

Welche Folgen hat eine Enterbung?

Will ein Erblasser nicht, dass es zur gesetzlichen Erbfolge kommt und insbesondere eine andere Person als Erben einsetzen, als dies im Gesetz vorgesehen ist, wird von Enterbung gesprochen. Die enterbte Person wird damit nicht Rechtnachfolger des Erblassers und damit nicht Eigentümer seines Vermögens und Inhaber seiner Rechte (Muster auf Seite 151).

Pflichtteil – „Notanker" des Enterbten

Eine komplette Enterbung ist jedoch nicht in jedem Fall möglich. Bei bestimmten Personen geht das Gesetz davon aus, dass sie nicht ganz enterbt werden dürfen, weil sie in einem besonderen Näheverhältnis zum Erblasser stehen. Es handelt sich hierbei um die nächsten Angehörigen mit Pflichtteilsberechtigung.

Wer ist pflichtteilsberechtigt?

Dies sind die Abkömmlinge (Kinder, Enkel), der Ehegatte und die Eltern. Die Eltern aber nur dann, wenn keine Abkömmlinge vorhanden sind. Eine pflichtteilsberechtigte Person wird zwar nicht Erbe, es steht ihr aber wie einem Vermächtnisnehmer ein Anspruch gegenüber dem Erben auf eine wertmäßige Beteiligung am Nachlass zu. Dieser Anspruch ist auf Geld gerichtet und beträgt die Hälfte des gesetzlichen Erbteils. Der Erbe muss den Pflichtteil aus dem Nachlass bezahlen. Der Pflichtteil ist sofort nach dem Todesfall auszuzahlen. Um die Höhe des Pflichtteils zu ermitteln, wird zunächst immer der Gesamtwert des Nachlasses errechnet und dann der Erbteil der enterbten Person ermittelt.

Berechnungsgrundlage für den Pflichtteil

Der so ermittelte Wert des Erbteils wird sodann halbiert: das Ergebnis ist der Pflichtteil. Diesen Betrag müssen die Erben an die pflichtteilsberechtigte Person in Geld ausbezahlen. Der Pflichtteil ist nicht automatisch zu erfüllen, eine pflichtteilsberechtigte Person muss den Anspruch geltend machen. Sie muss also an den oder die Erben herantreten und die Auszahlung des Pflichtteils möglichst in schriftlicher Form fordern. Das Nachlassgericht sorgt nicht dafür, dass der Pflichtteil bezahlt wird. Der Anspruch auf den Pflichtteil verjährt nach drei Jahren.

Pflichtteilsentziehung nur im Ausnahmefall

Eine gänzliche Enterbung von Pflichtteilsberechtigten, sprich ein kompletter Ausschluss vom Nachlass, ist grundsätzlich nicht möglich. Nur in besonderen Ausnahmefällen, wenn etwa der Pflichtteilsberechtigte nach dem Leben des Erblassers getrachtet oder sich sonst eines schwerwiegenden Fehlverhaltens gegenüber dem Erblasser oder seinen Angehörigen schuldig gemacht hat, ist eine völlige Enterbung durch Entziehung des Pflichtteils möglich. Diese ist dann ausdrücklich im Testament anzuordnen. Die konkreten Gründe (Kernsachverhalt) für die Enterbung und Entziehung des Pflichtteils sind in das Testament zu schreiben. Sonst wäre die komplette Enterbung aus formalen Gründen unwirksam.

EXPERTENTIPP

Die alleinige Entziehung des Pflichtteils führt noch nicht zur Enterbung vom gesetzlichen Erbe! Neben der Entziehung des Pflichtteils, die im Testament detailliert begründet werden muss, sollte ausdrücklich zugleich eine Enterbung ausgesprochen werden.

Weshalb sollte ein Ersatzerbe bestimmt werden?

Immer einen Ersatzerben bestimmen

Häufig kommt es vor, dass ein von einer Person im Testament eingesetzter Erbe zum Zeitpunkt des Erbfalls nicht mehr lebt oder die Erbschaft nicht annehmen will. Die Anordnung des Erblassers geht damit ins Leere, so dass sich die Frage stellt, wer dann (Ersatz-)Erbe wird. Es gibt zwar gesetzliche Zweifelsregeln zur Ersatzerbfolge, die aber streitanfällig sind, im Einzelfall zu zufälligen Ergebnissen führen können und auf die man es deshalb lieber nicht ankommen lassen sollte. Der Gesetzgeber geht davon aus, dass es keinen herrenlosen Nachlass geben darf, also immer ein Erbe vorhanden sein muss. Wenn sich anhand des Testaments kein Ersatzerbe bestimmen lässt, tritt automatisch die „gesetzliche Erbfolge" ein, die dem Erblasser nicht zugesagt hatte. Wer sicher sein will, dass nur eine ihm genehme Person zu seinem Erben wird, muss deshalb den Fall bedenken, dass der vorgesehene Erbe die Erbschaft nicht antritt oder antreten kann.

Er sollte deshalb ausdrücklich für diesen Fall in seinem Testament einen oder mehrere „Ersatzerben“ bestimmen (Muster auf Seite 149).

Die Ersatzerbfolge kommt häufiger vor, als man vermuten könnte. Typischer Fall: ein Unfall, bei dem mehrere Familienmitglieder gleichzeitig versterben. Wer es in einem solchen Fall nicht dem Zufall überlassen will, wer erbt, muss vorsorglich eine Regelung ins Testament aufnehmen.

BEISPIEL

Die Eheleute Maria und Fabian Kahl haben die ledige und kinderlose Tochter Simone. In einem Berliner Testament setzen sich die Ehegatten wechselseitig zu Alleinerben des Erstversterbenden und die Tochter zum Schlusserben des längerlebenden Ehegatten ein. An eine Ersatzerbenregelung denken die Ehepartner nicht, es ist für sie völlig klar, dass die Tochter Simone einmal die gesamte Erbschaft erhalten soll. Bei der Gestaltung des Testaments denkt auch Maria Kahl keine Sekunde an ihre Eltern, mit ihrem Vater und ihrer Mutter ist sie seit Jahren zerstritten. Nach der Testamentserrichtung gehen Jahre ins Land. Doch dann versterben bei einem Autounfall nicht nur die Eltern, sondern auch Tochter Simone. Maria Kahl überlebt ihren Mann und ihre Tochter nur um eine Stunde. Nach dem Ehegattentestament wird nun Maria Kahl zunächst Erbe ihres Mannes, nach der gesetzlichen Erbfolge zugleich auch ihrer unverheirateten und kinderlosen Tochter. Da die von Maria Kahl zu Erben eingesetzten Familienmitglieder vorverstorben sind, fällt ihr eigener Nachlass einschließlich des von Fabian Kahl für eine Stunde geerbten Vermögens an ihre gesetzlichen Erben und damit an ihre Eltern, die sie wegen des Dauerstreits zu keinem Zeitpunkt als Erben vorgesehen hatte. Dies gilt selbst dann, wenn der ganz wesentliche Teil ihres Vermögens aus dem Nachlass ihres Mannes stammt, den sie erst kurz zuvor in Folge des Autounfalls beerbt hat.

Wozu dient ein Vermächtnis?

Zuwendung einzelner Nachlassgegenstände

Möchte eine Person, die ihre Vermögensnachfolge regelt, dass einzelne Gegenstände oder ein bestimmter Geldbetrag an eine andere Person als den Erben übergeben oder ausgezahlt wird, kann sie dies in Form eines Vermächtnisses tun. Ein Vermächtnis dient also dazu, einzelne Vermögensgegenstände aus dem Nachlass auszugliedern und einzelnen Personen oder Institutionen zukommen zu lassen, ohne dass diese ein unmittelbares Mitspracherecht im Hinblick auf die Abwicklung und Verteilung des Nachlasses erhalten. Gibt ein Erbe oder eine Erbengemeinschaft ein angeordnetes Vermächtnis nicht heraus, kann die mit dem Vermächtnis bedachte Person Klage vor Gericht einreichen (Muster auf den Seiten 154 und 170).

BEISPIEL

Der ehemalige Unternehmer Max Siegmann (87) ist Eigentümer von vier Grundstücken an verschiedenen Orten, eines davon in Hamburg. Herr Siegmann möchte, dass das Grundstück im Hamburg seinem langjährigen Freund Friedrich Göhr (75) zukommt. Die anderen Grundstücke soll sein einziger Sohn Matthias Siegmann erhalten. Der Unternehmer setzt deshalb seinen Sohn als seinen Alleinerben ein und ordnet in seinem Testament an, dass das Grundstück in Hamburg seinem Freund vermacht wird. Als Max Siegmann im Alter von 90 Jahren verstirbt, gehen zunächst alle Grundstücke, die ihm gehörten, in der Sekunde seines Todes in das Eigentum seines Sohnes Matthias Siegmann über. Erst in einem nächsten Schritt – wenn das Vermächtnis erfüllt wird – erhält der 75jährige Freund Friedrich Göhr die Immobilie in Hamburg. Zu diesem Zweck muss Sohn Matthias Siegmann beim Notar das Eigentum an dem Grundstück an Friederich Göhr übertragen.

Welche Wirkung hat eine Teilungsanordnung?

Vorgaben für die Nachlassaufteilung unter Miterben

Von einer Teilungsanordnung wird gesprochen, wenn ein Erblasser innerhalb der Erbengemeinschaft eine Zuordnung verschiedener Nachlassgegenstände vornimmt, ohne dabei die Werte der Erbteile der einzelnen Erben zu verschieben. Die Auseinandersetzung hat nach dem Gesetz so zu erfolgen, dass zunächst ein Teilungsplan erstellt wird, mit dem die Erben einverstanden sein müssen. Nach diesem Plan erhalten die einzelnen Erben die in der Teilungsanordnung ihnen zugewiesenen Gegenstände oder Geldbeträge. Damit nun die Erben jeweils exakt ihren rechnerischen Erbteil erhalten, muss dies mit dem Restnachlass unter den Miterben ausgeglichen werden. Doch was geschieht, wenn der Restnachlass nicht ausreicht, um allen Beteiligten exakt ihren Erbteil zu verschaffen? In diesem Fall muss ein Erbe, der durch die vom Erblasser angeordnete Teilung wertmäßig mehr als seinen Erbteil erhalten hat, den überschießenden Betrag in den Nachlass einbezahlen, um die Teilung entsprechend der Vorgabe des Erblassers verlangen zu können.

Eine andere Verteilung ist nur dann möglich, wenn sich alle Miterben über diese einig sind.

BEISPIEL

Der 77jährige Zahnarzt Karl Schrott hat zwei Söhne und setzt sie zu seinen Erben ein. In seinem Nachlass befinden sich zwei Immobilien, je eine Eigentumswohnung in Köln und in München. Die Wohnung in München hat einen Wert von 500.000 €, während die in Köln bei einem Verkauf nur 300.000 € erbringen würde. Im Nachlass ist außerdem noch Geldvermögen in Höhe von 300.000 € vorhanden. Der Zahnarzt ordnet im Rahmen einer Teilungsanordnung an, dass der eine Sohn die Wohnung in München und der andere die Wohnung in Köln erhalten soll. Mit dem Tod werden die Wohnungen Eigentum der Erbengemeinschaft. Bei der Erbauseinandersetzung sind die Wohnungen entsprechend der angeordneten Zuordnung an die jeweiligen Söhne zu Alleineigentum zu übertragen. Der Sohn, der die Wohnung in Köln erhält, die 200.000 € weniger wert ist als die in München, bekommt bei der Restverteilung zudem als Ausgleich für die Wertdifferenz aus dem Restnachlass 200.000 € mehr als sein Bruder. Die restlichen 100.000 € werden entsprechend der Erbquote je zur Hälfte an die Söhne verteilt. Damit erhält der Sohn, der die Wohnung in München bekommt, noch weitere 50.000 € aus dem Nachlass, während seinem Bruder die Wohnung in Hamburg und ein Betrag von 250.000 € zufällt. Wertmäßig erhalten beide Söhne ihrem Erbteil entsprechend den gleichen Wert von je 550.000 €.

EXPERTENTIPP

Vorsicht bei der Zuteilung von Nachlassgegenständen an Miterben. Wer Streit vermeiden will, sollte unbedingt bestimmen, ob die Zuordnung der Nachlassgegenstände zu einer Wertverschiebung der Erbteile führen soll oder nicht. Nur wenn keine Wertverschiebung gewollt ist, handelt es sich um eine Teilungsanordnung. Soll ein Miterbe neben seinem Erbteil den zugewandten Gegenstand erhalten, er also wertmäßig mehr als seinen Erbteil bekommen, handelt es sich um ein Vorausvermächtnis. In der Praxis bereitet die Abgrenzung von Teilungsanordnung und Vorausvermächtnis immer wieder erhebliche Schwierigkeiten. Zumeist ist den Testierenden der Unterschied zwischen Vorausvermächtnis und Teilungsanordnung überhaupt nicht bewusst. So werden Verteilungen von Gegenständen an die einzelnen Miterben vorgenommen, ohne darüber nachzudenken, ob hierfür ein Ausgleich erfolgen soll oder nicht. Kostspielige Prozesse sind die Folge. Es empfiehlt sich dringend, im Testament eine eindeutige Regelung – entweder Teilungsanordnung oder Vorausvermächtnis – vorzusehen, damit klar ist, was gewollt ist. (Muster finden Sie auf Seiten 149, 150.)

Das Vorausvermächtnis unterscheidet sich von der Teilungsanordnung dadurch, dass der Erblasser vorab aus dem Nachlass eine Verteilung von einzelnen Nachlassgegenständen an einen oder mehrere Miterben vornimmt, ohne dass hierfür ein Wertausgleich zu erfolgen hätte. Ein weiterer Unterschied besteht darin, dass bei der Anordnung eines Vorausvermächtnisses die Erfüllung des Vermächtnisses sofort verlangt werden kann, während bei einer Teilungsanordnung die Übertragung erst am Ende der Nachlassabwicklung erfolgt, wenn die „Teilungsreife" eingetreten ist.

BEISPIEL

Wenn im vorgenannten Beispielsfall ein Vorausvermächtnis angeordnet worden wäre, wonach der eine Sohn die Wohnung in Köln und der andere die in München erhält, hätte die Verteilung so zu erfolgen, dass das verbleibende Geldvermögen hälftig unter den Söhnen aufgeteilt wird. Der eine Sohn mit der um 200.000 € wertvolleren Eigentumswohnung würde also 200.000 € mehr erhalten als sein Bruder mit der Kölner Wohnung.

Wann ist eine Vor- und Nacherbschaft sinnvoll?

Zweck einer Vor- und Nacherbschaft

Bestimmt der Erblasser eine Person zu seinem Erben, ohne weitere Anordnungen zu treffen, endet damit sein Einfluss auf das weitere Schicksal seines Nachlasses. Der Erbe kann beispielsweise den gesamten Nachlass nach dem Todesfall innerhalb von vier Wochen verjubeln, seine Schuldenberge tilgen oder das Vermögen als langfristige Geldanlage zur Zukunftssicherung auf die Bank legen. Viele Menschen im hohen Alter wollen ausschließen, dass ihr hart erarbeitetes Vermögen innerhalb kurzer Zeit zerschlagen wird und auf dubiosen Wegen verloren geht. Es ist ihnen wichtig, dass die Familie möglichst langfristig – am besten über mehrere Generationen – von dem Vermögen profitiert und es beispielsweise in Notzeiten oder -situationen einsetzen kann, wenn es dringend gebraucht wird. Auf immer und ewig kann niemand nach seinem Tod über das eigene Vermögen bestimmen. Aber es ist durchaus möglich, Vermögen gezielt in die übernächste Generation zu transferieren. Dies kann durch die Anordnung von Vor- und Nacherbschaft erreicht werden. Ein zunächst bestimmter Erbe wird dann „Vorerbe", während der zeitlich nachfolgende Erbe „Nacherbe" wird (Muster auf Seiten 153, 168, 171).

Wann tritt die Nacherbschaft ein?

Ein Erblasser kann den Eintritt der Nacherbschaft an ein bestimmtes Ereignis knüpfen, zum Beispiel den Tod des Vorerben oder dessen Wiederverheiratung, an die Volljährigkeit des Nacherben oder seine abgeschlossene Berufsausbildung. Vor- und Nacherben werden damit beide Erben des gleichen Erblassers, jedoch nacheinander. Die Anordnung einer Vor- und Nacherbschaft ist dann sinnvoll, wenn der Zugriff von Dritten, insbesondere familienfremden Personen wie Gläubigern des Erben oder dem Sozialleistungsträger, verhindert werden soll. Weiter lassen sich Pflichtteilsansprüche unliebsamer Pflichtteilsberechtigter beim nachfolgenden Tod des Vorerben minimieren. Auch wenn es darum geht, einen Zeitraum zu überbrücken, etwa weil der Endbedachte noch nicht volljährig oder noch nicht die „geistige sittliche Reife" besitzt, um etwa das Unternehmen des Erblassers fortzuführen, kann die Anordnung einer Vor- und Nacherbschaft sinnvoll sein.

EXPERTENTIPP

Die Anordnung der Vor- und Nacherbschaft will wohl bedacht sein. Die Vor- und Nacherbschaft ist mit zahlreichen schwierigen rechtlichen Fragen behaftet. Der Vorerbe unterliegt Verfügungsbeschränkungen und Kontrollrechten (Befreiungen in bestimmtem Umfang sind möglich). Aus diesen Beschränkungen und Rechten resultieren in der Praxis häufig Schwierigkeiten. Vor der Anordnung einer Vor- und Nacherbschaft ist die Beratung durch einen auf das Erbrecht spezialisierten Fachanwalt wegen der Komplexität und Schwierigkeit der Regelungen dringend anzuraten. Auch erbschaftsteuerlich ist die Vor- und Nacherbschaft von Nachteil, da dasselbe Vermögen zwei Mal zu versteuern ist, nämlich beim Vor- und beim Nacherbfall.

Was ist und wozu dient eine Auflage?

Wünsche und Vorstellungen des Testierenden

Anders als ein Vermächtnis setzt eine Auflage keine Begünstigung einer Person voraus. Mit der Auflage kann der Erblasser einen bestimmten Zweck verfolgen. Häufig dient die Auflage der Durchführung von Anweisungen und Vorstellungen des Erblassers zu seiner Bestattung und Grabpflege oder der Versorgung von Haustieren (Muster auf Seite 160). Der mit einer Auflage Beschwerte kann damit zu jedem beliebigen Tun oder Unterlassen angehalten werden, solange der Zweck nicht gesetzes- oder sittenwidrig ist. Häufig finden sich in Testamenten Auflagen zum Umgang mit einer Immobilie des Erblassers. Beispiel: Das Elternhaus darf von den Erben überhaupt nicht oder nur an bestimmte Personen veräußert werden.

Eine Auflage hat zunächst keinen Einfluss auf die Rechtsstellung der dadurch „beschwerten" Person. Wer aber etwa trotz eines eindeutigen und nachdrücklichen Verbots einer Veräußerung das Elternhaus zu Geld macht, muss, je nachdem, wie die Auflage ausgestaltet ist, Sanktionen fürchten, die bis hin zur völligen Enterbung reichen können.

BEISPIEL

Der verwitwete 75jährige Thomas Kuhn hat einen Sohn, Jan Kuhn, den er zu seinem Alleinerben einsetzt. Er macht ihm im Testament zur Auflage, sein Haus nicht zu veräußern. Für den Fall des Verstoßes ordnet er an, dass dann der Verkaufserlös an das Rote Kreuz herausgegeben werden muss. Im Fall des auflagewidrigen Verkaufs darf Jan Kuhn den Kaufpreis nicht behalten. Es besteht für ihn deshalb kein Anreiz zum Verkauf, auch wenn dieser grundsätzlich möglich ist.

Im Unterschied zum Vermächtnis erhält eine „auflagenbegünstigte Person" kein einklagbares Forderungsrecht gegenüber dem Beschwerten. Dies liegt daran, dass die Intention der Auflage die Beschwerung des Erben oder Vermächtnisnehmers ist. Die Begünstigung einer anderen Person ist dagegen nicht das Ziel einer Auflage.

EXPERTENTIPP

Auch wenn eine Person, die in ihrem Testament eine Auflage festgelegt hat, nach ihrem Tod deren Erfüllung nicht selber durchsetzen kann, ist sie der Willkür der Person, die mit der Auflage beschwert wurde, nicht gänzlich ausgesetzt. Insbesondere können „Vollziehungsberechtigte" zur Erfüllung der Auflage anhalten und diese notfalls einklagen. Wer als Erblasser sichergehen will, dass der mit der Auflage verfolgte Zweck durchgesetzt wird, sollte einen Testamentsvollstrecker einsetzen, der als Vollziehungsberechtigter die Erfüllung der Auflage kontrolliert und durchsetzt. Außerdem kann es sinnvoll sein, im Testament die Erbeinsetzung oder ein Vermächtnis mit einer Bedingung zu verknüpfen. Wenn die Erbschaft oder das Vermächtnis an die Erfüllung einer oder mehrerer Auflagen geknüpft wird, erhöht dies den Druck, die Auflage tatsächlich umzusetzen.

BEISPIEL

Eine Erblasserin, Frau Eva Lohr, setzt das Tierschutzheim ihrer Stadt unter einer Bedingung als ihre Alleinerbin ein. Sie möchte, dass das Heim sich um ihren Hund kümmert, wenn sie verstorben ist. Gleichzeitig ordnet sie Testamentsvollstreckung an. Der Testamentsvollstrecker soll den Nachlass abwickeln und überwachen, dass der Hund nach dem Tode der Erblasserin, wie gewünscht, versorgt wird. Der Testamentsvollstrecker kann nun Druck machen. Sollte das Tierschutzheim den Hund nicht aufnehmen und versorgen, würde es das Erbe von Eva Lohr erst gar nicht erhalten oder wieder verlieren.

Welche Vorteile bietet eine Testamentsvollstreckung?

Zweck einer Testamentsvollstreckung

Die Testamentsvollstreckung bietet den Vorteil, dass der Wille des Erblassers auch nach seinem Tod umgesetzt wird. Häufiger Wunsch von testierenden Eltern ist es, alle ihre Kinder gleich zu behandeln. Oft existieren jedoch persönliche Konfliktsituationen zwischen den Kindern, die erwarten lassen, dass eine gemeinschaftliche Verwaltung und Abwicklung des Nachlasses durch die Geschwister zu Streitereien führen wird, da alle Miterben gleichermaßen zur Verwaltung und Auseinandersetzung berechtigt und verpflichtet sind. Wer die Gleichbehandlung der Kinder durch eine gleichmäßige Erbeinsetzung dokumentieren, aber auch Streit verhindern will, ist gut beraten, einen geeigneten Testamentsvollstrecker zu bestimmen, der die Nachlassabwicklung und Erbauseinandersetzung durchführt. Bereits formal sind dann alle Miterben gleichgestellt. Ein Streit kann jedoch unter den Miterben nicht entstehen, da sie weder in die Verwaltung noch in die Auseinandersetzung des Nachlasses unmittelbar eingebunden sind. Bildlich gesprochen: In das „Boot Erbengemeinschaft" wird ein Steuermann gesetzt, der dieses auf Kurs hält und durch alle Stürme sicher in den Hafen bringt.

Sicherung des Familienfriedens

Neben der Durchsetzung des Erblasserwillens und Wahrung des Familienfriedens sorgt die Anordnung der Testamentsvollstreckung für eine Arbeitsentlastung. Die Erben sind möglicherweise mit der Nachlassabwicklung überfordert. Es sollte deshalb ein Experte zum Testamentsvollstrecker bestimmt werden, der sich professionell verhält und sich auf die häufig rechtlich anspruchsvolle Arbeit der Nachlassabwicklung versteht.

Schutz minderjähriger Kinder

Darüber hinaus kann die Testamentsvollstreckung einen effektiven Schutz für einzelne Angehörige bieten, die darauf dringend angewiesen sind. So ist es möglich, minderjährige Kinder durch die Anordnung von Testamentsvollstreckung vor Vermögensverlust zu schützen. Oft reicht es nicht aus, Kinder lediglich als Erben einzusetzen. Um das Erbe vor dem Zugriff deren gesetzlichen Vertreters, zum Beispiel eines geschiedenen Ehegatten, zu schützen, bietet sich die Testamentsvollstreckung an. Damit wird auch die Verwaltung des Nachlasses erleichtert, da der Testamentsvollstrecker, anders als der gesetzliche Vertreter, nicht auf die Zustimmung des Familiengerichts für gewisse Rechtsgeschäfte angewiesen ist.

Vorsorge bei unerfahrenen Erben

Schließlich kann die Anordnung der Testamentsvollstreckung dem Zweck dienen, zu verhindern, dass ein noch jugendlicher, in Vermögensangelegenheiten völlig unerfahrener Erbe gleich nach der Volljährigkeit die gesamte Erbschaft durch unwirtschaftliches Verhalten durchbringt. Die Gefahr, dass ein gerade volljährig gewordener Erbe, der noch nie selber Geld verdient hat, eine Erbschaft, über die er ab 18 Jahren verfügen kann, leichtfertig verprasst, ist nicht als gering einzuschätzen. Wer dies verhindern will, kann eine zeitlich beschränkte Testamentsvollstreckung anordnen. Während der Zeit der Testamentsvollstreckung erhält der Erbe aus dem Nachlass nur so viel, wie für seinen Lebensunterhalt und seine Ausbildung notwendig ist. Er hat keine Chance, durch leichtfertige und unnütze Ausgaben das Erbe zunichtezumachen.

Absicherung behinderter Kinder

Bei geistig behinderten Kindern, die nicht in der Lage sind, ihren Lebensunterhalt selber zu bestreiten und dauerhaft auf Sozialleistungen angewiesen sind, wäre eine unterlassene Anordnung der Testamentsvollstreckung ebenfalls von Nachteil. Erhält ein behinderter Erbe ohne Wenn und Aber eine Erbschaft, unterliegt die Erbschaft dem Zugriff des Sozialleistungsträgers, der die Kosten für die Pflege und Unterbringung des Erben trägt. Mit der Anordnung einer Testamentsvollstreckung im Testament kann man nicht nur das Nachlassvermögen vor dem raschen Abschmelzen schützen, sondern auch dem Hilfsbedürftigen zusätzlich zu den Sozialleistungen Hilfe gewähren und insgesamt seine Lebensstellung erheblich verbessern.

Schutz überschuldeter Angehöriger

Auch Kinder, die auf Grund einer Firmenpleite oder ungünstiger Geschäfte überschuldet sind, lassen sich per Testamentsvollstreckung schützen. Die Erbschaft einer verschuldeten Person unterliegt sofort dem Zugriff der Gläubiger. Durch die Anordnung einer Testamentsvollstreckung besteht die Möglichkeit, den Zugriff der Gläubiger des Erben auf den Nachlass dauerhaft zu verhindern und damit das Familienvermögen zu bewahren. Bei richtiger Gestaltung kann die Testamentsvollstreckung so angeordnet werden, dass der Erbe nach Überwindung der wirtschaftlichen Schwierigkeiten, beispielsweise durch ein Insolvenzverfahren mit Restschuldbefreiung, frei über seine Erbschaft verfügen kann.

EXPERTENTIPP

Der Schutz von minderjährigen, behinderten oder auch überschuldeten Erben durch die Anordnung von Testamentsvollstreckung birgt viele Fallstricke. Nur ein auf das Erbrecht spezialisierter Experte ist in der Lage, böse Überraschungen auszuschließen. Die rechtlichen Schwierigkeiten und Risiken sind derart vielfältig, dass dringend davor gewarnt werden muss, sich als Laie an der Anordnung einer Testamentsvollstreckung zu versuchen.

Vergütung des Testamentsvollstreckers

Ein gewisser Nachteil der Testamentsvollstreckung besteht darin, dass Kosten entstehen, wenn ein auf Erbrecht spezialisierter Jurist als Testamentsvollstrecker eingesetzt wird. Dies relativiert sich jedoch, wenn die Kosten und Nachteile betrachtet werden, die entstehen können, wenn wegen des Streits unter den Miterben Prozesse geführt werden müssen, Nachlassgegenstände im Rahmen der Versteigerung weit unter Wert veräußert werden oder der Nachlass insgesamt zunichtegemacht wird.

Wann sind familienrechtliche Anordnungen notwendig?

Vermögenssorge bei minderjährigen Kindern

Erbt ein minderjähriges Kind ein mehr oder weniger großes Vermögen, wird es kraft Gesetzes grundsätzlich von seinen Eltern vertreten. Den Eltern obliegt die Verwaltung des Nachlasses bis zur Volljährigkeit des Kindes. Will ein Erblasser verhindern, dass nach seinem Tod die sorgeberechtigten Eltern seines Erben oder Vermächtnisnehmers die Vermögensverwaltung übernehmen, kann er dies in seinem Testament durch eine „familienrechtliche Anordnung" ausschließen. Das Sorgerecht der Eltern wird dadurch beschränkt. Eine familienrechtliche Anordnung sorgt also dafür, dass die zur Vermögenssorge berechtigten Elternteile des Kindes nicht über dessen Erbschaft verfügen können.

Sorgeregelung nach einer Scheidung

Wenn zu befürchten ist, dass die Verwaltung durch die sorgeberechtigten Eltern nicht ordnungsgemäß erfolgen wird, sollte an eine familienrechtliche Anordnung (siehe dazu Seite 143) gedacht werden. Eine familienrechtliche Anordnung kommt in der Praxis besonders häufig nach einer Scheidung der Eltern vor. Ein Ehegatte, der in seinem Testament seine Kinder bedenkt, will in der Regel nicht, dass der andere Ehegatte seinen Nachlass für die gemeinsamen Kinder verwaltet. Wer in seinem Testament eine familienrechtliche Anordnung aufnimmt, sollte sinnvollerweise nicht nur das Recht zur Vermögenssorge für bestimmte Personen ausschließen, sondern zugleich auch die Person bestimmen, die diese Aufgabe nach dem eigenen Tod übernehmen soll. Andernfalls muss das Gericht die Person bestimmen, die für die Verwaltung des Erbes die Verantwortung tragen soll.

Bestimmung eines Vormunds

Eine familienrechtliche Anordnung liegt auch dann vor, wenn nicht nur ein Teil des Sorgerechts, zum Beispiel das Recht zur Vermögenssorge, auf Dritte übertragen werden soll, sondern das gesamte Sorgerecht. Eine solche testamentarische Anordnung ist aber nur dann möglich, wenn nach dem Tod des Erblassers kein Sorgeberechtigter mehr vorhanden wäre, der Erblasser sorgeberechtigt war und deshalb ein Vormund eingesetzt werden müsste. Der sorgeberechtigte Erblasser kann für diesen Fall einen Vormund benennen (siehe dazu Seite 143), das Familiengericht muss dann diesem Vorschlag folgen. Nur dann, wenn in der Person des benannten Vormunds Gründe vorhanden wären, die eine Benennung unmöglich machen, darf das Familiengericht abweichend von der Anordnung des Erblassers einen Vormund bestimmen.

Wie erfolgt der Widerruf eines Testaments?

Testament kann jederzeit widerrufen werden

Jeder kann sein Testament grundsätzlich jederzeit und ohne Angabe von Gründen widerrufen. Das Einzeltestament kann auf verschiedene Weisen widerrufen werden. Der Widerruf kann beispielsweise dadurch erfolgen, dass das Dokument mit dem letzten Willen und der Unterschrift zerrissen, verbrannt, übermalt und entsorgt wird. Eine andere Form des Widerrufs besteht darin, zu einem späteren Zeitpunkt ein Testament mit anderem Inhalt zu verfassen und zu unterzeichnen. In dem neuen Testament kann bestimmt werden, ob das gesamte vorhergehende Testament widerrufen wird oder nur einzelne Passagen nicht gelten sollen. Steht ein später errichtetes Testament zum früheren Testament im Widerspruch, gilt die Anordnung im letzten Testament. Ein späteres Testament kann das vorhergehende Testament auch komplett aufheben. Auch durch Änderungen im ursprünglichen Testament kann dieses aufgehoben oder verändert werden. So kann der Erblasser beispielsweise einen Vermerk auf dem ursprünglichen Testament anbringen, dass das Testament ungültig ist. Da ein Testament auch schlüssig widerrufen werden kann, bedarf der Widerruf als solches keiner Form. Soll aber eine Änderung innerhalb des aktuellen Testaments erfolgen und eine neue Bestimmung der Erbfolge vorgenommen werden, muss wiederum die Form des Testaments (handschriftlich und unterschrieben) gewahrt sein, da ansonsten die neue Bestimmung formunwirksam wäre.

EXPERTENTIPP

Vor Streichungen oder Ergänzungen im Testament ist dringend zu warnen. Solche Änderungen führen oft zu Streitereien. Häufig stellt sich nach dem Erbfall die Frage, wer eine Streichung vorgenommen hat. Nur die Person, die ihren letzten Willen zu Papier bringt, kann das Testament widerrufen. Wenn eine andere Person, zum Beispiel ein enterbtes Kind, in dem Dokument Streichungen vornimmt, wäre eine derartige Änderung ungültig. Bei inhaltlichen Änderungen – also neuen Anordnungen – ist zu berücksichtigen, dass hier immer die Form der letztwilligen Verfügung gewahrt sein muss. Wird eine Änderung nicht durch die Unterschrift gedeckt, ist diese unwirksam. Weiter führen nachträgliche Änderungen häufig zu widersprüchlichen Anordnungen und bieten deshalb großes Streitpotenzial für die Erben. Wer sich zur Änderung seines Testaments entschließt, sollte zumindest die neuen Passagen mit einer erneuten Unterschrift bestätigen. Eine Unterschrift ist zwingend, wenn die Änderungen von der bisherigen Unterschrift nicht gedeckt sind. Besser ist es aber in jedem Fall, insgesamt ein neues Testament zu errichten.

Rücknahme aus der gerichtlichen Verwahrung

Eine weitere Möglichkeit des Widerrufs besteht bei öffentlichen (vor einem Notar errichteten) Testamenten in der Rücknahme aus der amtlichen Verwahrung. Mit der Rückgabe an den Erblasser gilt das öffentliche Testament als widerrufen. Auch das privatschriftliche (mit der eigenen Hand geschriebene) Testament kann in amtliche Verwahrung gegeben werden. Anders als das öffentliche Testament führt die Rücknahme allerdings nicht zum Widerruf. Das privatschriftliche Testament bleibt also trotz Rücknahme wirksam, wenn es nicht anderweitig widerrufen (vernichtet) wird. Auch ein Widerrufstestament, mit dem ein vorhergehendes Testament aufgehoben wird, kann widerrufen werden. Hierbei ist zu beachten, dass dann das ursprüngliche und widerrufene Testament im Zweifel wieder wirksam wird. Wer dies nicht möchte, sollte deshalb für eine Klarstellung in seinem Widerrufstestament sorgen.

Wann ist die Anfechtung eines Testaments möglich?

Anfechtung bei Irrtum, Täuschung oder Drohung

Hat eine Person in ihrem Testament etwas anderes zum Ausdruck gebracht, als sie eigentlich wollte, und beruht dies auf einem Irrtum, einer Täuschung oder einer Drohung bei der Errichtung der letztwilligen Verfügung, kann das Testament nach dem Erbfall angefochten werden. Die erfolgreiche Anfechtung eines Testaments setzt voraus, dass ein Anfechtungsgrund vorliegt.

Anfechtungsgründe

Als Anfechtungsgründe kommen in Betracht:

- Erklärungsirrtum – der Erblasser wollte die letztwillige Verfügung entweder überhaupt nicht oder nicht so wie erfolgt errichten (typischer Fall: Schreibfehler, dadurch falscher Name oder falsche Zahl).
- Inhaltsirrtum – der Erblasser ist sich der Rechtsnatur seiner Erklärung oder der Bedeutung der von ihm verwendeten Worte nicht bewusst (Beispiele: Irrtum über die Bedeutung von Vor- und Nacherbfolge, über die erbvertragliche Bindungswirkung, über die Personen, die nach der gesetzlichen Erbfolge erben, über die Widerrufswirkung der Rücknahme eines öffentlichen Testaments).
- Drohung – der Erblasser wurde widerrechtlich durch Drohung zur Errichtung eines Testaments angehalten.
- Motivirrtum – es muss eine Erwartung oder Vorstellung des Erblassers zur Zeit der Testamentserrichtung vorgelegen haben, die maßgeblich für das Testament war, und diese Erwartung muss fehlgeschlagen sein (Beispiele: Der Erblasser denkt, die von ihm Bedachten seien zum Zeitpunkt seines Todes noch miteinander verheiratet, sind es aber nicht mehr; er denkt, er sei mit dem Bedachten verwandt, ist es aber nicht; die bedachte Person verhält sich anders, als vom Erblasser bei der Testamentserrichtung angenommen).

Pflichtteilsberechtigter wird übergangen

- Das Übergehen von Pflichtteilsberechtigten – nach der Testamentserrichtung kommen neue Pflichtteilsberechtigte hinzu (Beispiele: Es werden weitere Kinder geboren oder adoptiert, die im Testament nicht bedacht sind; ein neuer Ehegatte tritt in Folge (Wieder-)Heirat auf den Plan (in die Familie).

Ein zur Anfechtung berechtigender Grund ist Voraussetzung, doch nicht jedermann kann nun vor Gericht ziehen. Nur eine anfechtungsberechtigte Person kann vor dem Nachlassgericht die Anfechtung einer Erbeinsetzung, einer Enterbung oder die Ernennung eines Testamentsvollstreckers erklären. Andere Verfügungen, insbesondere Vermächtnisse, sind gegenüber dem Berechtigten anzufechten.

Jahresfrist beachten

Zu beachten ist dabei die einjährige Anfechtungsfrist. Diese Frist beginnt zu laufen, wenn der Anfechtungsberechtigte vom Anfechtungsgrund Kenntnis erlangt. Zur Anfechtung berechtigt ist nur eine Person, die von der Aufhebung der letztwilligen Verfügung profitiert, die also auf Grund der Beseitigung der Verfügungen einen Erbteil oder ein Vermächtnis erhalten würde. Die Folge einer wirksamen Anfechtung ist, dass zumindest ein Teil der angefochtenen letztwilligen Verfügung unwirksam wird. In der Regel können nur einzelne in einem Testament enthaltene Verfügungen angefochten werden. Das Testament insgesamt kann hingegen nicht angefochten werden. Nur dann, wenn anzunehmen ist, dass die verstorbene Person bei Wegfall einer einzelnen Verfügung insgesamt die letztwillige Verfügung so nicht mehr getroffen hätte, ist das gesamte Testament nichtig.

CHECKLISTE

Testamentserrichtung

Testierfreiheit

- Gibt es schon errichtete Ehegattentestamente und/oder Erbverträge?
- Gibt es bestehende Erb- oder Pflichtteilsverzichtverträge zur Beurteilung der Gefahr von ungewolltem Vermögensabfluss durch Pflichtteilsansprüche?

Eigene Person (siehe auch Seite 91)

- Testierfähigkeit (geschäftsfähig und vollendetes 16. Lebensjahr)
- Personalien (Wohnsitz und gewöhnlicher Aufenthaltsort, Geburtsdaten, Geburtsort)
- Staatsangehörigkeit, Familienstand, im Falle der Ehe Zeitpunkt der Eheschließung und Güterstand der Ehegatten (Ehevertrag?)
- Kinder oder sonstige erbberechtigte Verwandte (Personalien)

Eigenes Vermögen (siehe auch Seite 99)

- Aktiva (zum Beispiel Immobilien, Bargeld, Bankvermögen, Wertpapiere, Gesellschaftsbeteiligungen, Wertgegenstände, land- und forstwirtschaftliches Vermögen, Betriebsvermögen, Sondervermögen aus Vorerbschaften oder Herausgabevermächtnissen unterliegendes Vermögen, Beteiligungen an Erbengemeinschaften)
- Zeitpunkt und etwaige Besonderheiten des jeweiligen Vermögenserwerbs (zum Beispiel Erbfall, Schenkung, Kauf)
- Auslandsvermögen
- Passiva (Schulden, Unterhaltsansprüche geschiedener Ehegatten und sonstige Verbindlichkeiten)
- abgeschlossene Verträge zu Gunsten Dritter (zum Beispiel Lebens- oder Sterbegeldversicherungen)
- mit dem Tod entstehende Versorgungsleistungen für Dritte
- von Dritten geleistete besondere Pflegeleistungen für den Erblasser

Bislang verschenktes Vermögen (siehe auch Seite 117)

- bisherige unentgeltliche Zuwendungen an Ehegatten, Kinder oder sonstige Dritte (Geschenke, Übergabeverträge, Ausstattungen, Übernahme von Ausbildungskosten im Übermaß, Spenden, Stiftungen oder Zustiftungen und unbenannte Ehegattenzuwendungen)
- bei den Zuwendungen getroffene Anrechnungsbestimmungen

Person der Bedachten

- Personalien, Geburts- und Adressdaten, bei juristischer Person Rechtsform, Vertretung und Sitz
- persönliche Situation (Ausbildung, Beruf, Familien- und Güterstand, Enkelkinder, Lebenspartner, besondere Fähigkeiten, Stärken oder Risiken)
- gesundheitliche Situation des Empfängers (Behinderungen, Krankheiten, sonstige Schwächen)
- Vermögenssituation des zu Begünstigenden (beispielsweise Überschuldung, Verschwendungssucht)
- bereits erhaltene Zuwendungen (Gegenstand, Zeitpunkt, angeordnete Anrechnungs- oder Ausgleichsbestimmungen, Pflegeleistungen, Ausbildungskosten)

Wünsche und Ziele

- Wer soll Erbe werden?
- Alleinerbe oder Miterben?
- Enterbung bestimmter Personen (zum Beispiel in Trennung lebender oder geschiedener Ehegatte, missratene Abkömmlinge)?
- Ersatzerben?
- Bestimmung über die Auseinandersetzung der Erbengemeinschaft (Teilungsanordnung/Vorausvermächtnisse/Teilungsausschluss)?
- Vermächtnisse?
- Auflagen?
- Wer kann den Nachlass abwickeln, wer eignet sich als Testamentsvollstrecker?
- Wer soll welche Vermögensgegenstände bekommen?
- Ist jemand durch familienrechtliche Anordnung oder Testamentsvollstreckung besonders zu sichern (minderjährige, behinderte, überschuldete oder überforderte Erben)?
- Sind Vorempfänge zu berücksichtigen/auszugleichen?
- Pflichtteilsgefahren?
- Steuerliche Prüfung (Vermeidung von Ertragsteuern durch ungeschickte Testamentsgestaltung im Bereich der Unternehmensnachfolge, etwa durch ungewollte Aufdeckung stiller Reserven, Erbschaftsteueroptimierung)

Errichtung

- Öffentliches (notarielles) oder handschriftliches Testament?
- Allein oder gemeinsam (Testament, Ehegattentestament oder Erbvertrag)?
- Ort der Verwahrung (bei Dritten, zu Hause, beim Notar)?

Prüfung

- Regelmäßig Überprüfung auf veränderte Umstände und Wünsche

Gemeinschaftliches Testament von Ehegatten

Ehegatten können gemeinsam testieren

Errichten Eheleute zusammen ein Testament in einer Urkunde, spricht man von einem gemeinschaftlichen Testament. Nur Ehegatten und Partner einer gleichgeschlechtlichen und eingetragenen Lebenspartnerschaft können gemeinsam ein Testament errichten. Unverheiratete Partner ohne Trauschein können nicht zusammen testieren. Wenn sie beide in einer Urkunde ihren letzten Willen in für den anderen Partner verbindlicher Weise festlegen wollen, können sie dies nur mittels Erbvertrags tun, der beim Notar geschlossen werden muss.

Welchen Vorteil hat ein Ehegattentestament?

Bindungswirkung des Ehegattentestaments

Ein gemeinschaftliches Testament kann – wie ein Einzeltestament – privatschriftlich und öffentlich von beiden Partnern errichtet werden. Mit einem gemeinschaftlichen Testament lässt sich jedoch – anders als beim Einzeltestament – eine Bindungswirkung hinsichtlich sogenannter wechselbezüglicher Verfügungen der Ehegatten erzielen. Die Partner können damit sicherstellen, dass der Wille des erstversterbenden Ehegatten auch noch nach seinem Tode nicht dadurch abgeändert werden kann, dass der überlebende Ehegatte seine eigene „Verfügung von Todes wegen" plötzlich korrigiert und andere als vom erstversterbenden Ehegatten gewünschte Personen als Erben einsetzt. Enthält das gemeinschaftliche Testament wechselbezügliche Verfügungen, so sind die Ehegatten insoweit vor heimlichen Änderungen des Testaments geschützt und können auf den Bestand des Testaments vertrauen (jedenfalls solange keiner der beiden Partner einen Widerruf zu Papier bringt und ihn dem anderen Partner zu dessen Lebzeiten zustellt).

BEISPIEL

Die Eheleute Karin und Markus Thanner setzen sich in einem gemeinschaftlichen Testament gegenseitig zu Alleinerben und die gemeinsamen Kinder Sara und Thomas zu ihren Schlusserben ein. Nach dem Tod von Karin lernt Markus Thanner eine neue Frau kennen, mit der er zusammenlebt. Er überwirft sich deswegen mit seinen Kindern. Ein Jahr vor seinem Tod überträgt er das Haus, das sein wesentliches Vermögen bildet, an die neue Lebensgefährtin, um die Kinder faktisch zu enterben. Da es sich bei der Schlusserbeinsetzung der gemeinsamen Kinder um eine wechselbezügliche Verfügung der Ehegatten handelt, ist Markus Thanner mit dem Tod seiner verstorbenen Ehefrau Karin an die Erbeinsetzung der Kinder gebunden. Er durfte deshalb die Schlusserbeinsetzung durch die Schenkung an die neue Lebensgefährtin nicht unterlaufen. Die Kinder können die Herausgabe des Hauses verlangen, da sie nach der Rechtsprechung wie Vertragserben behandelt werden.

Welche Formalien sind beim Ehegattentestament zu beachten?

Einer schreibt, beide unterzeichnen

Das Ehegattentestament kann wie ein Einzeltestament öffentlich und (oder) privat errichtet werden. Bei Ehegatten und eingetragenen Lebenspartnern macht das Gesetz aber eine Ausnahme davon, dass die testierende Person das private Testament komplett selber schreiben muss. Es reicht aus, dass einer der Partner das Testament von Hand schreibt und beide anschließend das Testament unterschreiben.

EXPERTENTIPP

Vorsicht bei Beteiligung eines Ehegatten, der Staatsbürger eines anderen Landes ist. Viele ausländische Rechtsordnungen sehen die gemeinschaftliche Errichtung eines Testaments nicht vor. Im Erbfall kann dies zu unliebsamen Überraschungen und massiven Schwierigkeiten bei der Umsetzung des gemeinsamen „letzten Willens" führen.

Welche Gestaltungsvarianten bietet ein Ehegattentestament?

Absicherung des längerlebenden Ehegatten

In einem gemeinschaftlichen Ehegattentestament können Ehepartner ihre Vermögensnachfolge aufeinander abstimmen. Je nach Interessenlage gibt es für Ehegatten eine Vielzahl von Gestaltungsmöglichkeiten. In der Praxis kommt es häufig vor, dass Ehegatten mit gemeinsamen Kindern auch ein gemeinsames Testament errichten. In diesem Fall wollen die Partner meist dem überlebenden Ehegatten eine wirtschaftlich möglichst starke Position nach dem Tod des Erstversterbenden einräumen, gleichzeitig aber sicherstellen, dass die gemeinsamen Kinder spätestens beim Tod des überlebenden Ehegatten in den Genuss des häufig gemeinschaftlich erwirtschafteten Vermögens kommen. Der überlebende Ehegatte wird deshalb zunächst als Erbe des erstversterbenden Ehegatten bestimmt, erst nach dem Tod des überlebenden Ehegatten beerben die Kinder ihre Eltern. Dieser Wunsch lässt sich mit zwei unterschiedlichen rechtlichen Grundkonstruktionen verwirklichen:

Ehegatte wird Vorerbe

- **Konstruktion Nummer 1:** Anordnung einer Vor- und Nacherbschaft. Erst wird der überlebende Ehegatte Erbe des verstorbenen Partners, danach die Kinder Erben des erstversterbenden Ehegatten. Der länger lebende Ehegatte und die Kinder werden demnach zeitlich nacheinander Erben des Erstversterbenden. Eine derartige Konstruktion wird als „Trennungslösung" bezeichnet, da die Vermögen der Eheleute auch nach dem Tod des Erstversterbenden getrennt bleiben. Der Nachlass des zuerst verstorbenen Partners bildet ein Sondervermögen, das der überlebende Ehegatte lediglich nutzen, nicht aber veräußern oder verjubeln kann. Nach dem Tod des zweiten Partners geht das Sondervermögen „Vorerbschaft" des zuerst verstorbenen Partners auf die Kinder über (Muster auf Seite 168).

„Berliner Testament"

- **Konstruktion Nummer 2:** Das gemeinschaftliche Ehegattentestament sieht den überlebenden Ehegatten als alleinigen Vollerben des erstversterbenden Ehegatten vor. Das Vermögen des zuerst versterbenden Ehegatten vereinigt sich mit dem des länger lebenden Ehegatten. Die Kinder werden erst nach dem Tod des länger lebenden Ehepartners Erben und zwar ausschließlich von diesem, nicht also vom Erstverstorbenen. Diese Gestaltungsmöglichkeit wird „Einheitslösung" genannt, da die beiden Vermögen der Eheleute nach dem Tod des erstversterbenden Ehegatten zu einem einheitlichen Vermögen verschmelzen. Ein solches Testament wird auch als „Berliner Testament" bezeichnet (Muster auf Seite 169).

EXPERTENTIPP

Die Vor- und Nacherbenlösung führt bei einem Nachlasswert, der die Erbschaftsteuerfreibeträge übersteigt (zur Freibetragstabelle siehe Seite 186) zu Steuernachteilen, da ein- und dasselbe Vermögen zwei Mal versteuert werden muss. Ein Berliner Testament führt bei einem großen Vermögen ebenfalls zu steuerlichen Nachteilen. Die Steuerfreibeträge der Kinder werden beim Tod des erstversterbenden Ehegatten nicht genutzt und damit quasi an den Staat „verschenkt". Bei entsprechend großen Vermögenswerten sollte deshalb überlegen werden, das Grundmodell des Berliner Testaments zu modifizieren und die Kinder bereits beim Tod des erstversterbenden Ehegatten an dessen Nachlass zu beteiligen. Wenn dies möglich ist, ohne die wirtschaftliche Absicherung des überlebenden Ehegatten zu gefährden, führt eine solche Lösung zum größtmöglichen Nutzen für alle Beteiligten.

Ehegatte erhält Vermächtnisse

Weitere Gestaltungsmöglichkeiten sind bei Ehegattentestamenten möglich. Je nachdem, ob die Rechtsposition der Kinder oder die des überlebenden Ehegatten gestärkt werden soll, bieten sich auch folgende juristische Konstruktionen an:

- Gleichzeitige Erbeinsetzung der Ehegatten und der Kinder beim Tod des Erstversterbenden und Schlusserbeinsetzung der Kinder beim Tod des Letztversterbenden;
- Erbeinsetzung der Kinder zu Vollerben des erstversterbenden Ehegatten mit Vermächtnissen zu Gunsten des überlebenden Ehegatten (Muster auf Seite 170);

- Erbeinsetzung der Kinder unter Nießbrauchsvorbehalt am gesamten Nachlass zu Gunsten des überlebenden Ehegatten (Muster auf Seite 167) und
- Erbeinsetzung der Kinder zu Vollerben und Ausschluss des überlebenden Ehegatten.

Individuelle Beratung erforderlich

Eine allgemeine Empfehlung, welche Gestaltungsmöglichkeit die beste ist, kann nicht gegeben werden. Es ist immer im Einzelfall zu entscheiden, welche Lösung der Ausgangslage und Zielsetzung am besten gerecht wird. Ein Testament ist wie ein Maßanzug. Es muss auf den Einzelfall zugeschnitten sein. Nur ein auf Erbrecht spezialisierter Experte ist in der Lage, ein maßgeschneidertes Ehegattentestament gemeinsam mit den Partnern zu planen und die optimale, juristisch perfektionierte Lösung zu Papier zu bringen.

Kann ein Ehegattentestament frei widerrufen werden?

Widerruf nur eingeschränkt möglich

Der Widerruf eines gemeinschaftlichen Testaments ist zu Lebzeiten beider Partner jederzeit möglich. Sind beide Ehegatten noch am Leben, können sie ihr gemeinschaftliches Testament jederzeit gemeinschaftlich widerrufen, beispielsweise durch ein neues gemeinschaftliches Testament. Will nur einer der beiden Ehegatten das gemeinschaftliche Testament aufheben, gelten Besonderheiten. Die Widerrufserklärung bedarf in diesem Fall der notariellen Beurkundung und muss dem anderen Ehegatten im Original oder in einer Ausfertigung des Notars zugestellt werden. Diese gesetzliche Regelung hat den Sinn, sicherzustellen, dass ein Ehegatte das gemeinschaftliche Testament nicht heimlich widerruft und der andere Ehegatte dadurch einen Nachteil erleidet. Nach dem Tod des erstversterbenden Ehegatten können wechselbezügliche Verfügungen nicht mehr widerrufen werden, es sei denn, der Widerruf wurde vorbehalten. Der überlebende Ehegatte ist dann an das gemeinsame Ehegattentestament gebunden.

BEISPIEL

Die Eheleute Gislinde und Adalbert Soller setzen sich in einem Berliner Testament gegenseitig zu Erben des Erstversterbenden ein und bestimmen, dass der überlebende Ehegatte seinerseits die gemeinsamen Kinder Carola und Birgit Soller zu seinen Schlusserben bestimmt. Nach dem Tod von Adalbert kann seine überlebende Frau Gislinde die Erbeinsetzung der gemeinsamen Kinder nicht mehr abändern. Sie ist wegen der vom Gesetz im Zweifel anzunehmenden Wechselbezüglichkeit an die Schlusserbeinsetzung gebunden und kann kein weiteres Testament wirksam errichten.

Anfechtung

Nach dem Erbfall (einer der Ehegatten ist verstorben) kann dann nur noch eine Anfechtung des gemeinsamen Testaments oder die Ausschlagung der Erbschaft dem überlebenden Partner helfen, seine Testierfreiheit zurückzugewinnen.

EXPERTENTIPP

Als wechselbezügliche Verfügungen kommen nur eine Erbeinsetzung, ein Vermächtnis oder eine Auflage in Betracht. Wechselbezüglich sind Verfügungen dann, wenn anzunehmen ist, dass die Verfügung des einen Ehegatten nicht ohne die des anderen getroffen sein würde, sprich die Anordnung des einen mit der des anderen stehen und fallen soll. Dies ist in der Regel dann der Fall, wenn sich Eheleute wechselseitig als Erben des Erstversterbenden einsetzen und gemeinsame Abkömmlinge oder Verwandte des Erstversterbenden zu (Schluss-) Erben des überlebenden Ehegatten einsetzen. In einem gemeinschaftlichen Testament sollte daher immer eine ausdrückliche Bestimmung darüber aufgenommen werden, ob und welche Verfügungen der Ehegatten wechselbezüglich sein sollen, damit eine Bindung mit dem Tod des Erstversterbenden eintritt und klar ist, ob und welche Verfügungen der überlebende Ehegatte noch nach dem Tod seines Partners abändern darf.

Wann ist ein Ehegattentestament anfechtbar?

Im Gesetz ist die Anfechtung eines gemeinschaftlichen Ehegattentestaments nicht geregelt. Da anders als beim Erbvertrag ein gemeinschaftliches Ehegattentestament zu Lebzeiten der Ehegatten ohne Weiteres widerrufen werden kann, kommt eine Anfechtung des Ehegattentestaments erst nach dem Tod eines Ehegatten infrage.

Anfechtung wegen Übergehung eines Pflichtteilsberechtigten

Nach dem Tod eines Ehegatten ist zu unterscheiden, wer die Anfechtung erklärt und welche Verfügung von Todes wegen angefochten werden soll. Es ist demnach zu klären, ob die im Ehegattentestament enthaltene Verfügung des erstversterbenden oder die des überlebenden Ehegatten angefochten werden soll. Eigene Verfügungen muss der überlebende Ehegatte nur dann anfechten, wenn wechselbezügliche und damit bindend gewordene Verfügungen beseitigt werden sollen. Eigene und einseitige Verfügungen kann der überlebende Ehegatte auch nach dem ersten Erbfall jederzeit widerrufen oder abändern. Die Verfügung des verstorbenen Ehegatten kann der überlebende Ehegatte nach den oben dargestellten Grundsätzen anfechten. Eine Anfechtung einer Verfügung des zuerst verstorbenen Partners wegen Übergehung eines Pflichtteilsberechtigten (nach § 2079 BGB) kann der überlebende Ehegatte allerdings nicht vornehmen. Dies ist dem übergangenen Pflichtteilsberechtigten vorbehalten. Er kann aber seine eigene, bindend gewordene Verfügung anfechten, wenn nach der Errichtung des Ehegattentestaments ein in Bezug auf seine Person neuer Pflichtteilsberechtigter hinzukommt, etwa durch Wiederheirat oder Geburt eines Kindes. Dies hat zur Folge, dass durch die Anfechtung der eigenen Verfügung die dazu wechselbezügliche Verfügung des erstverstorbenen Ehegatten als von Anfang an nichtig gilt. Die Anfechtung schlägt dann sozusagen auf die Verfügung des erstversterbenden Ehegatten durch.

EXPERTENTIPP

Wer eine Anfechtung durch Dritte oder den überlebenden Ehegatten selbst und damit ein Aushebeln des Ehegattentestaments verhindern möchte, sollte einen Anfechtungsverzicht aufnehmen.

Dritte können die Verfügungen des erstversterbenden Ehegatten nach den allgemeinen, bereits dargestellten Regelungen anfechten. Gleiches gilt für die Anfechtung der Verfügungen des überlebenden Ehegatten. Die Anfechtungserklärung des überlebenden Ehegatten bedarf anders als die anderer Personen der notariellen Beurkundung. Sie muss binnen eines Jahres ab Kenntnis vom Anfechtungsgrund gegenüber dem Nachlassgericht erklärt werden. Die Jahresfrist beginnt frühestens mit dem Tod des zuerst verstorbenen Ehegatten.

Anfechtung nach erneuter Heirat

Der in der Praxis häufigste Fall der Anfechtung eines Ehegattentestaments liegt in der Übergehung eines Pflichtteilsberechtigten in Folge einer erneuten Heirat des überlebenden Ehegatten (dessen neuer Partner ist pflichtteilsberechtigt, erhält jedoch auf Grund des früher errichteten gemeinsamen Testaments nichts). Auch die Geburt oder Adoption eines Kindes nach dem ersten Erbfall stellt in der Praxis gelegentlich einen Anfechtungsgrund dar. Eine Anfechtung ist aber dann nicht mehr möglich, wenn der überlebende Ehegatte auf das Recht zur Anfechtung in der letztwilligen Verfügung verzichtet hat oder die Anfechtungsfrist abgelaufen ist.

BEISPIEL

Die Eheleute Klara und Bruno Reimann setzen sich in einem Berliner Testament gegenseitig zu Erben des Erstversterbenden ein und legen fest, dass der überlebende Ehegatte seinerseits die gemeinsamen Kinder Theresia und Gerhard Reimann zu seinen Schlusserben bestimmt. Mit dem Tod von Klara und Annahme der Erbschaft durch Bruno Reimann ist dieser an die Erbeinsetzung von Theresia und Gerhard gebunden. Daran ändert auch der Umstand nichts, dass Bruno erneut heiratet. Innerhalb eines Jahres ab der Wiederverheiratung kann er nun aber das zusammen mit seiner verstorbenen Frau Klara errichtete Berliner Testament – genauer gesagt seine bindend gewordene Erbeinsetzung der Kinder Theresia und Gerhard – anfechten.

Erfolgt die Anfechtung, bewirkt diese, dass Bruno nicht mehr alleiniger Erbe von Klara ist, da die zur Schlusserbeinsetzung der Kinder wechselbezügliche Verfügung von Klara (Erbeinsetzung von Bruno) ebenfalls wegfällt. Sofern Klara keine Ersatzerbenregelung vorgesehen hat, wird sie nun nach der gesetzlichen Erbfolge beerbt. Klara wird demnach zur Hälfte von ihrem länger lebenden Ehegatten Bruno und zu je einem Viertel von den Kindern Theresia und Gerhard beerbt. Bruno Reimann kann nun über sein Vermögen – auch das von der verstorbenen Klara geerbte – wieder frei von Todes wegen verfügen. So könnte er es beispielsweise alleine seiner neuen Ehefrau vererben und Theresia und Gerhard enterben (die beiden hätten dann nur noch Anspruch auf den Pflichtteil).

Erbvertrag

Bindung über den Tod hinaus

Eine Person kann ihr Vermögen nicht nur durch ein einseitiges Testament vererben. Sie kann auch einen Vertrag mit einer anderen Person schließen. Sofern in dem Vertrag eine Vereinbarung über erbrechtliche Verfügungen getroffen wird, handelt es sich um einen Erbvertrag.

Wann ist ein Erbvertrag sinnvoll?

Zweck eines Erbvertrags

Ein Erbvertrag ist dann sinnvoll, wenn Sicherheit darüber hergestellt werden soll, dass eine letztwillige Verfügung nicht mehr vom Erblasser abgeändert werden kann. Es kann – anders als beim Ehegattentestament – noch zu Lebzeiten aller Beteiligten eine sofortige Bindung an eine letztwillige Verfügung erreicht werden. Dies kann von Vorteil, aber auch von Nachteil sein. Vorteil ist, dass ein hochbetagter und leicht beeinflussbarer Erblasser nicht mehr durch Dritte leichtfertig zur Errichtung eines neuen Testaments gedrängt werden kann. Ein nicht gewünschter Vermögensabfluss in familienfremde Hände wird dadurch verhindert. Von Nachteil ist die Bindungswirkung dagegen, wenn sich bezüglich der Person des vorgesehenen Erben Änderungen ergeben, er sich etwa von der Person des Erbvertragspartners abwendet oder seine Vermögensverhältnisse sich drastisch verändern. In der Regel ist keine Änderung des Vertrags ohne Zustimmung beider Seiten mehr möglich. Häufig ändert ein älterer Mensch seine Meinung darüber, wer ihn beerben soll. Auch in diesem Fall ist eine Änderung eines bindenden Vertrags nicht mehr möglich.

BEISPIEL

Karl Orban schließt im Alter von 88 Jahren mit seinem Sohn Rainer Orban (54) einen Erbvertrag (der Sohn wird nach dem Vertrag alleiniger Erbe). Im Alter von 95 Jahren ist Karl Orban pflegebedürftig, kann jedoch noch zu Hause wohnen. Täglich kommt die Pflegekraft Anna Dharanko wöchentlich in die Wohnung von Karl Orban. Die 37jährige Frau schafft es nicht nur, den alten Mann immer wieder aus der Altersdepression herauszureißen, sondern bringt ihn auch dazu, ein Testament zu ihren Gunsten zu Papier zu bringen. Im Alter von 97 Jahren stirbt Karl Orban an Herzversagen. Anna Dharanko legt dem Nachlassgericht das Testament von Karl Orban vor. Doch obwohl immer das zuletzt errichtete Testament maßgeblich ist, bekommt Anna Dharanko aus dem Nachlass von Karl Orban keinen Cent. Trotz des später errichteten Testaments wird der Sohn Rainer Orban Alleinerbe, da in Folge der erbvertraglichen Bindung keine Testierfreiheit mehr bestanden hatte und das Testament zu Gunsten von Anna Dharanko daher ungültig ist. Hätte Karl Orban seinen Sohn nur in einem Testament bedacht, wäre Anna Dharanko Alleinerbin geworden.

Erbvertrag bei Paaren ohne Trauschein

Besonders bei Partnern einer nicht ehelichen Lebensgemeinschaft, die sicherstellen wollen, dass gemeinschaftliche Kinder beim Tod des überlebenden Lebenspartners zu dessen Erben eingesetzt werden oder dass ein gemeinsam errichtetes Haus beim Tod des einen Partners in das Eigentum des anderen übergeht, ist der Abschluss eines Erbvertrags wegen der damit verbundenen Bindungswirkung und Sicherheit für die Partner sinnvoll (Muster auf Seite 174).

Welche Form gilt für den Erbvertrag?

Anders als das Ehegattentestament kann ein Erbvertrag nicht nur zwischen Ehegatten oder Lebenspartnern abgeschlossen werden. Ein Vertragsabschluss ist mit jeder geschäftsfähigen Person möglich. Der Abschluss eines Erbvertrags bedarf der notariellen Form. Bei Vertragsabschluss müssen beide Vertragspartner beim Notar anwesend sein und zwar höchstpersönlich. Nur der Vertragspartner, der keine eigene letztwillige Verfügung trifft, kann sich vertreten lassen. Wird die vorgeschriebene Form nicht eingehalten, ist der Erbvertrag unwirksam.

Notarielle Beurkundung notwendig

EXPERTENTIPP

Schließen Ehegatten ohnehin einen Ehevertrag ab, empfiehlt sich, gewünschte letztwillige Verfügungen sogleich in einem Erbvertrag in derselben Urkunde mit beurkunden zu lassen. Durch den Abschluss des Erbvertrags entstehen – anders als bei der Beurkundung eines Ehegattentestaments – in der Regel keine Zusatzkosten. Im Erbfall können so die Kosten des Erbscheins eingespart werden, vorausgesetzt, die Erbfolge ergibt sich direkt aus dem Erbvertrag.

Wann ist ein Erbvertrag bindend?

Nur vertragsmäßige Verfügungen sind bindend. Als vertragsmäßige Verfügungen sieht das Gesetz lediglich Erbeinsetzung, Vermächtnis und Auflage vor. Andere letztwillige Verfügungen wie beispielsweise eine Enterbung, eine Teilungsanordnung oder die Anordnung von Testamentsvollstreckung sind immer frei widerruflich. Wenn in einem Erbvertrag eine Erbeinsetzung enthalten ist, bedeutet dies nicht zwingend, dass es sich hierbei um eine vertragsmäßige Verfügung handelt. Es ist zu klären, ob der Erblasser die erbvertragliche Verfügung einseitig treffen oder sich vertragsmäßig binden wollte. Sofern im Erbvertrag keine ausdrückliche Regelung vorgesehen ist – zumeist wird die Verfügung dann auch ausdrücklich als vertragsmäßig bezeichnet – ist im Wege der Auslegung zu ermitteln, welcher Wille des Erblassers anzunehmen ist. Nur vertragsmäßige Verfügungen können nicht frei widerrufen werden.

Nicht alle Regelungen sind bindend

Zur Aufhebung einer vertragsmäßigen Verfügung bedarf es der Mitwirkung beider Erbvertragsparteien, wobei eine entsprechende Vereinbarung von einem Notar beurkundet werden muss. Allerdings können Ehegatten einen zwischen ihnen geschlossenen Erbvertrag auch durch ein gemeinschaftliches Testament wieder aufheben. In diesem Ausnahmefall kann deshalb eine Aufhebung des Erbvertrags auch ohne notarielle Beurkundung erfolgen. Eine einseitige Aufhebung eines Erbvertrags ist nur dann möglich, wenn sich der Erblasser den Rücktritt im Vertrag ausdrücklich vorbehalten hat. Auch ein Rücktritt vom Erbvertrag bedarf der notariellen Beurkundung. Die Rücktrittserklärung ist in Urschrift oder Ausfertigung – beglaubigte Abschrift reicht nicht – dem Vertragspartner zuzustellen. Ist kein Rücktritt vorbehalten, kann sich der Erblasser einseitig – also ohne Mitwirkung seines Vertragspartners – von seiner vertragsmäßigen Verfügung lediglich durch eine Anfechtung von der Bindung des Erbvertrags lösen (eine Anfechtung ist aber nur möglich, wenn ein Anfechtungsgrund vorliegt). Eine weitere Möglichkeit, sich von der eigenen Verfügung in einem Erbvertrag zu lösen, besteht bei beidseitigen Erbverträgen darin, dass der überlebende Vertragspartner nach dem ersten Erbfall das ihm mit Erbvertrag Zugewendete ausschlägt.

Aufhebung des Erbvertrags

Wann und wie kann ein Erbvertrag angefochten werden?

Für den Erbvertrag gelten die gleichen Anfechtungsgründe wie für das (Ehegatten-)Testament. Die Anfechtung muss durch den Erblasser persönlich erfolgen und bedarf der notariellen Beurkundung. Solange der Vertragspartner noch lebt, ist die Anfechtungserklärung diesem förmlich zuzustellen. Lebt er nicht mehr, ist die Erklärung an das Nachlassgericht zu richten. Erfolgt die

Anfechtung des Erbvertrags

Anfechtung nicht durch den Erblasser, sondern durch einen Dritten, muss sie gegenüber dem Nachlassgericht abgegeben werden, soweit Erbeinsetzung oder Testamentsvollstreckung betroffen ist. Für diese Erklärung bedarf es keiner Form. Die einjährige Anfechtungsfrist läuft ab Kenntnis des Anfechtungsgrundes.

Ausnahmsweise können Dritte anfechten

Eine Anfechtung des Erbvertrags durch Dritte ist erst nach dem Tod des Erblassers möglich. Zur Anfechtung eines Erbvertrags berechtigt sind ausschließlich Personen, die auf Grund der Aufhebung einer Verfügung unmittelbar einen Vorteil erzielen können. Eine Anfechtung ist nur dann möglich, wenn das eigene Anfechtungsrecht des Erblassers noch nicht erloschen ist oder der Erblasser einen anfechtbaren Erbvertrag nicht vorher ausdrücklich oder stillschweigend bestätigt hat.

BEISPIEL

Die Eheleute Eleonore und Theodor Ebel schließen einen Erbvertrag und setzen ihre gemeinsamen Kinder zu Schlusserben ein. Nach dem Tod von Theodor heiratet Eleonore wieder. Eineinhalb Jahre nach der Heirat mit ihrem zweiten Ehemann verstirbt sie. Der zweite Ehemann Martin Zacher will nun den Erbvertrag mit der Begründung anfechten, dass er als Pflichtteilsberechtigter übergangen worden sei. Eine Anfechtung ist jedoch nicht mehr möglich, da die einjährige Anfechtungsfrist verstrichen ist. Innerhalb dieser Frist nach der Wiederheirat hätte Eleonore anfechten können. Da sie dies in Kenntnis der erneuten Eheschließung nicht gemacht hat, scheidet eine Anfechtung durch Martin Zacher ebenfalls aus.

KAPITEL 3

Maßnahmen nach dem Erbfall

Erste Schritte nach dem Todesfall

Nach einem Todesfall sind innerhalb kurzer Zeit sehr viele Aufgaben zu erledigen. Oft geraten die Hinterbliebenen unter Zeitdruck. Es ist daher ratsam, Aufgaben an Verwandte und Freunde des Verstorbenen zu delegieren. In vielen Fällen kann auch ein Beerdigungsinstitut zeitaufwändige Arbeiten übernehmen. Es kann zum Beispiel die Sterbeurkunde beschaffen oder den Rentenversicherungsträger informieren.

Viele Aufgaben in kurzer Zeit

Wer stellt den Totenschein aus?

Nach Eintritt des Todes muss ein Arzt einen Totenschein ausstellen. Die meisten Menschen sterben heute in einem Krankenhaus oder einer Pflegeeinrichtung. Hier rufen die Verantwortlichen einen Arzt, so dass sich die Verwandten nicht selbst um den Totenschein kümmern müssen. Anders ist dies bei einem Todesfall zu Hause oder unterwegs. In einem solchen Fall ist es erforderlich, unverzüglich einen Arzt zu rufen, der dann den Tod amtlich feststellt. Ist die Todesursache nicht durch eine Krankheit oder einen Unfall des Verstorbenen erklärbar, ist auch die Kriminalpolizei zu verständigen. Der Arzt wird die Kriminalpolizei auf jeden Fall einschalten, wenn er bei dem Verstorbenen unerklärliche Verletzungen oder verdächtige Körperzustände vorfindet. Eine Bestattung ist in solchen Fällen nur mit schriftlicher Genehmigung der Staatsanwaltschaft möglich, da zunächst die Todesursache geklärt werden muss. Ist der Tote an einer ansteckenden Krankheit verstorben oder drängt sich zumindest ein solcher Verdacht auf, ist auch das Gesundheitsamt zu informieren. Die Erben haben die für den Totenschein anfallenden Kosten zu tragen.

Arzt erstellt Totenschein

Was müssen die Angehörigen nach einem Todesfall tun?

Sterbeurkunde

Die Angehörigen benötigen zur Vorlage beim Nachlassgericht und bei Behörden vor allem die Sterbeurkunde. Das Standesamt, in dessen Zuständigkeitsbereich der Sterbeort liegt, stellt diese Urkunde aus. Häufig ist die Sterbeurkunde nicht am normalen Wohnort des Verstorbenen zu beschaffen. Dies ist immer dann der Fall, wenn der Unfallort oder das letzte Krankenhaus im Zuständigkeitsbereich eines anderen Standesamtes liegt. Das Gesetz schreibt vor, dass das Standesamt am nächsten Werktag nach dem Todestag verständigt werden muss. Per Telefonat oder Fax kann man dieser gesetzlichen Verpflichtung nachkommen. In der Praxis wird es von den Ämtern jedoch akzeptiert, wenn der Todesfall einige Tage später gemeldet wird und dann auch alle erforderlichen Unterlagen vorgelegt werden. Zu diesen Unterlagen gehören der Personalausweis des Verstorbenen, der Totenschein, die Geburtsurkunde, eventuell die Heiratsurkunde und, sofern der Verstorbene verwitwet oder geschieden war, die Sterbeurkunde des Ehepartners oder das Scheidungsurteil.

Standesamt stellt Sterbeurkunde aus

EXPERTENTIPP

Wenn Sie die Sterbeurkunde beantragen, sollten Sie gleich mehrere Ausfertigungen besorgen, obwohl Sie dafür Gebühren bezahlen müssen. Das Dokument wird mehrfach benötigt zur Vorlage bei Gericht, Banken sowie einigen Versicherungen und häufig auch bei Telekommunikationsunternehmen. Die Ausfertigung der Sterbeurkunde kostet eine Gebühr in der Größenordnung von 7 bis 10 €.

Organspende

Organspendeverfügung ist zu beachten

Hat der Verstorbene zu seinen Lebzeiten in einer Vorsorgevollmacht, Patientenverfügung oder in einer Organspendeverfügung – bekannt auch als Organspenderausweis – klargestellt, dass er zur Organspende bereit ist, können Ärzte Organe entnehmen, ohne die Angehörigen zu fragen. Voraussetzung dafür ist, dass die Ärzte die Organspendeverfügung des Verstorbenen kennen. Sollte der Verstorbene sich zu dieser Thematik gar nicht geäußert haben und nichts Entsprechendes geregelt haben, liegt die Entscheidung bei den nächsten Angehörigen. Die Frage der Krankenhausärzte nach Zustimmung zur Organspende erfolgt immer zeitnah nach dem Eintritt des Todes. Vorrangig hat der überlebende Ehegatte oder eingetragene Lebenspartner das Entscheidungsrecht. Ein Partner ohne Trauschein hat keine Entscheidungsbefugnis. Erst dann, wenn es keinen Ehe- oder offiziellen Lebenspartner gibt, können die volljährigen Kinder des Verstorbenen über eine Organspende entscheiden. Hatte ein unverheirateter Verstorbener keine Kinder, können seine Eltern (einvernehmlich) einer Organspende zustimmen. Bei partner- und kinderlosen Menschen, deren Eltern nicht mehr leben, können auch volljährige Geschwister und zuletzt die Großeltern einer Organspende zustimmen. Eine Entscheidung durch einen nahen Angehörigen ist nur dann gestattet, wenn er in den letzten zwei Jahren vor dem Tod des Organspenders zu diesem persönlichen Kontakt hatte. Der Arzt hat dies durch Befragung des nächsten Angehörigen festzustellen. Sind mehrere gleichrangige nächste Angehörige vorhanden, genügt es, wenn einer von ihnen vom Arzt befragt wird und eine Entscheidung trifft. Bei einem Widerspruch eines gleichrangigen Angehörigen, darf aber keine Organentnahme erfolgen.

Pflegeeinrichtung: Heimvertrag prüfen!

Heimvertrag abwickeln

War der Verstorbene in einer Pflegeeinrichtung untergebracht, sollten die Hinterbliebenen und Erben abklären, wann der Heimvertrag endet. Findet sich der Heimvertrag nicht in den Unterlagen des Verstorbenen, sollten sie die Heimleitung um Einsicht in die Vertragsunterlagen bitten. Hatte der Verstorbene Leistungen aus der staatlichen Pflegeversicherung bezogen, enden nach dem Pflegeversicherungsrecht der Heimvertrag und die Verpflichtung zur Zahlung des Heimentgelts mit dem Sterbetag. Anderslautende vertragliche Bestimmungen sind in diesem Fall unwirksam.

EXPERTENTIPP

Hat ein verstorbener Heimbewohner keine Pflegeversicherungsleistungen erhalten, gilt die im Heimvertrag niedergelegte Regelung zur Beendigung des Vertragsverhältnisses, es sei denn, diese Regelung ist unangemessen. Die Erben müssen in diesem Fall den Vertrag kündigen, da sie sonst weiterhin zur Kasse gebeten werden.

Abholung persönlicher Gegenstände aus dem Heim

Persönliche Gegenstände abholen

Regeln Sie mit der Heimleitung möglichst frühzeitig, bis wann persönliche Einrichtungsgegenstände und sonstige Sachen aus dem Zimmer des Verstorbenen entfernt werden müssen. Geld und andere Wertsachen sollten die Erben aus naheliegenden Gründen möglichst umgehend nach dem Todesfall mitnehmen. Wertvolle Möbel und persönliche Dinge des Verstorbenen sollten sie ebenfalls rasch abholen. In der Regel können Sie auch mit der Heimleitung vereinbaren, dass alle restlichen Dinge, die Sie nicht bis zu einem bestimmten Termin abgeholt haben, im Auftrag des Heims entsorgt werden (Muster auf Seite 181).

Taschengeldkonto im Heim

Taschengeldkonto abklären

In der Regel haben Heimbewohner dort ein Taschengeldkonto, welches für kleinere Ausgaben (Frisör, Fußpflege usw.) vorgehalten wird. Im Fall des Todes des Heimbewohners sollten Sie abfragen, ob ein solches besteht, so dass sich die Erben hierum kümmern können.

Information an Rentenversicherungsträger

Rentenversicherung benachrichtigen

Da die Hinterbliebenen häufig Anspruch auf Rente haben, sollten sie die Rentenversicherung, das Versorgungsamt und – bei abhängig Beschäftigten – die Berufsgenossenschaft oder Unfallkasse der öffentlichen Hand informieren, die für den Betrieb des Arbeitgebers zuständig ist (entweder beim Arbeitgeber erfragen oder über den Spitzenverband Deutsche Gesetzliche Unfallversicherung DGUV ermitteln). Ansprüche auf Hinterbliebenenbezüge sollten möglichst bald nach dem Todesfall, spätestens innerhalb des ersten Monats nach dem Ableben des Erblassers, angemeldet werden. Da der erste Rentenbescheid und eine damit verbundene Zahlung viel Zeit in Anspruch nehmen können, sollte man bei Bedarf in Betracht ziehen, einen Antrag auf Vorschusszahlung zu stellen. Welche Unterlagen für die Bearbeitung der Rentenansprüche benötigt werden, hängt von den unterschiedlichen Rentenversicherungsträgern ab. Damit Sie je nach Fall korrekte und vollständige Unterlagen zu Ihrem Antrag einreichen können, sollten Sie mit den zuständigen Stellen telefonisch oder in etwaigen Beratungsstellen Kontakt aufnehmen oder im Internet nach Informationen recherchieren. Typischerweise fordern die Sachbearbeiter je nach Konstellation die Sterbeurkunde, die letzte Rentenmitteilung an den Erblasser, die Heiratsurkunde (bei Ehepartnern), die Geburtsurkunde (bei Kindern) und eine Kopie des Personalausweises des hinterbliebenen Anspruchstellers an.

Arbeitsverhältnis: Informationsaustausch mit Arbeitgeber

Arbeitsvertrag abwickeln

Das Arbeitsverhältnis, in dem der Verstorbene gestanden hat, endet mit dessen Tod. Der Arbeitslohn wird üblicherweise nur bis zum Sterbetag gezahlt, es sei denn, es ergeben sich ausnahmsweise aus dem jeweiligen Tarifvertrag oder einem individuellen Arbeitsvertrag davon abweichende Regelungen. Die Angehörigen sollten in jedem Fall den Arbeitgeber des Verstorbenen über den Todesfall informieren. Sie sollten in diesem Zusammenhang klären, ob und wann sie persönliche Sachen des Verstorbenen an dessen Arbeitsplatz abholen können. Umgekehrt kann es sein, dass die Hinterbliebenen dem Arbeitgeber Unterlagen aus dem Betrieb oder ein Firmenfahrzeug zurückgeben müssen (Muster auf Seite 182).

Sterbe- und Bestattungsgeld

Meist kein Anspruch auf Sterbegeld

Das Sterbegeld der gesetzlichen Krankenversicherung wurde zum 1.1.2004 abgeschafft. Seither haben die Hinterbliebenen keinen Anspruch mehr auf Sterbegeld. War der Verstorbene dagegen Beamter, sollten die Hinterbliebenen zumindest prüfen, ob ein Anspruch auf Beihilfe geltend gemacht werden kann.

Beendigung von Mitgliedschaften und Kündigung von Verträgen

Unnötige Verträge kündigen

Mitgliedschaften in Vereinen, Verbänden und Gewerkschaften enden mit dem Tod. Kündigungen sind hier nicht notwendig (aber auch nicht schädlich). Ratsam sind eine rasche Information der jeweiligen Organisationen, der Widerruf von möglicherweise bestehenden Einzugsermächtigungen sowie die Löschung von Daueraufträgen zur Überweisung von Mitgliedsbeiträgen. Sinnvoll ist es, die Beendigung von Mitgliedschaften bestätigen zu lassen. Auf diese Weise lassen sich Überraschungen in Form von unberechtigten Abbuchungen und unsinnigen Mahnungen vermeiden. Die Erben müssen Verträge über den Telefon- und Internetanschluss (auch Mobiltelefon) sowie Verträge mit Versorgungsunternehmen (Strom, Gas, Wasser, Abwasser) kündigen oder abändern (zum Beispiel auf einen Partner oder Erben umschreiben, der das Haus, die Wohnung oder das Mobiltelefon übernimmt). Hatte der Verstorbene Fernseher und Radio bei der Gebühreneinzugszentrale der Rundfunkanstalten GEZ angemeldet, so kann das Vertragsverhältnis zum Todestag gekündigt werden. Ab 2013 wird die derzeitige Gebühr durch eine „Haushaltsabgabe" ersetzt, die für jeden Haushalt zu zahlen ist, egal, ob Radiogeräte, Fernseher und internetfähige PCs und Smartphones vorhanden sind oder nicht. Ob und von wem nach einem Todesfall für eine Wohnung ab 2013 die Haushaltsabgabe zu zahlen ist, war zum Redaktionsschluss (2011) weder für Eigentums- noch für Mietwohnungen absehbar. Bei Versicherungen ist im Einzelnen zu überlegen, ob eine Kündigung Sinn macht oder nicht. Die Privathaftpflichtversicherung kann sofort rückwirkend zum Todestag gekündigt werden, da der bezweckte Versicherungsschutz nicht mehr zu erreichen ist. Bei anderen Versicherungen – zum Beispiel Gebäude- oder Hausratsversicherung – kommt eine spätere Kündigung – etwa nach Abschluss der Erbauseinandersetzung – oder eine Umschreibung auf eine andere Person in Betracht, die das versicherte Objekt übernimmt (Muster auf Seite 178).

Banken und Sparkassen

Vollmacht über den Tod hinaus erleichtert Abwicklung

Sie sollten die Bank(en) oder die Sparkasse und andere Finanzdienstleister wie Bausparkassen, Wertpapierdepot-Verwalter oder Riester- und Rürup-Rentenanbieter über den Todesfall benachrichtigen. Außerordentlich hilfreich ist es, wenn zum Zeitpunkt des Todes ein Partner, ein Kind oder eine andere Person per Bankvollmacht auf das Girokonto sowie Sparkonten zugreifen kann. In diesem Fall bereitet es – Liquidität vorausgesetzt – keine Schwierigkeiten, Rechnungen zu begleichen, die im Zusammenhang mit dem Todesfall und der Bestattung zu bezahlen sind. Ansonsten ist mit dem Geldinstitut zu klären, ob und wie die Bestattungskosten gegen Vorlage der Rechnungsbelege zu bezahlen sind. Im Einzelfall kann es auch sehr hilfreich sein, wenn die Erben eine Bankvollmacht zu Gunsten einer anderweitigen Person – Partner, Freund, Lebensgefährte widerrufen. Denn der oder die Bevollmächtigte könnte nach dem Sterbefall noch Gelder von den Konten abheben.

Konten recherchieren

Finden sich im Nachlass keine oder lediglich unvollständige Unterlagen über Bankverbindungen oder angelegtes Vermögen, bleibt nur ein Weg: Die Erben müssen sich unter Nachweis ihrer Erbenstellung (durch Vorlage des Testaments nebst Eröffnungsprotokoll oder des Erbscheins) an den Bundesverband deutscher Banken oder den Bankverband mittel- und ostdeutscher Länder e.V. wenden und um Informationen über möglicherweise bestehende Konten des Verstorbenen bitten. Weitere Bankenverbände in den einzelnen Bundesländern können ebenfalls Ermittlungen durchführen. Für die Recherche benötigen die Geldinstitute in der Regel den Geburts- und Familiennamen des Toten, sein Geburtsdatum und den letzten Wohnort. Die jeweiligen Bankenverbände erfragen sodann bei den Geldinstituten, ob bei ihnen Konten, Wertpapierdepots und Schließfächer des Verstorbenen existieren. Bis die ersten Ergebnisse vorliegen, können einige Wochen ins Land gehen. Für die Recherche wird eine Gebühr erhoben, die bei mindestens 20 € liegt. Nicht eingeschlossen in die Recherche ist die Postbank, ein Institut, das aus historischen Gründen nicht Mitglied von Bankenverbänden ist. Zur Vervollständigung der Ermittlung sollte man daher parallel bei der Postbank eine Anfrage starten (Muster auf Seiten 176, 177).

Bausparverträge klären

Um ergänzend abzuklären, ob Bausparverträge abgeschlossen wurden, können die Erben eine Anfrage an den Verband der privaten Bausparkassen e.V. in Berlin schicken, der dann seine Mitglieder um Auskünfte bittet. Bausparkonten bei den Landesbausparkassen (LBS) lassen sich über die regional zuständige Landesbausparkasse (die Zuständigkeit richtet sich nach dem letzten Wohnsitz des Erblassers) ausfindig machen. Sobald der Erbe von der Existenz von Konten, Bausparverträgen oder Ähnlichem erfährt, kann er sich selbstverständlich an das entsprechende Institut direkt wenden und zum einen die genauen Vertragsbedingungen erfragen, zum anderen aber auch Zugriff auf das Vermögen verlangen (Muster auf Seite 183).

Müssen Versicherungen vom Erbfall benachrichtigt werden?

Versicherungen informieren

Insbesondere Lebens- und Unfallversicherungen enthalten in den jeweiligen Verträgen (meist im „Kleingedruckten") Klauseln, die vorschreiben, dass nach einem Todesfall innerhalb kürzester Zeit die Versicherung zu benachrichtigen ist. Oft räumen die Versicherungen ihren Kunden, genauer gesagt den Angehörigen ihrer Kunden, nicht mehr als 24 bis 48 Stunden für eine solche Meldung ein. Auch wenn diese Anforderungen aus der Sicht der Hinterbliebenen als übertrieben anzusehen sind, hat der Versicherer ein Interesse an einer schnellen Benachrichtigung, da er so die Möglichkeit hat, Beweise zur Todesursache zu sichern. Vor allem für Lebensversicherungen ist es von großer Bedeutung, zu erfahren, ob der Versicherungsnehmer Selbstmord begangen hat, vorsätzlich getötet wurde oder auf Grund von Erkrankungen oder bei einem Unfall ums Leben gekommen ist (Muster dazu auf Seiten 175, 177).

Meldung innerhalb von 24 oder 48 Stunden

Um Schwierigkeiten mit der Versicherung – sprich: Leistungsverweigerung – zu vermeiden, sollten die Hinterbliebenen darauf achten, innerhalb der vertragsmäßig festgesetzten Frist eine entsprechende Meldung zu machen. Die Übersendung eines Faxes (Ausdruck mit Fax-Bericht) oder einer E-Mail an eine von der jeweiligen Versicherung bekannt gegebene E-Mail-Adresse (mit der Bitte um eine telefonisch vorbesprochene Eingangsbestätigung) sollte für die erste Meldung ausreichend sein. Es ist empfehlenswert, den dazugehörigen Faxbericht ausgedruckt bei den Unterlagen aufzubewahren. Wer die Meldung per Brief versendet, sollte sicherheitshalber die Versandvariante „Einschreiben gegen Rückschein" wählen. Oft verlangt der Versicherer die Übermittlung der Geburts- und Sterbeurkunde des verstorbenen Versicherungsnehmers sowie ein ärztliches Zeugnis über die Todesursache. Es ist sinnvoll, die Versicherungsbedingungen sehr genau zu studieren und das korrekte Vorgehen bei der Versicherungsgesellschaft gegebenenfalls zusätzlich telefonisch zu erfragen. In manchen Fällen besteht eine „Sterbegeldversicherung", die im Grunde wie eine Lebensversicherung ausgestaltet ist. Da mit dieser Versicherung zumindest anteilig die Bestattungskosten gedeckt werden könnten, macht es auch unter diesem Blickwinkel Sinn, rechtzeitig die entsprechende Versicherungsgesellschaft über den Todesfall zu informieren.

Benachrichtigungsnachweis

Hausrat-, Kranken- und Kfz-Versicherung

Die Hausratversicherung muss in der Regel nicht sofort benachrichtigt werden. Je nach Vertrag endet die Versicherung bis zu zwei Monate nach dem Todesfall. Hier kommt es insbesondere darauf an, eine im Einzelfall erwünschte Weiterführung oder Sonderkündigung des Vertrags zu erreichen. Die Krankenversicherung sollte insbesondere dann benachrichtigt werden, wenn es einen oder mehrere bislang kostenfrei mit dem Verstorbenen versicherte Hinterbliebene gibt, in der Regel der Ehegatte und Kinder. Die Hinterbliebenen können innerhalb von drei Monaten eine freiwillige Mitgliedschaft bei der Krankenversicherung beantragen. Bei einer eventuell bestehenden Kfz-Versicherung ist eine Rücksprache mit der Versicherung in vielen Fällen sinnvoll, denn diese Versicherung endet erst mit der Abmeldung des Fahrzeugs. Ein auf den Verstorbenen angemeldetes Fahrzeug muss möglichst schnell ab- oder umgemeldet werden. Bei der Abmeldung des Fahrzeugs sollten die Familienangehörigen eine eventuell bestehende Möglichkeit auf Übertragung des Schadensfreiheitsrabatts geltend machen. Zur Ummeldung ist ein Erbschein oder ein anderer Nachweis der Erbenstellung erforderlich.

Versicherungen kündigen

CHECKLISTE

Versicherungen

- Lebens- und Unfallversicherungen
- Sterbegeldversicherung
- Hausratversicherung
- Krankenversicherung
- Kfz-Versicherung
- Privathaftpflichtversicherung
- Gebäudehaftpflichtversicherung

Wohin fließt die Zahlung aus einer Lebensversicherung und wie kann man beeinflussen, an wen gezahlt wird?

Zahlungen aus Lebensversicherungsverträgen oder anderen Geldanlagen fallen nicht automatisch in den Nachlass. Immer dann, wenn eine Bezugsberechtigung zu Gunsten eines Dritten besteht und sich zugleich aus dem Versicherungsvertrag ergibt, dass dieser Bezugsberechtigte die Versicherungssumme auf Grund einer Schenkung erhalten soll, ist die auszuzahlende Versicherungssumme nicht dem Nachlass zuzurechnen und fällt damit auch nicht den Erben zu. Die Erben können daher auch keine Ansprüche auf Auszahlung an sich geltend machen. In dieser

Bezugsberechtigten klären

Konstellation wird vielmehr rechtlich unterstellt, dass der Verstorbene noch zu Lebzeiten die von ihm benannte bezugsberechtigte Person beschenkt hat.

Ausschluss des Widerrufrechts

In zwei Konstellationen muss der Erbe sich dem Willen des Erblassers beugen und kann gegen die im Versicherungsvertrag ausgesprochene Bezugsberechtigung zu Gunsten eines Dritten nichts mehr ausrichten:

- Fall Nr. 1: Das Bezugsrecht wurde unwiderruflich eingeräumt.
- Fall Nr. 2: Der Bezugsberechtigte hat das in der Einräumung des Bezugsrechts liegende Schenkungsangebot des Erblassers noch zu dessen Lebzeiten angenommen.

Hat der Bezugsberechtigte zu Lebzeiten des Erblassers dessen Schenkungsangebot noch nicht angenommen, zum Beispiel weil er gar nichts von dem Versicherungsvertrag und dem Bezugsrecht zu seinen Gunsten weiß, und ist das vertraglich eingeräumte Bezugsrecht widerruflich, hat der Erbe noch eine Chance, die Versicherungssumme dem Nachlass zuzuführen. Will der Erbe verhindern, dass der vom Erblasser bestimmte Bezugsberechtigte die Versicherungssumme erhält, muss er sich aber beeilen. Die Versicherungsgesellschaft wird, sobald sie vom Tod des Versicherungsnehmers erfahren hat, auftragsgemäß den Bezugsberechtigten von dem zu seinen Gunsten bestehenden Schenkungsangebot informieren. Nimmt dieser das Angebot an, wird die Versicherungssumme an ihn ausgezahlt. Um dies zu verhindern, muss der Erbe der Versicherung zuvorkommen.

Unverzüglich das Widerrufsrecht ausüben

Kennt der Erbe den konkreten Versicherungsvertrag, kennt er auch die Versicherung, bei der der vom Erblasser erteilte Auftrag zur Übermittlung des Schenkungsangebots an den Bezugsberechtigten widerrufen werden muss. Kennt der Erbe die Versicherung nicht, bleibt ihm nur, ins Blaue hinein Versicherungsgesellschaften zu kontaktieren, von denen er vermutet, dass der Erblasser über diese vielleicht Verträge mit Bezugsberechtigungen errichtet hat, und vorsorglich ein eventuelles Schenkungsangebot zu widerrufen. Hat die Versicherung den Dritten bereits kontaktiert, ist es schon zu spät.

EXPERTENTIPP

Der Erbe sollte die Versicherung schriftlich benachrichtigen. Auch wenn die genauen Bestimmungen im Versicherungsvertrag nicht bekannt sind, sollte der Erbe für den Fall eines eventuell bestehenden Bezugsrechts bereits vorsorglich den vom Erblasser an die Versicherungsgesellschaft erteilten Auftrag widerrufen und den Eintritt des Versicherungsfalls und die Zuwendung der Auszahlungssumme dem Bezugsberechtigten mitteilen. Dem Schreiben sollte sicherheitshalber auch eine bankmäßige Identitätsbescheinigung des Erben beigefügt werden. Wenn eine Bank eine solche bankmäßige Identitätsbescheinigung ausstellt, bestätigt sie, dass der Erbe sich ihr gegenüber mit seinem Personalausweis oder Reisepass ausgewiesen hat und vor einem Bankangestellten auch seine Unterschrift geleistet hat. Die „Unterschriftsprobe" des Erben befindet sich auf der Bestätigung der Bank und erlaubt der Versicherung zu ersehen, dass die Unterschrift auf dem an sie gerichteten Schreiben vom Erben stammt.

Auch andere Verträge als ein Lebensversicherungsvertrag können solche Bezugsrechte beinhalten. Es handelt sich um sogenannte Verträge zu Gunsten Dritter. Das können z. B. Sparverträge oder Riester-Rentenverträge sein. Voraussetzung ist natürlich immer, dass überhaupt eine Bezugsberechtigung vertraglich festgelegt werden konnte. Auch hier ist der Widerruf des Auftrags zur Übermittlung des Schenkungsangebots wie bei einer Lebensversicherung eventuell noch möglich.

Suche nach Versicherungsverträgen

Das Vorhandensein etwaiger Lebensversicherungsverträge sollte auf jeden Fall abgeklärt werden. Finden sich diese nicht offenkundig im Nachlass, sollte zum einen die Hausbank des Erblassers im Rahmen der Prüfung kontaktiert werden und zum anderen Anfragen an die Versicherungsgesellschaften durchgeführt werden, bei denen der Erblasser sonstige Versicherungsverträge abgeschlossen hat. Wer ganz sichergehen will, kann auch alte Kontoauszüge kontrollieren, aus denen sich unter Umständen regelmäßige Zahlungen (beispielsweise per Dauerauftrag oder Lastschrift) an eine Lebensversicherungsgesellschaft ergeben.

Wer übernimmt die Mietwohnung des Erblassers?

Fortsetzung der Miete beim Tod des Mieters

Beim Ableben des Mieters endet das Mietverhältnis nicht einfach von selbst. War eine Wohnung vom Verstorbenen allein angemietet, das heißt, der Mietvertrag nur von ihm unterzeichnet worden, hat der überlebende Ehegatte oder Lebenspartner zu entscheiden, ob er das Mietverhältnis weiterführen will. Sofern er sich dazu entschließt, tritt er nach derzeitigem Mietrecht automatisch in den bestehenden Mietvertrag ein.

Widerspruch gegen die Fortsetzung

Soll das Mietverhältnis nicht mehr weiterlaufen, muss der Ehegatte, Lebenspartner oder eine sonstige Person – zum Beispiel ein unverheirateter Partner – innerhalb eines Monats nach Kenntnis vom Sterbefall dem Vermieter gegenüber den Widerspruch gegen den Eintritt in den bestehenden Mietvertrag aussprechen. Haben mehrere Personen das Recht, in den Mietvertrag einzutreten, können sie unabhängig voneinander ihre Entscheidung treffen. Konsequenz: Der Mietvertrag läuft mit mehreren Mietern weiter, die sich die Miete teilen oder über die Höhe der jeweiligen Zahlungen einigen müssen. Will nur eine der Personen das Mietverhältnis fortsetzen, muss sie alleine die Pflichten aus dem Mietvertrag erfüllen.

EXPERTENTIPP

Ein Sonderfall liegt vor, wenn der Ehegatte oder Partner des Verstorbenen ein oder mehrere Kinder hat. Entscheidet sich in dieser Konstellation der überlebende Ehegatte oder Partner, den Mietvertrag nicht weiterzuführen, so geht das Mietverhältnis auf die im Haushalt lebenden Kinder über. Sollte dies nicht beabsichtigt sein, muss der überlebende Elternteil auch für seine minderjährigen Kinder dem Eintritt in den Mietvertrag widersprechen. Die bereits volljährigen, im Haushalt lebenden Kinder müssen gegenüber dem Vermieter selbst den Widerspruch äußern.

Wollen weder der Ehegatte/Partner noch die gemeinsamen Kinder das Mietverhältnis übernehmen, treten ohne Weiteres andere Familienangehörige oder sonstige Personen in den Mietvertrag ein, wenn sie mit dem Erblasser in einem auf Dauer angelegten gemeinsamen Haushalt gelebt haben. Von diesem Personenkreis ist dann auch der nicht eheliche Partner des Erblassers erfasst. Auch für diese sonstigen Personen gilt, dass sie sich von dem grundsätzlich fortbestehenden Mietverhältnis nur lösen können, wenn sie innerhalb eines Monats ab Kenntnis des Todesfalls gegenüber dem Vermieter einen Widerspruch erklären. Nur für den Fall, dass niemand bereit ist, in das Mietverhältnis einzutreten, werden die Erben zu Mietern.

Kündigungsrecht der Erben

Den Erben steht dann – ebenso wie dem Vermieter – das Recht zu, das Mietverhältnis außerordentlich zu kündigen. Möchten die Erben von diesem Recht Gebrauch machen, müssen sie innerhalb eines Monats nach Kenntnis des Todes und ihres Eintritts in den Mietvertrag die Sonderkündigung aussprechen. Machen die Erben von ihrem Sonderkündigungsrecht Gebrauch, endet das Mietverhältnis mit Ablauf der gesetzlichen Kündigungsfrist. Das bedeutet in der Regel, dass die Kündigung bis zum dritten Werktag eines Monats das Mietverhältnis zum Ablauf des übernächsten Monats beendet (Muster auf Seite 179).

EXPERTENTIPP

Sofern eine Erbengemeinschaft sich entschließt, das Mietverhältnis nicht fortzuführen, sollte die Kündigung entweder von allen Miterben unterschrieben oder von einem Erben im Namen aller Miterben mitgeteilt werden. Im letzteren Fall muss der kündigende Erbe seinem Schreiben Originalvollmachten aller anderen Mitglieder der Erbengemeinschaft beilegen.

Was passiert mit der Mietwohnung beim Tod des Vermieters?

Fortsetzung der Miete beim Tod des Vermieters

Durch den Tod des Vermieters bleibt für den Mieter grundsätzlich alles beim Alten. Die Erben des Vermieters treten automatisch an dessen Stelle als neue Vermieter in den bestehenden Mietvertrag ein. Der Mieter setzt das Mietverhältnis mit den Erben seines ursprünglichen Vermieters fort. Die Erben des Vermieters können genauso wenig wie der Mieter Sonderrechte – etwa ein Recht zur Kündigung des Mietverhältnisses – in Anspruch nehmen. Ein Mieter, der zwar vom Tod seines Vermieters erfährt, aber dessen Erben nicht kennt, hat das Recht, die Mietzahlung einzustellen, ohne dass ihm deshalb die Erben wegen Zahlungsverzugs kündigen können. Sobald der Mieter weiß, wer die Erben sind, ist er verpflichtet, die bis dahin nicht gezahlte Miete nachzuzahlen. Alternativ steht es dem Mieter frei, den geschuldeten Mietzins bei der Hinterlegungsstelle eines Amtsgerichts zu hinterlegen, bis er erfährt, wer den Vermieter beerbt hat.

Probleme bei mehreren Erben des Vermieters

Sofern der Vermieter von mehreren Personen beerbt wurde, muss die Mietzahlung an alle Erben gemeinsam erfolgen, sonst ist sie nicht wirksam. Die unangenehme Folge bei Zahlungen an einzelne Vermieter aus der Erbengemeinschaft: Der Mieter gerät in ungewollten Zahlungsverzug und riskiert die Kündigung. Sind die Erben uneins darüber, wer den Mietzins vom Mieter einziehen soll oder darf, kann jeder der Miterben vom Mieter verlangen, dass er die Miete bei der Hinterlegungsstelle des Amtsgerichts hinterlegt oder an einen gerichtlich bestellten Verwahrer zahlt. Umgekehrt hat der Mieter bei eigenen Ansprüchen gegen den Vermieter gute Karten in der Hand. So kann er bei Ansprüchen gegen den Vermieter, zum Beispiel auf Mängelbeseitigung, von jedem Miterben einzeln die Leistung verlangen.

Bestattung und Grabpflege

Bestattungsrecht ist Ländersache

Eine Bestattung ist frühestens 24 Stunden nach der Ausstellung des Totenscheins möglich. Spätestens nach fünf bis zwölf Tagen muss der Verstorbene beigesetzt sein, die Regelungen in den einzelnen Bundesländern unterscheiden sich hier nur geringfügig. Bei einer Feuerbestattung kann die Urne mit den sterblichen Überresten bis zu sechs Wochen nach dem Todesfall beigesetzt werden. Die mit der Bestattung zusammenhängenden Entscheidungen müssen jedoch alle bereits kurze Zeit nach dem Todesfall erfolgen.

Wer regelt die Beisetzung?

Recht der Totenfürsorge

Für die Totenfürsorge sind die nächsten Angehörigen zuständig, außer nach der Vorsorgevollmacht hat der Bevollmächtigte die Verpflichtung, die Beisetzung durchzuführen. Die nächsten Angehörigen sind nicht immer auch zugleich die Erben des Verstorbenen. Sie haben das Recht und die Pflicht, Sorge für die Bestattung zu tragen. Sie regeln die Beerdigung und lassen bei ihren Entscheidungen die persönlichen Vorstellungen des Verstorbenen einfließen. Nach dem Gesetz sind die „nächsten Angehörigen“ für die Totenfürsorge in dieser Reihenfolge verantwortlich:

- der überlebende Ehepartner
- falls der Verstorbene nicht (mehr) verheiratet war: die volljährigen Kinder
- falls weder Ehepartner noch Kinder existieren: die Eltern
- die volljährigen Geschwister

Erd- oder Feuerbestattung

Die nächsten Angehörigen treffen auch die Entscheidung, ob eine Erd- oder Feuerbestattung vorgenommen wird, sie wählen den Friedhof aus und entscheiden über die Grabstätte (zum Beispiel Familien-, Wahl-, Reihen-, Gemeinschafts-, Wandgrabstätte). Hat der Verstorbene – zum Beispiel per Testament oder Vorsorgevollmacht – konkrete Anordnungen getroffen, wann, wo und wie die Beerdigung vonstattengehen soll, sind die Totenfürsorgeberechtigten an diese Anweisungen gebunden, es sei denn, sie verstoßen gegen geltendes Recht. Die Totenfürsorgeberechtigten bestimmen das Bestattungsinstitut oder beauftragen den Bestattungsdienst der Gemeinde. Sie können auch über die Waschung und Einkleidung des Verstorbenen, den Sarg und seine Ausstattung, die Zeremonie, die Überführung in eine Leichenhalle und andere Details der Bestattung entscheiden.

Was ist bei Bestattungsart und -ort zu beachten?

Grundsätzlich können die nächsten Angehörigen zwischen Erd- und Feuerbestattung wählen. Während für eine Erdbestattung keine weiteren Formalitäten zu erledigen sind, müssen die Angehörigen bei einer Feuerbestattung dem Krematorium eine schriftliche Erklärung vorlegen, aus der hervorgeht, dass der Verstorbene oder sie selbst eine Einäscherung wünschen.

Seebestattung

Für eine Seebestattung müssen sie eine behördliche Genehmigung einholen. Die Angehörigen können zu diesem Zweck einen formlosen, schriftlichen Antrag beim für die Beurkundung des Sterbefalls zuständigen Standesamt stellen. Da in Deutschland Friedhofszwang besteht, können Särge und Urnen ausschließlich auf öffentlichen Friedhöfen beigesetzt werden. Die Auswahl des Grabes und eventuell des Krematoriums ist das Recht der Angehörigen. Gleiches gilt für die Gestaltung des Grabes (Auswahl eines Steinmetzes und Gärtnereibetriebs). Den Termin für die Beerdigung legt die Friedhofsverwaltung fest.

Trauerfeier

Die zur Totenfürsorge berechtigten nächsten Angehörigen (die nicht immer personengleich mit den Erben sein müssen) richten die Details der Bestattungszeremonie und der Trauerfeier meist an den Wünschen und religiösen Überzeugungen des Verstorbenen und eigenen Vorstellungen aus.

Wer trägt die Kosten der Bestattung?

Die Erben haben die Kosten der Bestattung zu tragen. Die Erben können, müssen aber nicht immer gleichzeitig auch die nächsten Angehörigen sein.

Grabpflegekosten

Für die laufenden Kosten der Pflege und Unterhaltung des Grabes sind dagegen nicht die Erben, sondern die Angehörigen zuständig. In vielen Fällen haben die Verstorbenen selbst bereits zu Lebzeiten durch Abschluss eines Bestattungsvorsorgevertrags bei einem Beerdigungsinstitut für die Finanzierung ihrer Bestattung gesorgt. In einem solchen Fall sollte man durch Lektüre des Vertrags und Kontakte zu dem Institut klären, welche Leistungen der Bestatter nun genau erbringen soll. Oft liegt das an den Bestatter zu zahlende Geld auf einem eigens zu diesem Zweck eingerichteten Sperrkonto.

EXPERTENTIPP

Jeder Mensch, der seinen „letzten Willen" niederlegt, sollte sich überlegen, wer einmal die Kosten für die Grabpflege tragen soll. Es ist möglich, einzelnen Erben die Grabpflege im Testament per Auflage zu übertragen.

Da die zur Totenfürsorge berechtigten nächsten Angehörigen die Bestattung in Auftrag geben, kann sich der Bestatter mit seiner Rechnung an sie wenden. Denn die Angehörigen sind die Vertragspartner des Beerdigungsinstituts. Nach der Bezahlung einzelner Rechnungen in punkto Bestattung haben die nächsten Angehörigen die Möglichkeit, die Rechnungen bei der Bank des Verstorbenen gemeinsam mit dem Nachweis des Todesfalls (Sterbeurkunde) vorzulegen. Sofern Geldvermögen im Nachlass vorhanden ist, wird die Bank dann in der Regel die Rechnungen vom Nachlasskonto begleichen. Sinnvoll ist es aber, mit der Bank vorab zu besprechen, ob sie bereit ist, Nachlassmittel zur Bezahlung der anfallenden Bestattungskosten freizugeben. Beerben die zur Totenfürsorge berechtigten nächsten Angehörigen den Verstorbenen nicht, können sie von den Erben eine Erstattung der Bestattungskosten verlangen. (Muster auf Seite 182).

Bestattungskosten bei Nachlassüberschuldung

Stellt sich allerdings heraus, dass der Nachlass überschuldet ist, und schlagen die Erben der Reihe nach die Erbschaft aus, müssen sie auch die Bestattungskosten nicht übernehmen. Nehmen die Erben die Erbschaft an, ist aber zum Ausgleich von Nachlassverbindlichkeiten nicht genug Vermögen vorhanden, können die Erben die Haftung auf das Nachlassvermögen beschränken. Sie haften dann nicht mit ihrem Privatvermögen. Für denjenigen, der die Bestattungskosten getragen hat, bedeutet das unter Umständen, dass er nur einen Teil, im schlechtesten Fall gar nichts von den ihm entstandenen Kosten erstattet bekommt.

EXPERTENTIPP

Wer die Bestattung geregelt und vielleicht sogar bezahlt hat, sollte auf jeden Fall sämtliche Belege sorgfältig aufbewahren. Ein Angehöriger, der nichts erbt, kann gegenüber den Erben Ansprüche auf Erstattung der bezahlten Rechnungen geltend machen – egal, ob die Erben mit der Art der Bestattung und dem damit verbundenen Aufwand einverstanden sind oder nicht. In zahlreichen Fällen gehören die nächsten Angehörigen zu den Miterben oder Pflichtteilsberechtigten. In diesen Fällen können sie auf jeden Fall bei der Aufteilung des Nachlasses unter den Miterben oder bei der Berechnung eines Pflichtteils einen Anspruch auf die per Rechnungsbeleg nachgewiesenen Bestattungskosten geltend machen. Die Bestattungskosten minimieren allerdings ihren Erbteil oder Pflichtteil, da sie vorab abzuziehen sind.

Testament/Erbvertrag im Nachlass

Das Testament des Verstorbenen kann nur dann seine Wirkung entfalten, wenn es beim Nachlassgericht vorgelegt und eröffnet worden ist.

Was ist zu tun, wenn ein Testament aufgefunden wird?

Letztwillige Verfügungen unverzüglich abliefern

Verwandte, Freunde, Bekannte, fremde Menschen – wer immer ein Testament oder Schriftstücke findet, die ein Testament sein könnten – sind verpflichtet, das oder die Dokumente unverzüglich beim nächstgelegenen Amtsgericht abzuliefern. Das Nachlassgericht ist eine Abteilung im Amtsgericht. In Baden-Württemberg hat die Ablieferung bei einem Notariat zu erfolgen. Auch Personen, die ein Testament im Original für den Erblasser verwahrt haben, sind zur Ablieferung beim Amtsgericht oder Notar verpflichtet. Wer dieser Pflicht willentlich nicht nachkommt oder ein für die eigene Person ungünstiges Testament vernichtet, begeht eine Straftat und kann mit Freiheitsstrafe belegt werden.

Zwangsgeldfestsetzung möglich

Zudem kann vom Nachlassgericht Zwangsgeld oder sogar Zwangshaft verhängt werden. Auch wer im Besitz einer Kopie eines notariellen Testaments oder eines Erbvertrags ist, sollte diese Dokumente vorsichtshalber bei Gericht abliefern, obwohl Testamente, die sich in amtlicher Verwahrung befinden, und Erbverträge ohnehin über den amtlichen Weg an das zuständige Nachlassgericht weitergeleitet werden. Ein notarielles Testament ist bereits vom Notar unmittelbar nach dessen Errichtung beim Nachlassgericht hinterlegt worden. Einen bei ihm errichteten Erbvertrag liefert der Notar dagegen erst nach dem Todesfall beim Nachlassgericht ab. Sofern das Gericht, bei dem das Testament abgeliefert wird, selbst örtlich nicht zuständig ist, wird es dennoch die Vorlage beim zuständigen Nachlassgericht herbeiführen.

Jedes Testament ist abzuliefern

Es spielt im Zusammenhang mit der Abgabepflicht keine Rolle, ob ein Testament vom Verstorbenen widerrufen wurde, formungültig, verschlossen oder beschädigt ist. Allein und ausschließlich das Nachlassgericht entscheidet, ob ein Testament insgesamt oder partiell wirksam ist. Es ist auch nicht erforderlich, dass das aufgefundene Schriftstück mit „Testament" oder „Mein letzter Wille" überschrieben ist. Es kommt lediglich auf den Inhalt des Dokuments an. Jedes Dokument, das Regelungen für den Todesfall und die Erbfolge beinhalten könnte, ist abzuliefern – auch Entwürfe, Skizzen, Ideensammlungen, Briefe, Tagebucheintragungen und Dokumente, selbst wenn sie vielleicht nicht mehr im Vollbesitz der geistigen Kräfte niedergelegt wurden. Auch im Ausland errichtete Testamente sind abzuliefern.

EXPERTENTIPP

Wer ein Testament auffindet, sollte es immer persönlich beim Nachlassgericht abgeben. Denn sollte das Testament auf dem Postweg verloren gehen, haftet der Absender. Es ist außerdem ratsam, sich bei der Ablieferung vom Nachlassgericht eine Empfangsbestätigung aushändigen zu lassen. Wer sich dennoch für den Postweg entscheidet, sollte zumindest eine vom Notar beglaubigte Kopie des Testaments anfertigen lassen und zurückbehalten.

Wird in den Unterlagen des Verstorbenen ein Verwahrschein für ein beim Nachlassgericht hinterlegtes Testament aufgefunden, sollte dieser Schein dem Gericht zusammen mit der Sterbeurkunde des Erblassers vorgelegt werden. Das Gericht wird dann das zu Lebzeiten in Verwahrung gegebene Testament aus der amtlichen Verwahrung entnehmen und eröffnen.

Wie läuft eine Testamentseröffnung ab?

Keine Anwesenheitspflicht der Angehörigen

Die Testamentseröffnung erfolgt in allen Bundesländern durch das zuständige Nachlassgericht. Einzige Ausnahme hiervon ist Baden-Württemberg. Dort eröffnen die Notare, allerdings auch in ihrer Funktion als Nachlassrichter. Welches Nachlassgericht örtlich zuständig ist, hängt davon ab, in welchem Bezirk der Verstorbene seinen letzten Wohnsitz hatte. Die Testamentseröffnung selbst ist eher unspektakulär und erfolgt in der Regel als interne Maßnahme des Nachlassgerichts. Auf die Ladung der Erben oder anderer Beteiligter wird zur Vereinfachung des Verfahrens meist verzichtet. Eine Pflicht, bei der Testamentseröffnung anwesend zu sein, besteht ohnehin nicht. Sämtliche Beteiligten bekommen auf dem Postweg das sogenannte Eröffnungsprotokoll mit einer Testamentskopie. Es ist nicht notwendig, einen Antrag auf Eröffnung eines Testaments zu stellen. Dies geschieht von Amts wegen.

Welche Kosten fallen für die Eröffnung eines Testaments an?

Kosten trägt der Erbe

Das Nachlassgericht berechnet gemäß Kostenordnung für die Eröffnung einer Verfügung von Todes wegen (Erbvertrag oder Testament) eine „halbe Gebühr". Die Höhe der Gebühr richtet sich nach dem Nettonachlass, der sich nach Abzug der bestehenden Nachlassverbindlichkeiten ergibt. Hat der Erblasser mehr als eine Verfügung von Todes wegen hinterlassen und erfolgt deren Eröffnung beim selben Nachlassgericht, entsteht nur einmal die Gebühr. Die Kosten für die Eröffnung sind vom Erben zu zahlen.

BEISPIEL

Zu eröffnen ist ein Testament. Der Nettonachlass beläuft sich auf 190.000 €. Eine volle Gebühr würde 342 € betragen. Eine halbe Gebühr beträgt daher 171 €.

Welche Maßnahmen leitet das Nachlassgericht nach einer Testamentseröffnung noch ein?

Wirksamkeitsprüfung

Das Nachlassgericht prüft zunächst nicht, ob eine letztwillige Verfügung wirksam ist. Dies geschieht erst dann, wenn ein Erbscheinsantrag gestellt wird, der sich auf die eröffnete letztwillige Verfügung stützt. Das Gericht versendet an die gesetzlichen Erben und andere Beteiligte wie zum Beispiel Vermächtnisnehmer eine Abschrift des eröffneten Testaments und bittet sie um Stellungnahme.

Ermittlung der Erben

Nur in den Bundesländern Bayern und Baden-Württemberg ermitteln die Nachlassgerichte die Erben des Verstorbenen – also auch die per Testament als Erben eingesetzten Personen – zusätzlich von Amts wegen und senden ihnen die letztwillige Verfügung zu. In allen anderen Bundesländern erfahren die per Testament eingesetzten Erben nur dann von Amts wegen von der Erbschaft, wenn Wohnort und Adresse bekannt sind.

Einsicht in die Nachlassakte

Testamentarisch enterbte gesetzliche Erben erhalten auf Wunsch vom Nachlassgericht Einsicht in die letztwillige Verfügung oder eine Kopie, wenn sie ein rechtliches Interesse (zum Beispiel Anspruch auf Pflichtteil) glaubhaft machen können.

Information des Finanzamts

Das Nachlassgericht verständigt immer auch das für die Erbschaftsteuer zuständige Finanzamt über den Todesfall. Das Finanzamt weiß zwar schon vom Standesamt, das den Sterbefall beurkundet hat, von einem Todesfall. Das Nachlassgericht übermittelt dem Finanzamt aber zusätzlich beglaubigte Kopien der bei ihm eröffneten Verfügungen von Todes wegen mit einer Niederschrift über die Eröffnungsverhandlung, der Kopie eines erteilten Erbscheins sowie eines eventuell ausgestellten Testamentsvollstreckerzeugnisses. Auch andere Dokumente, die Hinweise auf den Umfang des Nachlasses und nicht zuletzt die Erben ergeben, an die sich das Finanzamt mit seinen Steuerforderungen wenden kann, werden übermittelt.

Annahme und Ausschlagung der Erbschaft

Kurze Ausschlagungsfrist von 6 Wochen

Mit Zugang des Protokolls über die Testamentseröffnung beim jeweiligen Erben beginnt eine höchst bedeutsame Frist, die sechswöchige Ausschlagungsfrist. Bei gesetzlicher Erbfolge beginnt die Frist mit dem Wissen, Erbe geworden zu sein. Innerhalb von nur sechs Wochen muss ein Erbe entscheiden, ob er die Erbschaft annimmt und sämtliche mit ihr verbundenen Rechte und Verpflichtungen übernehmen will oder nicht.

Muss die Erbschaft ausdrücklich angenommen werden?

Erbschaftsannahme nicht erforderlich

Mit dem Tod des Erblassers fällt den gesetzlichen oder in einer „Verfügung von Todes wegen“ (Testament oder Erbvertrag) eingesetzten Erben der Nachlass ohne ihr Zutun an, unabhängig davon, ob sie vom Todesfall oder der Erbschaft erfahren oder nicht. Vom Anfall der Erbschaft an beziehungsweise bei letztwilliger Verfügung ab dem Zeitpunkt der Kenntnis von deren Eröffnung durch das Nachlassgericht, steht es dem Erben frei, die ihm angefallene Erbschaft innerhalb von sechs Wochen auszuschlagen. Bis zum Ablauf der Frist ist er nur vorläufiger Erbschaftsinhaber. Ist diese Frist abgelaufen, ohne dass der Erbe die Erbschaft ausgeschlagen hat, oder hat er die Annahme der Erbschaft ausdrücklich oder schlüssig erklärt, erwirbt er die Erbschaft endgültig. Es ist also in Deutschland nicht – wie in anderen Ländern – eine ausdrückliche Annahme der Erbschaft erforderlich.

Wie kann die Erbschaft angenommen werden?

Erbschaftsannahme auch schlüssig möglich

Es gibt keine Formvorschrift, wie eine Erbschaft angenommen werden soll. Es ist ausreichend, wenn der Erbe durch seine Handlungen oder Erklärungen deutlich zum Ausdruck bringt, die Erbschaft behalten zu wollen. Dies kann zum Beispiel durch Stellung eines Erbscheinantrags, die Aussage, Erbe des Verstorbenen zu sein, oder durch Veräußerung zum Nachlass gehörender Gegenstände geschehen (dies sollte jedoch erst nach Bezahlung der Schulden und im Einvernehmen mit anderen Erben stattfinden). Wer lediglich Informationen zum Umfang des Nachlasses und den bestehenden Nachlassverbindlichkeiten einholt, nimmt jedoch noch nicht die Erbschaft an. Die Erbschaft kann nur als Ganzes angenommen werden, eine Beschränkung auf einzelne Teile der Erbschaft ist nicht möglich. Auch die Annahme der Erbschaft unter einer Bedingung oder nur auf Zeit ist ausgeschlossen.

In manchen Fällen können die potenziellen Erben auf Grund großer Unsicherheiten in Bezug auf unbekannte Schulden und schwer kalkulierbare Vermögenswerte innerhalb der sechswöchigen Ausschlagungsfrist kaum entscheiden, ob sie die Erbschaft annehmen oder ausschlagen. Eine Verlängerung der sechswöchigen Ausschlagungsfrist ist nicht möglich! Eine Ausschlagung aus Sorge über eine mögliche Verschuldung kann sich ebenso nachträglich als ein Fehler herausstellen wie die Annahme eines überschuldeten Nachlasses. Nun kommt es darauf an, mit einem versierten Fachanwalt für Erbrecht die notwendigen Schritte zu planen und umzusetzen.

Keine Verlängerung der Ausschlagungsfrist

EXPERTENTIPP

Es ist nicht ratsam, sogleich einen Erbschein zu beantragen, denn schon die Antragstellung ist als Annahme der Erbschaft zu verstehen und zieht rechtliche Konsequenzen nach sich.

Ist die Annahme der Erbschaft bindend?

Sobald die Erbschaft angenommen wurde, ist eine Ausschlagung nicht mehr möglich. Dennoch gibt es im Nachhinein Wege, sich der Erbschaft zu entledigen, wenn zum Beispiel nach Annahme der Erbschaft eine vorher nicht offensichtliche Überschuldung zutage tritt. Um sich von der Erbschaft zu lösen, muss in einem solchen Fall die Anfechtung der Annahme erfolgen, die im Ergebnis vom Gesetz als Ausschlagung der Erbschaft interpretiert wird. Voraussetzung für eine wirksame Anfechtung ist aber immer das Vorliegen eines Anfechtungsgrundes. Auch die Anfechtung muss innerhalb einer Frist von sechs Wochen erfolgen (nachdem der Erbe von dem Anfechtungsgrund erfahren hat). Der Erbe muss die Anfechtungserklärung gegenüber dem zuständigen Nachlassgericht oder in öffentlich beglaubigter Form, d.h. durch Beurkundung der Erklärung vor einem Notar, abgeben. Die Anfechtung einer Annahmeerklärung ist nur in ganz wenigen Ausnahmefällen möglich.

Rückgängigmachung der Annahme nur in Ausnahmefällen

Ist eine Ausschlagung nicht mehr möglich und verspricht auch die Anfechtung der Annahme der Erbschaft keinen Erfolg, bleibt als letztes Mittel die Herbeiführung der beschränkten Erbenhaftung. Damit wird die Haftung für bestehende Nachlassverbindlichkeiten auf den Umfang des Nachlasses begrenzt. Der Erbe mit beschränkter Erbenhaftung haftet gegenüber den Gläubigern nur noch mit dem Nachlass, nicht jedoch mit seinem Privatvermögen. Im schlimmsten Fall verliert er die gesamte Erbschaft, doch sein eigenes Eigentum bleibt unangetastet. Ob die Berufung auf eine beschränkte Erbenhaftung noch möglich ist und was getan werden muss, um sie noch herbeizuführen, sollte auf jeden Fall mit rechtsanwaltlicher Unterstützung geklärt werden.

Schutz des Privatvermögens vor Nachlassgläubigern

Wie kann der Erbe die Erbschaft ausschlagen?

Hat ein Erbe die Entscheidung getroffen, das Erbe auszuschlagen, muss er dies entweder zur Niederschrift des Nachlassgerichts oder in öffentlich beglaubigter Form vor einem Notar erklären, der die Ausschlagungserklärung dann an das Nachlassgericht weiterleitet. Andere Mitteilungsformen, so etwa Fax oder E-Mail an das Gericht, sind nicht rechtswirksam! Mit der Annahme der Erbschaft verliert der Erbe sein Recht, die Erbschaft auszuschlagen – auch innerhalb der sechswöchigen Frist. Es ist daher von elementarer Bedeutung, sich möglichst rasch einen Überblick über das Vermögen und die Schulden im Nachlass zu verschaffen und im Anschluss eine Entscheidung zu treffen. Wer nach einer Woche die Erbschaft in der Erwartung großen Reichtums annimmt (zum Beispiel durch den Antrag auf einen Erbschein) und dann feststellt, dass die Schuldenberge viel höher sind als die Vermögenswerte, kann nach fünf Wochen die Erbschaft nicht mehr ausschlagen. Die Ausschlagungsfrist beträgt fast immer nur sechs Wochen, in zwei Fallkonstellationen jedoch nicht: Hatte der Erblasser seinen letzten Wohnsitz im Ausland oder der Erbe selbst sich zu Beginn der Ausschlagungsfrist im Ausland aufgehalten, gewährt das Gesetz die längere Ausschlagungsfrist von sechs Monaten (Muster auf Seite 185).

Ausschlagung formbedürftig

Vorsicht bei minderjährigen Erben

Für ein minderjähriges Kind müssen beide Elternteile als gesetzliche Vertreter die Ausschlagung der Erbschaft erklären. Nur dann, wenn ein Elternteil das alleinige Sorgerecht innehat, kann er diese Erklärung ohne den anderen Elternteil abgeben. Das Familiengericht muss die Ausschlagung genehmigen, wenn der Minderjährige seine Erbenstellung nicht durch die zuvor erfolgte Ausschlagung eines Elternteils erlangt hat. Nur in diesem Fall ist das Familiengericht heranzuziehen.

Was geschieht, wenn ein Erbe ausgeschlagen hat?

Keine Teilausschlagung

Nun beginnt für die Person, die nach dem Testament oder Gesetz stattdessen als Erbe infrage kommt, erneut eine Ausschlagungsfrist zu laufen. Diese erneute Frist beginnt spätestens mit der Nachricht des Nachlassgerichts an ihn, Erbe geworden zu sein. Ob die Erbschaft form- und fristgerecht ausgeschlagen wurde, prüft das Nachlassgericht erst in einem „Erbscheinsverfahren". Eine Beschränkung der Ausschlagung auf einzelne Nachlassgegenstände ist nicht möglich, es kann immer nur die Erbschaft als Gesamtheit ausgeschlagen werden. Ebenso wie eine Annahme der Erbschaft kann auch ihre Ausschlagung nicht unter einer Bedingung oder mit einer zeitlichen Begrenzung erklärt werden. Die Kosten für die Abgabe einer Ausschlagungserklärung belaufen sich auf eine Viertelgebühr, berechnet vom Nettowert des Nachlasses und sind von dem Ausschlagenden zu tragen. Die Gebühr beträgt allerdings mindestens 10 €.

BEISPIEL

Der nach Abzug der bestehenden Schulden verbleibende Nachlass beläuft sich auf 100.000 €. Die nach der Kostenordnung anfallende volle Gebühr würde 207 € betragen. Da für die Erklärung der Ausschlagung aber nur eine Viertelgebühr erhoben wird, hat der Ausschlagende einen Betrag von 51,75 € zu zahlen.

EXPERTENTIPP

Die Ausschlagungserklärung zieht in der Regel nicht nur den Verlust des Erbrechts, sondern auch des Pflichtteilsrechts nach sich. Die Entscheidung, auszuschlagen, sollte daher vor dem Hintergrund zur Verfügung stehender gesetzlicher Haftungsbegrenzungsmöglichkeiten sorgsam geprüft werden.

Kann die Erbausschlagung widerrufen werden?

Kein Widerruf der Ausschlagung

Ist die Erklärung, mit der ein Erbe seine Ausschlagung mitteilt, beim Nachlassgericht eingegangen, ist ein Widerruf nicht mehr möglich. Die Ausschlagung führt dazu, dass die Erbschaft nun automatisch den Personen zukommt, die zu Erben berufen wären, wenn der Ausschlagende zur Zeit des Erbfalls selbst nicht mehr gelebt hätte. Nur in Ausnahmenfällen kann ein Erbe, der bereits die Ausschlagung der Erbschaft mitgeteilt hat, seine eigene Entscheidung anfechten. Die Voraussetzung ist auch hier die Existenz eines Anfechtungsgrundes, der zunächst nicht bekannt war. Die Anfechtung muss innerhalb von sechs Wochen nach Kenntnis des Anfechtungsgrundes unmittelbar vor dem Nachlassgericht oder in öffentlich beglaubigter Form vor einem Notar erklärt werden. Die erfolgreiche Anfechtung der Ausschlagung bewirkt dann die Annahme der Erbschaft.

Wie wird ein Vermächtnis angenommen oder ausgeschlagen?

Das „Vererben" und das „Vermachen" sind im Volksmund dieselbe Sache, nach dem Bürgerlichen Gesetzbuch (BGB) jedoch zwei komplett unterschiedliche Vorgänge. Ein Erbe erhält den Nachlass (die Erbschaft), ein Vermächtnisnehmer nur einen Anspruch gegen den Erben auf Zuwendung eines bestimmten Vermögensvorteils. Mit einem Testament kann man einen oder mehrere Erben einsetzen und Vermächtnisse zu Gunsten einzelner Personen (auch Erben) anordnen. Vermächtnisse schmälern die Erbschaft und sind an die „Vermächtnisnehmer" auf deren Verlangen zu übergeben oder auszuzahlen, nur der restliche Nachlass gehört dann dem oder den Erben. Ein Vermächtnisnehmer ist frei in der Entscheidung, den ihm zugewandten Vermögensvorteil anzunehmen oder nicht. Er kann die Ausschlagung des Vermächtnisses aber erst nach Eintritt des Erbfalls erklären. Weder Annahme noch Ausschlagung des Vermächtnisses sind an eine bestimmte Form gebunden. Eine Erklärung gegenüber dem Erben, den Vermächtnisgegenstand erhalten zu wollen oder abzulehnen, ist ebenso möglich wie schlüssiges Verhalten, zum Beispiel die Entgegennahme eines vermachten Gegenstands (Muster auf Seite 184).

Sicherung des Nachlasses

Unmittelbar nach einem Todesfall ist der Nachlass oft stark gefährdet. Häufig haben einzelne Personen – Lebenspartner, ambulante Pflegekräfte, Freunde, Miterben – Zugang zu der Wohnung des Verstorbenen und Zugriff auf Konten. Die Gefahr, dass Wertgegenstände entwendet oder Konten abgeräumt werden, ist in dieser Zeit am größten.

Unverzüglich Maßnahmen zur Nachlasssicherung einleiten

Es ist daher von elementarer Bedeutung, dass die Erben und die nächsten Angehörigen unverzüglich Maßnahmen ergreifen, um das zu verhindern. Um die Sicherung des Nachlasses haben sich – je nach Situation im Einzelfall – das Nachlassgericht, ein etwaiger Testamentsvollstrecker oder ein vom Gericht bestellter Nachlasspfleger zu kümmern. Die wichtigsten Sicherungsmaßnahmen: Aufforderung zur Rückgabe überlassener Wohnungsschlüssel, Austausch von Türschlössern, Absprachen und Vereinbarungen mit Mitbewohnern des Verstorbenen, sichere Verwahrung von Wertgegenständen und Bargeld, Widerruf von Bankvollmachten, Vernichtung von Kredit- und Bankkarten, Sperrung von Konten.

Wann besteht Bedarf an einer Sicherung des Nachlasses?

Unbekannte Erben

Das Nachlassgericht ist verpflichtet, von Amts wegen Sicherungsmaßnahmen für den Nachlass in die Wege zu leiten, wenn der Bestand des Nachlasses gefährdet oder der Erbe unbekannt ist. Im ersten Fall ist der Bestand des Nachlasses jedenfalls dann gefährdet, wenn sich weder ein (vorläufiger) Erbe noch ein Testamentsvollstrecker oder ein Nachlassverwalter um die Belange des Nachlasses kümmert. In der Regel besteht keine Gefährdung des Nachlasses, wenn ein Testamentsvollstrecker sein Amt aufgenommen hat oder ein vertrauenswürdiger vorläufiger Erbe Sicherungsmaßnahmen ergreifen kann.

Unklare Rechtslage

Der zweite Fall – unbekannter Erbe – liegt in der Regel auch dann vor, wenn aus tatsächlichen oder rechtlichen Aspekten ungewiss oder unbekannt ist, ob ein bekannter Erbe die Erbschaft annehmen wird oder nicht. Es kommt jedoch vor, dass das Nachlassgericht einen testamentarisch benannten Erben mit erheblichen Anstrengungen, vielleicht auch im Ausland, suchen muss. Auch bei der gesetzlichen Erbfolge kann es sein, dass das Gericht die nächsten Angehörigen durch mühevolle Recherchen auffinden und verständigen muss.

Welche Maßnahmen kommen zur Sicherung des Nachlasses in Betracht?

Kurz nach dem Erbfall sollten sich die nächsten Angehörigen um die Sicherung des Nachlasses kümmern, denn in den meisten Fällen – nicht immer – sind sie auch die Erben, die ein Interesse daran haben, dass weder Geld noch Gegenstände verschwinden.

Bestandsaufnahme

Eine gemeinsame Bestandsaufnahme der Wertgegenstände und Kontostände, fotografische Total- und Detailaufnahmen der Nachlassgegenstände, eine Absprache zum weiteren Vorgehen und zur Verteilung von Aufgaben sowie die Benennung eines für die finanziellen Dinge verantwortlichen und rechenschaftspflichtigen Miterben können sinnvolle Elemente einer durchdachten Nachlasssicherung sein. Die nächsten Angehörigen sollten unmittelbar nach Eintritt des Todesfalls dafür sorgen, dass unbefugte Personen das Haus oder die Wohnung des Verstorbenen nicht mehr alleine betreten können. Freunde, Nachbarn und auch ambulantes Pflegepersonal verfügen häufig bis zum Todesfall über einen Schlüssel, sollten jedoch danach keinen Zutritt mehr haben.

Hinterlegung wertvoller Nachlassgegenstände

Befinden sich in der Wohnung des Erblassers wertvolle Gegenstände wie Kunstwerke oder Schmuck, sollten diese an sicherer Stelle hinterlegt werden. Auf Antrag können die mutmaßlichen oder tatsächlichen Erben bestimmte kleinere Gegenstände bei der Hinterlegungsstelle des Amtsgerichts abgeben. Die Hinterlegungsstelle nimmt Urkunden, Zahlungsmittel und Wertgegenstände wie Uhren und Schmuck an und quittiert die Annahme. Größere Gegenstände, so etwa ein Auto oder Antiquitäten, sollten vor dem Zugriff unbefugter Personen geschützt werden. Je nach Einzelfall genügt hierfür schon der Austausch des Wohnungsschlosses oder die sichere Verwahrung eines Autoschlüssels.

Sicherung von Bankkonten

Sehr wichtig ist die Sicherung der Bankkonten. Die nächsten Angehörigen und Erben können die Konten des Verstorbenen sperren und eventuell bestehende Bankvollmachten sowie Einzugsermächtigungen vorsorglich widerrufen. Auch wenn bestimmte Personen sich kurz nach dem Erbfall gegenüber der Bank auf Grund eines noch nicht erteilten Erbscheins oder eines noch nicht vorliegenden Eröffnungsprotokolls nicht als Erben legitimieren können, sollten sie der Bank gegen deren Bestätigung oder unter Zeugen am besten vor Ort mitteilen, dass sie aus ihrer Sicht Erben geworden sind. Sie sollten in diesem Zusammenhang Dokumente zur wahrscheinlichen Erbenstellung vorlegen: Personenstandsurkunden (Geburts- und Heiratsurkunde), die die Verwandtschaft oder Ehe belegen oder ein Testament oder einen Erbvertrag. Die Bank wird dann im eigenen Interesse nicht mehr zulassen, dass Bevollmächtigte und andere Personen auf das oder die Konten zugreifen, um sich selbst vor späteren Schadenersatzansprüchen zu schützen. Hatte der Erblasser eine Person seines Vertrauens mit einer Vorsorgevollmacht ausgestattet, die diese auch zum Zugriff auf Konten des Erblassers nach dessen Tod berechtigt, kann der Erbe (auch ein Miterbe einer Erbengemeinschaft), ein vom Verstorbenen eingesetzter Testamentsvollstrecker oder ein vom Nachlassgericht bestellter Nachlasspfleger die Vorsorgevollmacht wie jede andere vom Erblasser erteilte Vollmacht widerrufen. Dies ist auch gegen den Wunsch des Erblassers möglich.

Einzahlung von Bargeld

Soweit noch Bargeld beim Verstorbenen (beispielsweise in dessen Geldbörse) oder in dessen Wohnung aufgefunden wird, ist es empfehlenswert, dieses auf ein bestehendes Konto des Verstorbenen einzuzahlen. Es hängt vom Umfang des Nachlasses ab, ob und welche Sicherungsmaßnahmen sinnvollerweise durchgeführt werden sollten. Jede Person, die Sicherungsmaßnahmen vornimmt, sollte sich im eigenen Interesse selbst absichern. Um nicht in den Verdacht zu geraten, sich Nachlassgegenstände angeeignet zu haben, ist es ratsam, die Sicherung des Nachlasses so weit wie möglich mit einer, am besten zwei anderen Personen durchzuführen, die jeweiligen Handlungen zu dokumentieren und die Hinterlegungsorte für einzelne Nachlassgegenstände schriftlich festzuhalten.

Kontensperrung

Bei gefährdetem Nachlass oder unbekanntem Erben sorgt das Nachlassgericht für die Sperrung von Konten, eine Kennzeichnung von Nachlassgegenständen und die Hinterlegung von Geld, Wertpapieren und anderen wertvollen Gegenständen. Das Gericht kann darüber hinaus den Verkauf verderblicher Sachen anordnen.

Einsetzung eines Nachlasspflegers

Häufig entschließt sich das Nachlassgericht aber, eine „Nachlasspflegschaft" anzuordnen. Der eingesetzte Nachlasspfleger sorgt dann dafür, dass der vorhandene Nachlass ordnungsgemäß verzeichnet und gesichert wird. Selbstverständlich wird auch in diesem Zusammenhang die Sperrung von Nachlasskonten veranlasst.

Welchen Zweck hat eine Nachlasspflegschaft?

Nachlasspfleger

Der vom Nachlassgericht bestellte Nachlasspfleger hat in der Regel nicht nur die Erben zu ermitteln, sondern agiert auch als deren gesetzlicher Vertreter. Unter der Aufsicht des Gerichts sorgt er dafür, dass das Eigentum des Verstorbenen ordnungsgemäß verzeichnet und gesichert wird. Er verwaltet die Erbschaft bis die Erben gefunden sind bzw. feststehen und händigt ihnen den Nachlass dann aus.

Welche Pflichten hat der Nachlasspfleger?

Ein Nachlasspfleger hat auch den oder die unbekannten Erben ausfindig zu machen. Zudem verwaltet er den vorhandenen Nachlass, nimmt ihn in Besitz und legt dem Nachlassgericht ein Nachlassverzeichnis vor. Soweit das Gericht im Einzelnen keine freie Handlungsbefugnis gewährt hat, ist der Nachlasspfleger auf die gerichtliche Genehmigung seiner Aktivitäten angewiesen. Er kann in diesem Fall nur nach der Einschaltung des Gerichts Forderungen begleichen, Wertpapiere verkaufen, Geld von den Bankkonten abheben, Bürgschaften übernehmen oder Prokura erteilen. Gleiches gilt bei der Ausschlagung einer Erbschaft für die unbekannten Erben. Für Verfügungen über Grundstücke muss der Nachlasspfleger immer eine Genehmigung einholen – also auch dann, wenn das Gericht ihm freie Handlungsbefugnis eingeräumt hat.

Keine Nachlassteilung

Die Teilung des Nachlasses liegt nicht im Aufgabenbereich des Nachlasspflegers. Sobald die Erben das Erbe angenommen haben, ist es ihre Sache, sich auseinanderzusetzen. Die Nachlasspflegschaft endet meist mit der Übergabe des Nachlasses an den oder die Erben.

Der Erbscheinsantrag

Welchen Zweck hat der Erbschein?

Legitimation des Erben

Der Erbschein ist ein vom Nachlassgericht auf Antrag ausgestelltes amtliches Zeugnis. Es weist eine Person oder eine Erbengemeinschaft als Erben aus. Formen des Erbscheins sind der Alleinerbschein (den nur ein einzelner Erbe erhält), der gemeinschaftliche Erbschein (für eine Erbengemeinschaft) und der Teilerbschein für den spezifischen Erbteil eines von mehreren Erben. Der Erbschein ermöglicht dem oder den Erben, über den Nachlass des Verstorbenen zu verfügen. Hat der Erblasser lediglich ein privatschriftliches oder unklares notarielles Testament hinterlassen, wird immer dann ein Erbschein benötigt, wenn zum Nachlass Grundbesitz oder Eigentumswohnungen gehören, da der Verkauf von Immobilien und die Änderung von Grundbucheinträgen dann nur unter Vorlage eines Erbscheins möglich sind. Bei mobilen Gegenständen wie Sammlungen, Schmuck oder Autos benötigen die Erben zum Verkauf und zur Erbauseinandersetzung keinen Erbschein, wenn der Käufer von den Erben nicht verlangt, den Erbschein zu sehen. Dagegen fordert eine Bank oder Sparkasse in der Regel bei größeren Transaktionen im Zuge der Erbauseinandersetzung sowie zur Auflösung von Konten und Wertpapierdepots einen Erbschein.

Nur dann, wenn ein notarielles Testament vorgelegt werden kann, aus dem sich die Erbenstellung eindeutig ergibt, kann nach den Geschäftsbedingungen der Banken und der Rechtsprechung die Vorlage eines Erbscheins entbehrlich sein.

EXPERTENTIPP

Da ein Erbschein Geld kostet, sollte man das Gespräch mit der Bank suchen, um herauszufinden, ob ein Erbschein überhaupt erforderlich ist. Bei einem geringfügigen Guthaben auf dem Konto besteht die Bank möglicherweise nicht auf der Vorlage eines Erbscheins. In etlichen Fällen genügt die Vorlage der beglaubigten Ablichtung des eröffneten Testaments mit dem offiziellen Eröffnungsprotokoll des Nachlassgerichts. Dies ist vor allem dann der Fall, wenn der oder die Erben bei der Bank eine „Haftungsfreistellungserklärung" unterzeichnen, die der Bank Sicherheit gibt.

Wer im Besitz eines Erbscheins ist, kann vom Konto des Verstorbenen Geld abheben und zum Nachlass gehörende Gegenstände verkaufen oder versteigern. Auch der Verkauf von Immobilien ist damit möglich. Der Alleinerbschein ist der Nachweis für den Erben, dass er und keine andere Person berechtigt ist, die Erbschaft anzutreten.

Miterben können nur gemeinsam verfügen

Bei einer Erbengemeinschaft genügt ein Erbschein nicht, um über das Erbe zu verfügen. Die Erben müssen sich über den Verkauf und die Verteilung von Gegenständen sowie Geldbeträgen grundsätzlich einigen, bevor rechtsgültige Geschäfte abgeschlossen werden können. Ein einzelner Miterbe aus einer Erbengemeinschaft kann nur mit der Vollmacht oder der Unterschrift aller anderen Miterben gültige Rechtsgeschäfte mit anderen Personen über Nachlassgegenstände abschließen.

Der Erbschein selbst ist ein vom zuständigen Nachlassgericht ausgestelltes Zeugnis, dem das Bürgerliche Gesetzbuch die „Vermutung der Richtigkeit" attestiert. Wer mit dem Inhaber eines Erbscheins Geschäfte abwickelt, kann darauf vertrauen, dass der Inhalt des Erbscheins richtig ist, die Geschäfte rechtmäßig erfolgen und Bestand haben werden. Der Käufer, zum Beispiel eines Autos, kann davon ausgehen, dass es sich um ein wirksames Geschäft handelt.

BEISPIEL

Ein Sohn wurde von seinem Vater in einem handschriftlichen Testament als dessen Erbe eingesetzt. Der Sohn erhält auf dieser Grundlage einen Erbschein. Zum Nachlass gehört ein Pkw, den er verkauft. Dem Käufer legt er seinen Erbschein vor, der ihn als Erben ausweist. Nach einem halben Jahr taucht ein später errichtetes Testament auf, in dem seine Schwester zur Alleinerbin eingesetzt wurde. Der ursprüngliche Erbschein war also falsch. Da der Sohn sich gegenüber dem Käufer mit einem Erbschein legitimiert hatte, ist der Käufer nun nicht verpflichtet, den Pkw an den wirklichen Erben, also die Tochter des Verstorbenen, zurückzugeben. Weil er vom zutreffenden Inhalt des Erbscheins ausgehen konnte, darf der Käufer das Auto behalten.

Vollmacht über den Tod hinaus

Ein Erbscheinsantrag ist nicht erforderlich, wenn zum Nachlass weder Bankvermögen noch eine Immobilie gehört. Hat ein Erbe eine über den Tod des Erblassers hinaus oder ab diesem Zeitpunkt geltende Vollmacht für das Konto des Verstorbenen, benötigt er ebenfalls keinen Erbschein. Dies gilt auch dann, wenn der Erblasser und dessen Erbe, meist der Ehegatte, ein Oder-Konto hatten. Der überlebende Erbe kann dann ohne Erbschein weiter über das Konto verfügen.

Wer kann einen Erbschein beantragen?

Antragsberechtigung

Jeder, der annimmt, Erbe einer verstorbenen Person geworden zu sein, kann einen Erbscheinsantrag stellen. Ob diese Annahme berechtigt ist oder nicht, wird im Verfahren auf Erteilung des Erbscheins vom Nachlassgericht ermittelt. Hat der Verstorbene über seinen „letzten Willen" Testamentsvollstreckung angeordnet, kann der Testamentsvollstrecker für den oder die Erben einen Erbschein beantragen und innerhalb der ihm zugewiesenen Aufgabe und Fristen stellvertretend für die Erben Rechtsgeschäfte abschließen. Auch ein Vorerbe kann einen Erbscheinsantrag stellen, der Nacherbe wird erst bei Eintritt des Nacherbfalls (in der Regel mit dem Tod des Vorerben) antragsberechtigt. Bei einer Erbengemeinschaft reicht es aus, wenn ein Miterbe den Erbschein beantragt. In dem Antrag muss er jedoch erklären, dass auch die anderen Miterben die Erbschaft angenommen haben.

Teilerbschein

Jeder Miterbe kann für sich ohne Absprache mit den anderen Erben einen „Teilerbschein" beantragen, der dann nur den Erbanteil des Antragstellers am Nachlass ausweist. Mit diesem Teilerbschein kann der Antragsteller Auskünfte über den Nachlass – zum Beispiel bei Banken – einholen, jedoch keine Rechtsgeschäfte für die Erbengemeinschaft insgesamt abwickeln (keine Verfügung über Konten, keine Verkäufe, keine Immobiliengeschäfte). Nachlassverwalter oder Nachlassinsolvenzverwalter haben ebenfalls das Recht, einen Erbschein zu beantragen. Sogar ein Nachlassgläubiger, der bereits im Besitz eines rechtskräftigen Urteils ist, kann einen Erbscheinsantrag stellen und damit seine Forderungen gegenüber der Bank, den Versicherungen und den anderen Erben durchsetzen. Pflichtteilsberechtigte und Vermächtnisnehmer sind nicht antragsberechtigt.

Wo wird der Erbschein beantragt?

Zuständiges Nachlassgericht

Personen, die glauben, rechtmäßige Erben zu sein, können ihren Antrag auf Erteilung eines Erbscheins persönlich beim nächstgelegenen Nachlassgericht, bei dem Nachlassgericht, in dessen Bezirk der Verstorbene seinen letzten Wohnsitz hatte, oder bei einem Notar an jedem beliebigen anderen Ort stellen. Der Notar leitet den Antrag an das zuständige Nachlassgericht weiter. Nur in Baden-Württemberg haben allein die Notare die Aufgabe, Anträge auf Erteilung eines Erbscheins entgegenzunehmen. Das zuständige Nachlassgericht ist immer dasjenige Gericht, in dessen Bezirk der Erblasser seinen letzten inländischen Wohnsitz hatte. Nur dann, wenn der Verstorbene in Deutschland zum Zeitpunkt seines Todes keinen Wohnsitz hatte, ist das Nachlassgericht zuständig, in dessen Bezirk der Erblasser seinen letzten Aufenthaltsort hatte. Sollte der Erblasser mehr als einen Wohnsitz im Inland gehabt haben, ist das Nachlassgericht zuständig, das mit der Sache zuerst befasst war. Nur für den Fall, dass der Erblasser keinen Wohnsitz oder Aufenthaltsort im Inland hatte, ist das Amtsgericht Schöneberg in Berlin (Grunewaldstr. 66–67, 10823 Berlin-Schöneberg) für die Bearbeitung des Erbscheinantrags zuständig.

Welche Angaben sind im Erbscheinsantrag zu machen und welche Unterlagen vorzulegen?

Notwendige Unterlagen

Zunächst muss sich der Antragsteller gegenüber dem Nachlassgericht oder dem Notar selbst legitimieren. Er muss daher einen gültigen Personalausweis oder Reisepass vorlegen. Weiter muss er erklären, aus welchem Grund (gesetzliche oder „testamentarische“ Erbfolge) er glaubt, Erbe zu sein. Alle Dokumente, die belegen können, dass die behauptete Erbenstellung tatsächlich existiert, sind in diesem Zusammenhang von Wert und können dem zuständigen Gericht bzw. dem Notar die Arbeit erleichtern. Der Inhalt des Erbscheins beschränkt sich auf die Person des Erblassers, Angaben zu den Erben und die jeweiligen Erbquoten. Sinnvoll ist es, dem Gericht oder Notar Personen zu benennen, die von der Erbfolge ausgeschlossen wurden oder vorverstorben sind. Im letzteren Fall können Personenstandsurkunden (Sterbeurkunde, Geburtsurkunde) im Original die Behauptung belegen.

Eidesstattliche Versicherung

Jeder Antragsteller muss eidesstattlich versichern, dass seine Angaben der Wahrheit entsprechen. Das Nachlassgericht oder der Notar fragt in diesem Zusammenhang den Antragsteller, ob ihm Prozesse bekannt sind, die über das Erbrecht vor Gericht anhängig sind, und ob abgesehen von bereits vorgelegten oder bekannten Verfügungen von Todes wegen noch weitere Testamente oder Erbverträge aufgefunden wurden. Ein Antragsteller muss auch zu diesen Angaben die eidesstattliche Versicherung abgeben. Ein überlebender Ehepartner, der auf Grund der gesetzlichen Erbfolge einen Erbschein beantragt, muss zusätzlich noch den Güterstand (Zugewinngemeinschaft, Gütertrennung oder Gütergemeinschaft, ausländischer Güterstand), in dem er mit der verstorbenen Person gelebt hat, an Eides statt versichern.

Personenstandsurkunden

Vorzulegen ist immer die Sterbeurkunde des Erblassers. Sofern ein Ehepartner als Erbe des Verstorbenen einen Erbschein beantragt, muss er auch die Heiratsurkunde vorlegen. Andere Antragsteller müssen mit der Geburtsurkunde und oder einer Abstammungsurkunde belegen, dass und in welcher Weise sie mit dem Erblasser verwandt sind. Sofern sich auf der Geburtsurkunde keine eindeutigen Vermerke zur Vaterschaft befinden, sind auch Dokumente einzureichen, die eine Adoption oder die Anerkenntnis der Vaterschaft belegen. War der Erblasser geschieden, ist das mit dem Scheidungsurteil nachzuweisen. Bei laufendem Scheidungsverfahren zum Zeitpunkt des Todes kommt es sehr auf die Details an. Möglicherweise hat der Noch-Ehegatte das Erbrecht bereits verloren. Dies ist vor allem dann der Fall, wenn er selbst den Scheidungsantrag gestellt oder dem Antrag des nun verstorbenen Gatten zugestimmt hat und die Scheidungsvoraussetzungen vorlagen. In einem solchen Fall kommt es darauf an, Dokumente vorzulegen, die den Stand des gerichtlichen Scheidungsverfahrens korrekt wiedergeben.

Beschaffung der Urkunden

Soweit einzelne Urkunden fehlen, kann sich ein Erbe oder eine Person, die glaubt, Erbe geworden zu sein, an das zuständige Standesamt wenden. Sie muss in der Regel ein rechtliches Interesse an den Urkunden geltend machen, also kurz unter Angabe des Verwandtschaftsverhältnisses begründen, warum sie die Urkunde XY benötigt. Bei berechtigtem Interesse fertigt das Standesamt gegen Zahlung einer Gebühr beglaubigte Kopien an. Probleme treten häufig dann auf, wenn ein Erbe Urkunden aus dem Ausland benötigt. Zum Teil können auch die deutschen Konsulate vor Ort bei der Beschaffung von Personenstandsurkunden behilflich sein. Nähere Informationen finden sich auf den Internetseiten des jeweiligen Konsulates. Urkunden von Standesämtern aus ehemals deutschen Gebieten im Osten, zum Beispiel Schlesien oder Ostpreußen, sind über das Standesamt I in Berlin anzufordern (Standesamt I Berlin, Rückerstr. 9, 10119 Berlin). Leider sind die beim Standesamt I geführten Archive nicht vollständig. Schlägt der Versuch fehl, eine Urkunde über das Standesamt I in Berlin zu beschaffen, kann man versuchen, über Kirchenverwaltungen Nachweise, zum Beispiel einen Eintrag ins Taufregister einer Gemeinde, einen Taufschein oder in einem Kirchenbuch, zu beschaffen. In derartigen Fällen kann das Nachlassgericht kirchliche Dokumente anerkennen. In manchen Fällen ist für eine Person keine Sterbeurkunde zu beschaffen, etwa, weil sie im Krieg gefallen ist oder vermisst wird. In einem solchen Fall muss man als Erbe mit Unterlagen des Amtsgerichts nachweisen, dass der Verstorbene für tot erklärt wurde oder eine solche Todeserklärung selbst in die Wege leiten.

CHECKLISTE

Unterlagen für den Erbscheinsantrag

- Personalausweis des Antragstellers
- Sterbeurkunde des Erblassers
- Scheidungsurkunde(n) des Erblassers
- Personenstandsurkunden/Familienstammbuch
- Sofern noch nicht beim Nachlassgericht abgeliefert: Testament oder Erbvertrag, alle sonstigen Schriftstücke, die den letzten Willen beinhalten

Was kostet ein Erbschein?

Zwei Gerichtsgebühren

Ein Erbschein kostet zwei Gebühren, zum einen eine Gebühr für die Protokollierung der eidesstattlichen Versicherung zum Antrag (die selten entbehrlich ist) und eine weitere Gebühr für die Erteilung des Erbscheins. Für die letztgenannte Gebühr fallen Gerichtskosten an, deren Höhe sich am Nettowert des Nachlasses orientieren. Um den Wert des Nachlasses festlegen zu können, übersendet das Nachlassgericht dem Antragsteller einen „Wertermittlungsbogen“. In diesem Formblatt sind sowohl Nachlassvermögen als auch Nachlassverbindlichkeiten (Bestattungskosten, offene Rechnungen, fällige Mietzahlungen des Verstorbenen) aufzulisten. Gehören zum Nachlass Immobilien, sind nicht nur Ort, Adresse und Flurstücknummer aufzulisten, sondern auch Angaben zum Verkehrswert, Bodenwert oder zur Brandversicherungssumme zu machen. Den Wert der Immobilie berechnet das Nachlassgericht. Die Berechnungsweise des Nachlassgerichts entspricht nicht der des Finanzamts bei der Ermittlung der Erbschaftsteuer. Die errechneten Werte können daher deutlich auseinanderfallen. Der vom Nachlassgericht angenommene Wert liegt in der Regel unter dem Verkehrswert. Ein geringerer Wert lässt sich durch ein Gutachten nachweisen. Das Nachlassgericht bezieht in die Wertberechnung keine Lebensversicherungen oder Verträge zu Gunsten Dritter ein, die nicht in den Nachlass fallen, sondern dem angegebenen Bezugsberechtigten zugeführt werden.

BEISPIEL

Der Nachlass beläuft sich nach Abzug der Nachlassverbindlichkeiten von den vorhandenen Vermögenswerten auf 500.000 €. Bei diesem Nachlasswert fallen für die Beantragung eines Erbscheins und dessen nachfolgende Erteilung Gerichtskosten gemäß Kostenordnung in Höhe von jeweils 807 € an. Die Kosten belaufen sich demnach auf insgesamt 1.614 €.

Wer den Erbscheinsantrag bei einem Notar stellt, muss mit etwas höheren Kosten rechnen. Der Notar erhält bei einer Erbschaft im Wert einer halben Million € für seine Leistung 807 €, das Nachlassgericht dieselbe Summe. Der Notar fordert jedoch im Gegensatz zum Gericht in seiner Rechnung zusätzlich die Mehrwertsteuer (bei 19 Prozent mehr als 150 €).

EXPERTENTIPP

Wird der Erbschein nur zur Berichtigung des Grundbuchs benötigt, lassen sich die Kosten für die Beantragung und Erteilung in der Regel deutlich minimieren. Fordern Sie in diesem Fall einen Erbschein für Grundbuchzwecke. Bei der Ermittlung der Gebühren wird dann allein der Wert des Grundstücks, nicht des übrigen Nachlasses, zugrunde gelegt.

Grundbuchberichtigung im Erbfall

Antragsberechtigung

Jeder Erbe kann – für sich selbst, unter Umständen auch für andere Miterben – einen Antrag auf Grundbuchberichtigung stellen. Für einen solchen Antrag ist ein einfaches Schreiben ausreichend, die notarielle Beurkundung oder Beglaubigung ist nicht erforderlich.

Warum muss im Erbfall das Grundbuch berichtigt werden?

Umschreibung auf den Erben notwendig

Mit dem Tod des Grundstückseigentümers wird das Grundbuch unrichtig, da die Erben Eigentümer des Grundstücks geworden sind. Als Eigentümer ist jedoch noch immer der Verstorbene „formell" eingetragen. Sobald das Grundbuchamt daher vom Versterben des Grundstückseigentümers Kenntnis erlangt, fordert es die Erben zur Mitwirkung bei der Berichtigung des Grundbuchs auf. Häufig informiert das Nachlassgericht das Grundbuchamt über das Ableben des Grundstückseigentümers.

Was muss im Erbfall im Grundbuch eingetragen werden?

Inhalt der Eintragung

Zunächst werden Miterben „in Erbengemeinschaft" als neue Eigentümer im Grundbuch eingetragen. Die Erbquoten werden dagegen nicht ins Grundbuch übernommen. Informationen über eine vom Erblasser angeordnete Vor- und Nacherbschaft und/oder Testamentsvollstreckung werden dagegen im Grundbuch vermerkt.

Welche Unterlagen müssen dem Grundbuchamt vorgelegt werden?

Notwendige Unterlagen

Wenn ein Erbvertrag oder ein notarielles Testament die Erbfolge regelt, ist in der Regel ein Erbschein nicht vonnöten. Beim Grundbuchamt sind dann aber das notarielle Testament (oder der Erbvertrag) und das Eröffnungsprotokoll des Nachlassgerichts vorzulegen. Wenn das Grundbuchamt beim selben Amtsgericht angesiedelt ist wie das Nachlassgericht, genügt eine Bezugnahme auf die Nachlassakte unter Angabe des Aktenzeichens. In allen anderen Fällen (gesetzliche Erbfolge, handschriftliches Testament) hat der Erbe dem Grundbuchamt den Erbschein vorzulegen.

Welche Kosten entstehen nach dem Erbfall für die Grundbuchberichtigung?

Kostenfrei innerhalb von zwei Jahren

Erfolgt die Umschreibung des Grundbuchs innerhalb der ersten zwei Jahre nach dem Tod, fallen den Erben dafür keine Kosten an. Danach fällt nach der Kostenordnung eine Gebühr an, die sich nach dem Verkehrswert des Grundstücks richtet. Die Mindestgebühr beträgt 10 €.

BEISPIEL

Der Verkehrswert eines Grundstücks beträgt 250.000 €. Die Gebühr beläuft sich dann auf 432 €.

Erbfall mit Auslandsbezug

Tod eines Ausländers in Deutschland

Auslandsbezug liegt schneller vor als mancher vermuten würde, denn zum einen leben zahlreiche ausländische Mitbürger in Deutschland, zum anderen wohnen viele deutsche Staatsangehörige zeitweise oder dauerhaft im Ausland. Auch Geldanlagen und Immobilien des Verstorbenen in anderen Ländern können schwierige rechtliche Probleme und Kollisionen mit ausländischen Erbrechtsordnungen hervorrufen. Auslandsbezug ist immer dann gegeben, wenn der Erblasser oder Testierende nicht oder nicht nur im Besitz der deutschen Staatsangehörigkeit ist, Nachlassgegenstände sich im Ausland befinden, ein Erbe ausländischer Staatsangehöriger ist oder auf Vermögen in Deutschland ausländisches Erbrecht anzuwenden ist. In solchen Konstellationen ist vorrangig zu ermitteln, ob deutsches oder ausländisches Erbrecht gilt.

Welche Besonderheiten gelten, wenn jemand im Ausland verstirbt?

Tod eines Deutschen im Ausland

Verstirbt ein deutscher Staatsangehöriger im Ausland, so ist für die Ausstellung der Sterbeurkunde grundsätzlich das Standesamt der Stadt zuständig, in der der Verstorbene seinen letzten Wohnsitz oder gewöhnlichen Aufenthalt in Deutschland hatte. Hatte der Erblasser zum Zeitpunkt des Todes keinen Inlandswohnsitz in Deutschland, ist das Standesamt zuständig, in dessen Bereich die Person ihren Wohnsitz oder gewöhnlichen Aufenthalt hat, die die Sterbeurkunde beantragt. Nur wenn auch über den Antragsteller keine inländische Zuständigkeit begründet werden kann, ist das Standesamt I Berlin für die Ausstellung der Sterbeurkunde zuständig. Der Tod des Erblassers kann dann schriftlich, aber auch mündlich beim Berliner Standesamt I unter nachfolgender Adresse angezeigt werden:

Standesamt I in Berlin
Rückerstraße 9
10119 Berlin

Eine Beurkundung des Sterbefalls kann dort allerdings nur erfolgen, wenn der Verstorbene eindeutig (zum Beispiel anhand von Ausweis oder Pass) identifiziert werden konnte oder ein unmittelbarer Zeuge glaubhaft und eindeutig den Tod versichern kann. Ein Antragsteller muss neben der Geburts- und eventuell der Heiratsurkunde des Erblassers eine schriftlich verfasste Anzeige vorlegen, die einen Nachweis des Todes beinhaltet. Dieser Nachweis kann mit folgenden Dokumenten geführt werden: durch eidesstattliche Versicherung, Leichenpass oder, falls vorhanden, eine Urkunde des Landes, in dem die Person verstorben ist. Sofern diese Urkunde nicht als internationale Urkunde oder in deutscher Sprache ausgestellt ist, sollte der Antragsteller die beglaubigte Übersetzung eines staatlich geprüften und vereidigten Übersetzers vorlegen.

Gilt ein deutscher Erbschein auch im Ausland?

Deutscher Erbschein gilt meist nicht im Ausland

Ein in Deutschland erteilter Erbschein gilt für die deutschen Ämter und Behörden grundsätzlich für den gesamten Nachlass, also auch den Teil, der sich im Ausland befindet. Doch in der Praxis helfen deutsche Erbscheine bei der Nachlassabwicklung im Ausland meist nicht weiter. Dies liegt in vielen Ländern daran, dass es nach deren Rechtsordnung keinen Erbschein gibt. Umgekehrt kann es sein, dass im Ausland ohne deutschen Erbschein nichts zu erreichen ist. In der Schweiz verlangt in der Regel die Bank, bei der ein verstorbener Deutscher Geld angelegt hatte, die Vorlage des in Deutschland erteilten Erbscheins. Selbst wenn das ausländische Recht die

Anwendung deutschen Rechts für das im Ausland vorhandene Vermögen, sei es Grundbesitz oder Bankvermögen, anerkennt, heißt das oft noch nicht, dass Vorschriften der ausländischen Rechtsordnung überhaupt nicht mehr zu beachten sind. Ein in Deutschland erteilter Erbschein muss zur Nutzung im Ausland mit beglaubigter Übersetzung in die ausländische Sprache und einer Apostille (übersetzte Beglaubigung der ausstellenden Stelle) versehen sein. Eine Apostille für einen Erbschein stellt der Präsident des Landgerichts aus, zu dessen Bezirk das den Erbschein erlassende Nachlassgericht gehört.

Internationales Erbrecht

Welches Erbrecht gilt?

Bei einem Erbrechtsfall mit Auslandsbezug ist zunächst festzustellen, ob deutsches oder ausländisches Erbrecht zum Tragen kommt. Nach deutschem internationalem Erbrecht ist grundsätzlich die Staatsangehörigkeit des Erblassers zum Zeitpunkt seines Todes entscheidend. Demnach werden ein deutscher Erblasser nach deutschem, ein Belgier nach belgischem und ein Niederländer nach niederländischem Recht beerbt. Dieser Grundsatz wird aber dann durchbrochen, wenn Staatsverträge zwischen Deutschland und anderen Ländern, zum Beispiel der Türkei, abweichende Regelungen getroffen haben. Besaß der Erblasser mehr als eine Staatsangehörigkeit, richtet sich das anzuwendende Erbrecht nach dem Recht des Staates, mit dem der Verstorbene am engsten verbunden war. Eine solche Verbindung kann etwa durch den gewöhnlichen Aufenthalt des Erblassers bestehen. War der Erblasser auch deutscher Staatsangehöriger, geht deutsches Recht allerdings vor. Dies kann zu Kollisionen mit den Regelungen anderer Staaten führen. Andere Länder, andere Rechte.

Staatsangehörigkeits- oder Wohnsitzprinzip?

Zahlreiche Länder knüpfen die Frage, welches Erbrecht zur Anwendung kommen muss, anders als das deutsche Recht, nicht an die Staatsangehörigkeit. So kann es sein, dass für ein Land der letzte Wohnsitz des Erblassers maßgeblich ist. Dann kann sogar ein Ausländer nach deutschem Recht beerbt werden. Wieder andere Länder unterwerfen den beweglichen Nachlass, wie zum Beispiel das Auto und Bankvermögen, dem Recht des Staates, in dem der Erblasser seinen letzten Wohnsitz hatte, während Immobilien nach dem Recht des Staates vererbt werden, in dem sich Grundstücke befinden. Eine solche Aufteilung der Zuständigkeit führt oft zu einer „Nachlassspaltung". Das deutsche Recht erkennt die erbrechtlichen Regelungen anderer Länder zum Grundbesitz an.

BEISPIEL

Ein deutscher Erblasser hinterlässt seinen deutschen Erben ein Grundstück in Frankreich und Bankvermögen in Deutschland. Für das Nachlassgericht in Deutschland ist der gesamte Nachlass – auch die Immobilie in Frankreich – nach deutschem Recht zu vererben mit der Folge, dass Erbschaftsteuer in Deutschland zu zahlen ist. Der französische Staat betrachtet jedoch das Grundstück in seinem Staatsgebiet als französische Angelegenheit: Demnach ist französisches Recht anzuwenden. Für das Bankvermögen deutscher Staatsbürger in Deutschland interessiert sich Frankreich nicht (Deutschland für Gelder im Ausland, die zum Nachlass gehören, allerdings schon). Da der deutsche Staat erbrechtliche Regelungen anderer Länder zum Grundbesitz anerkennt, ist nun für die Immobilie in Frankreich französisches Recht und für das Geldvermögen in Deutschland deutsches Erbrecht anzuwenden.

Angaben zu Familie und Vermögen

Die Familie

Meine persönlichen Daten

Familienname:		
Geburtsname:		
Vornamen:		
Geburtsdatum, Geburtsort:		
Staatsangehörigkeit:		
Familienstand:	☐ ledig	
	☐ verheiratet seit:	
	Standesamt:	
Ehelicher Güterstand:	☐ Gesetzlicher Güterstand (= Zugewinngemeinschaft) ☐ Gütertrennung ☐ Gütergemeinschaft	
Der Ehevertrag befindet sich:		
Das Scheidungsurteil befindet sich:	☐ geschieden seit:	
Die Sterbeurkunde befindet sich:	☐ verwitwet seit:	
Konfession/Religion:		
Anschrift:	PLZ, Ort	
	Straße, Hausnummer	
Telefon:		
E-Mail-Adresse:		
Testament errichtet?	☐ Nein ☐ Ja	Hinterlegungsort:
Vorsorgevollmacht errichtet?	☐ Nein ☐ Ja	Hinterlegungsort:
Betreuungsverfügung errichtet?	☐ Nein ☐ Ja	Hinterlegungsort:
Patientenverfügung errichtet?	☐ Nein ☐ Ja	Hinterlegungsort:
Personalausweis-Nr.:		Ausstellungsbehörde:
Reisepass-Nr.:		Ausstellungsbehörde:
Führerschein-Nr.:		Ausstellungsbehörde:

Im Falle von Unfall/Krankheit/Betreuungsbedürftigkeit sofort zu informieren:

Vorname, Familienname	Anschrift	Telefon, E-Mail-Adresse

Im Falle meines Todes sofort zu informieren:

Vorname, Familienname	Anschrift	Telefon, E-Mail-Adresse

Wichtige Adressen meiner Vertrauenspersonen:

	Vorname, Familienname, Anschrift	Telefon, E-Mail-Adresse
Arzt:		
Zahnarzt:		
Rechtsanwalt:		
Steuerberater, Wirtschaftsprüfer:		
Bank-/Finanzberater:		
Versicherungsberater:		
Priester/Pfarrer:		

Persönliche Daten meines Ehepartners/Lebenspartners

Familienname:		
Geburtsname:		
Vornamen:		
Geburtsdatum, Geburtsort:		
Staatsangehörigkeit:		
Familienstand:	☐ ledig	
	☐ verheiratet seit:	
	Standesamt:	
Ehelicher Güterstand:	☐ Gesetzlicher Güterstand (= Zugewinngemeinschaft) ☐ Gütertrennung ☐ Gütergemeinschaft	
Der Ehevertrag befindet sich:		
Das Scheidungsurteil befindet sich:	☐ geschieden seit:	
Die Sterbeurkunde befindet sich:	☐ verwitwet seit:	
Konfession/Religion:		
Anschrift:	PLZ, Ort	
	Straße, Hausnummer	
Telefon:		
E-Mail-Adresse:		
Testament errichtet?	☐ Nein ☐ Ja	Hinterlegungsort:
Vorsorgevollmacht errichtet?	☐ Nein ☐ Ja	Hinterlegungsort:
Betreuungsverfügung errichtet?	☐ Nein ☐ Ja	Hinterlegungsort:
Patientenverfügung errichtet?	☐ Nein ☐ Ja	Hinterlegungsort:

Persönliche Daten meines Kindes[1]

Familienname:		
Geburtsname:		
Vornamen:		
Geburtsdatum, Geburtsort:		
Staatsangehörigkeit:		
Familienstand:	☐ ledig	
	☐ verheiratet seit:	
	verheiratet mit:	
	Ehelicher Güterstand:	☐ Gesetzlicher Güterstand (= Zugewinngemeinschaft) ☐ Gütertrennung ☐ Gütergemeinschaft
	☐ geschieden seit:	
	☐ verwitwet seit:	
Anschrift:	PLZ, Ort	
	Straße, Hausnummer	
Telefon:		
E-Mail-Adresse:		

[1] Bitte gegebenenfalls vervielfältigen

Persönliche Daten meines Enkelkindes[2]:

Familienname:		
Geburtsname:		
Vornamen:		
Geburtsdatum, Geburtsort:		
Staatsangehörigkeit:		
Familienstand:	☐ ledig	
	☐ verheiratet seit:	
	verheiratet mit:	
	Ehelicher Güterstand:	☐ Gesetzlicher Güterstand (= Zugewinngemeinschaft) ☐ Gütertrennung ☐ Gütergemeinschaft
	☐ geschieden seit:	
	☐ verwitwet seit:	
Anschrift:	PLZ, Ort	
	Straße, Hausnummer	
Telefon:		
E-Mail-Adresse:		

[2] Bitte gegebenenfalls vervielfältigen

Persönliche Daten meines Vaters:

Familienname:		
Geburtsname:		
Vornamen:		
Geburtsdatum, Geburtsort:		
Staatsangehörigkeit:		
Familienstand:	☐ ledig	
	☐ verheiratet seit:	
	derzeit verheiratet mit:	
	Ehelicher Güterstand:	☐ Gesetzlicher Güterstand (= Zugewinngemeinschaft) ☐ Gütertrennung ☐ Gütergemeinschaft
	☐ geschieden seit:	
	☐ verwitwet seit:	
Anschrift:	PLZ, Ort	
	Straße, Hausnummer	
Telefon:		
E-Mail-Adresse:		

Persönliche Daten meiner Mutter:

Familienname:		
Geburtsname:		
Vornamen:		
Geburtsdatum, Geburtsort:		
Staatsangehörigkeit:		
Familienstand:	☐ ledig	
	☐ verheiratet seit:	
	derzeit verheiratet mit:	
	Ehelicher Güterstand:	☐ Gesetzlicher Güterstand (= Zugewinngemeinschaft) ☐ Gütertrennung ☐ Gütergemeinschaft
	☐ geschieden seit:	
	☐ verwitwet seit:	
Anschrift:	PLZ, Ort	
	Straße, Hausnummer	
Telefon:		
E-Mail-Adresse:		

Persönliche Daten meines/r Bruders/Schwester[3]:

Familienname:		
Geburtsname:		
Vornamen:		
Geburtsdatum, Geburtsort:		
Staatsangehörigkeit:		
Familienstand:	☐ ledig	
	☐ verheiratet seit:	
	verheiratet mit:	
	Ehelicher Güterstand:	☐ Gesetzlicher Güterstand (= Zugewinngemeinschaft) ☐ Gütertrennung ☐ Gütergemeinschaft
	☐ geschieden seit:	
	☐ verwitwet seit:	
Anschrift:	PLZ, Ort	
	Straße, Hausnummer	
Telefon:		
E-Mail-Adresse:		

[3] Bitte gegebenenfalls vervielfältigen

Das Vermögen

Meine Immobilien und Grundstücke

Immobilie 1		
Lage/Anschrift:		
Grundbuchmäßige Bezeichnung:		
Art der Immobilie:	☐ Unbebautes Grundstück ☐ Wohnhaus ☐ Eigentumswohnung ☐ Mietshaus ☐ Gewerbliches Grundstück ☐ Land- und forstwirtschaftliches Grundstück ☐	
Höhe des Eigentumsanteils:		
Dingliche Belastungen?	☐ Nein	☐ Ja Welche?

Immobilie 2		
Lage/Anschrift:		
Grundbuchmäßige Bezeichnung:		
Art der Immobilie:	☐ Unbebautes Grundstück ☐ Wohnhaus ☐ Eigentumswohnung ☐ Mietshaus ☐ Gewerbliches Grundstück ☐ Land- und forstwirtschaftliches Grundstück ☐	
Höhe des Eigentumsanteils:		
Dingliche Belastungen?	☐ Nein	☐ Ja Welche?

Immobilie 3	
Lage/Anschrift:	
Grundbuchmäßige Bezeichnung:	
Art der Immobilie:	☐ Unbebautes Grundstück ☐ Wohnhaus ☐ Eigentumswohnung ☐ Mietshaus ☐ Gewerbliches Grundstück ☐ Land- und forstwirtschaftliches Grundstück ☐
Höhe des Eigentumsanteils:	
Dingliche Belastungen?	☐ Nein ☐ Ja Welche?

Meine Girokonten

Girokonto 1		
Name und Anschrift der Bank:		
Ansprechpartner, Telefon:		
Bankleitzahl:		
Kontonummer:		
Kontovollmacht wurde erteilt:	☐ Nein	☐ Ja Bevollmächtigter:

Girokonto 2		
Name und Anschrift der Bank:		
Ansprechpartner, Telefon:		
Bankleitzahl:		
Kontonummer:		
Kontovollmacht wurde erteilt:	☐ Nein	☐ Ja Bevollmächtigter:

Girokonto 3		
Name und Anschrift der Bank:		
Ansprechpartner, Telefon:		
Bankleitzahl:		
Kontonummer:		
Kontovollmacht wurde erteilt:	☐ Nein	☐ Ja Bevollmächtigter:

Girokonto 4		
Name und Anschrift der Bank:		
Ansprechpartner, Telefon:		
Bankleitzahl:		
Kontonummer:		
Kontovollmacht wurde erteilt:	☐ Nein	☐ Ja Bevollmächtigter:

Meine EC-Karten und Kreditkarten

Karte 1	
Name und Anschrift des Karteninstituts:	
Ansprechpartner, Telefon:	
Kreditkartennummer:	

Karte 2	
Name und Anschrift des Karteninstituts:	
Ansprechpartner, Telefon:	
Kreditkartennummer:	

Karte 3	
Name und Anschrift des Karteninstituts:	
Ansprechpartner, Telefon:	
Kreditkartennummer:	

Karte 4	
Name und Anschrift des Karteninstituts:	
Ansprechpartner, Telefon:	
Kreditkartennummer:	

Karte 5	
Name und Anschrift des Karteninstituts:	
Ansprechpartner, Telefon:	
Kreditkartennummer:	

Meine Sparkonten und Festgelder

Sparkonto 1	
Name und Anschrift der Bank:	
Ansprechpartner, Telefon:	
Bankleitzahl:	
Kontonummer:	

Sparkonto 2	
Name und Anschrift der Bank:	
Ansprechpartner, Telefon:	
Bankleitzahl:	
Kontonummer:	

Sparkonto 3	
Name und Anschrift der Bank:	
Ansprechpartner, Telefon:	
Bankleitzahl:	
Kontonummer:	

Festgeld 1	
Name und Anschrift der Bank:	
Ansprechpartner, Telefon:	
Bankleitzahl:	
Kontonummer:	

Festgeld 2	
Name und Anschrift der Bank:	
Ansprechpartner, Telefon:	
Bankleitzahl:	
Kontonummer:	

Meine Wertpapierdepots

Wertpapierdepot 1	
Name und Anschrift der Bank:	
Ansprechpartner, Telefon:	
Bankleitzahl:	
Kontonummer:	

Wertpapierdepot 2	
Name und Anschrift der Bank:	
Ansprechpartner, Telefon:	
Bankleitzahl:	
Kontonummer:	

Wertpapierdepot 3	
Name und Anschrift der Bank:	
Ansprechpartner, Telefon:	
Bankleitzahl:	
Kontonummer:	

Wertpapierdepot 4	
Name und Anschrift der Bank:	
Ansprechpartner, Telefon:	
Bankleitzahl:	
Kontonummer:	

Meine Bankschließfächer

Bankschließfach 1		
Name und Anschrift der Bank:		
Ansprechpartner, Telefon:		
Bankleitzahl:		
Schließfachnummer:		
Der Schließfachschlüssel befindet sich:		
Kontovollmacht wurde erteilt:	☐ Nein	☐ Ja Bevollmächtigter:

Bankschließfach 2		
Name und Anschrift der Bank:		
Ansprechpartner, Telefon:		
Bankleitzahl:		
Schließfachnummer:		
Der Schließfachschlüssel befindet sich:		
Kontovollmacht wurde erteilt:	☐ Nein	☐ Ja Bevollmächtigter:

Bankschließfach 3		
Name und Anschrift der Bank:		
Ansprechpartner, Telefon:		
Bankleitzahl:		
Schließfachnummer:		
Der Schließfachschlüssel befindet sich:		
Kontovollmacht wurde erteilt:	☐ Nein	☐ Ja Bevollmächtigter:

Meine Gesellschafts- und Unternehmensbeteiligungen

Gesellschafts-/ Unternehmensform	Art der Beteiligung:	Art und Höhe der Beteiligung:

Meine Forderungen gegen Dritte

Art der Forderung:	Schuldner:	Höhe und Fälligkeit:

Meine Fahrzeuge

Fahrzeug 1	
Art des Fahrzeugs:	☐ Pkw ☐ Motorrad ☐ LKW ☐ Wohnmobil ☐ Boot ☐
Stellplatz/Liegeplatz:	
Marke/Modell/Baujahr:	
Verkehrswert:	

Fahrzeug 2	
Art des Fahrzeugs:	☐ Pkw ☐ Motorrad ☐ LKW ☐ Wohnmobil ☐ Boot ☐
Stellplatz/Liegeplatz:	
Marke/Modell/Baujahr:	
Verkehrswert:	

Fahrzeug 3	
Art des Fahrzeugs:	☐ Pkw ☐ Motorrad ☐ LKW ☐ Wohnmobil ☐ Boot ☐
Stellplatz/Liegeplatz:	
Marke/Modell/Baujahr:	
Verkehrswert:	

Meine sonstigen Wertgegenstände

Art des Gegenstands:	**Aufbewahrungsort:**	**Verkehrswert:**

Die Verbindlichkeiten

Meine Darlehensverträge

Darlehensvertrag 1		
Name und Anschrift des Darlehensgebers:		
Ansprechpartner, Telefon:		
Bankleitzahl:		
Darlehens-/ Vertragsnummer:		
Darlehenssumme:		
Höhe und Fälligkeit der Darlehensraten:		
Zweck des Darlehens:		
Sicherheit wurde bestellt?	☐ Nein	☐ Ja Welche?

Darlehensvertrag 2		
Name und Anschrift des Darlehensgebers:		
Ansprechpartner, Telefon:		
Bankleitzahl:		
Darlehens-/ Vertragsnummer:		
Darlehenssumme:		
Höhe und Fälligkeit der Darlehensraten:		
Zweck des Darlehens:		
Sicherheit wurde bestellt?	☐ Nein	☐ Ja Welche?

Darlehensvertrag 3		
Name und Anschrift des Darlehensgebers:		
Ansprechpartner, Telefon:		
Bankleitzahl:		
Darlehens-/ Vertragsnummer:		
Darlehenssumme:		
Höhe und Fälligkeit der Darlehensraten:		
Zweck des Darlehens:		
Sicherheit wurde bestellt?	☐ Nein	☐ Ja Welche?

Meine Daueraufträge und Einzugsermächtigungen

☐ Dauerauftrag 1 ☐ Einzugsermächtigung 1	
Name und Anschrift des Bankinstituts:	
Kontonummer:	
Betrag, Fälligkeit	
Empfänger, Verwendungszweck:	

☐ Dauerauftrag 2 ☐ Einzugsermächtigung 2	
Name und Anschrift des Bankinstituts:	
Kontonummer:	
Betrag, Fälligkeit	
Empfänger, Verwendungszweck:	

☐ Dauerauftrag 3 ☐ Einzugsermächtigung 3	
Name und Anschrift des Bankinstituts:	
Kontonummer:	
Betrag, Fälligkeit	
Empfänger, Verwendungszweck:	

☐ Dauerauftrag 4 ☐ Einzugsermächtigung 4	
Name und Anschrift des Bankinstituts:	
Kontonummer:	
Betrag, Fälligkeit	
Empfänger, Verwendungszweck:	

Meine sonstigen Verbindlichkeiten/Zahlungsverbindlichkeiten

Art der Verbindlichkeit:	**Gläubiger:**	**Höhe und Fälligkeit:**

Meine Verträge mit Dritten

Art des Vertrags:	Vertragspartner:	Vertragsnummer:

Die Bausparverträge, Versicherungen und Versorgungsleistungen

Meine Bausparverträge

Bausparvertrag 1		
Name und Anschrift der Bank:		
Ansprechpartner, Telefon:		
Vertragsnummer:		
Bausparsumme:		
Zuteilungsreif am:		
Vollmacht wurde erteilt:	☐ Nein	☐ Ja Bevollmächtigter:

Bausparvertrag 2		
Name und Anschrift der Bank:		
Ansprechpartner, Telefon:		
Vertragsnummer:		
Bausparsumme:		
Zuteilungsreif am:		
Vollmacht wurde erteilt:	☐ Nein	☐ Ja Bevollmächtigter:

Bausparvertrag 3		
Name und Anschrift der Bank:		
Ansprechpartner, Telefon:		
Vertragsnummer:		
Bausparsumme:		
Zuteilungsreif am:		
Vollmacht wurde erteilt:	☐ Nein	☐ Ja Bevollmächtigter:

Meine Lebensversicherungsverträge

Lebensversicherungsvertrag 1	
Name und Anschrift der Versicherungsgesellschaft:	
Ansprechpartner, Telefon:	
Vertragsnummer:	
Versicherungssumme:	
Versicherte Person:	
Bezugsberechtigte Person:	

Lebensversicherungsvertrag 2	
Name und Anschrift der Versicherungsgesellschaft:	
Ansprechpartner, Telefon:	
Vertragsnummer:	
Versicherungssumme:	
Versicherte Person:	
Bezugsberechtigte Person:	

Lebensversicherungsvertrag 3	
Name und Anschrift der Versicherungsgesellschaft:	
Ansprechpartner, Telefon:	
Vertragsnummer:	
Versicherungssumme:	
Versicherte Person:	
Bezugsberechtigte Person:	

Meine sonstigen Versicherungen

Art der Versicherung:	Versicherungsgesellschaft:	Versicherungsnummer:

Meine Renten- und Versorgungsleistungen

Art der Rechte/ Versorgung:	Träger:	Leistungsumfang:

Meine Schenkungen und Zuwendungen zu meinen Lebzeiten

Zeitpunkt der Art der Schenkung/ Zuwendung:	**Empfänger der Art der Schenkung/ Zuwendung:**	**Art der Schenkung/ Zuwendung:**

KAPITEL 5

Mustertexte

WICHTIGE HINWEISE FÜR DIE VERWENDUNG DER MUSTERTEXTE

- In den folgenden Mustertexten ist jeweils vermerkt, ob für deren Wirksamkeit eine notarielle Beurkundung bzw. Beglaubigung oder eine handschriftliche Erstellung des gesamten Textes mit Unterschrift erforderlich ist.
- Bei einigen Formularen genügt die Unterzeichnung des maschinenschriftlichen Textes. Diese Muster finden Sie auf der Homepage des Linde Verlags unter www.lindeverlag.de/vorsorgeplaner zum Download.
- Die Mustertexte zur Vorsorgevollmacht, Betreuungsverfügung, Patientenverfügung, Schweigepflichtentbindungserklärung, Organspendeverfügung und zum Notfallausweis stellen praxiserprobte Formulierungshilfen dar, von denen Sie nur nach eingehender fachlicher Beratung abweichen sollten!
- Die Formulierungsbeispiele zu den Testamenten betreffen typische Lebenssachverhalte, die immer auf Ihre individuellen Familien- und Vermögensverhältnisse im Rahmen einer Beratung durch einen erfahrenen Erbrechtsexperten angepasst werden müssen und unbedingt handschriftlich zu verfassen und zu unterzeichnen sind.

Vorsorgevollmacht

Hinweis: *Diesen Text müssen Sie mit Ort, Datum, Vor- und Familiennamen unterschreiben.*

Vorsorgevollmacht in vermögensrechtlichen Angelegenheiten sowie für den Gesundheits- und persönlichen Bereich

Nach eingehender Beratung über die Möglichkeiten der rechtlichen Vorsorge für ein selbstbestimmtes Leben sowie nach eingehender Belehrung über die mit der Erteilung einer Vorsorgevollmacht verbundenen Risiken

bevollmächtige ich, Herr/Frau ..., geboren am ..., wohnhaft in ...

- Vollmachtgeber –

im Vollbesitz meiner geistigen Kräfte und in Kenntnis der Tragweite meiner Anordnungen gemäß §§ 1896 Absatz 2 Satz 2, 185, 164 ff. BGB für den Fall, dass ich auf Grund einer psychischen Krankheit oder einer körperlichen, geistigen oder seelischen Behinderung meine Angelegenheiten ganz oder teilweise nicht mehr besorgen kann oder will, zur Vermeidung einer rechtlichen Betreuung

Herrn/Frau ..., geboren am ..., wohnhaft in ...

- Bevollmächtigter –

mich in allen meinen persönlichen und vermögensrechtlichen Angelegenheiten, soweit eine Stellvertretung gesetzlich zulässig ist, gerichtlich und außergerichtlich zu vertreten und meine Rechte zu wahren. Die Rechtshandlungen des Bevollmächtigten sollen dieselbe Wirksamkeit haben, wie wenn ich sie selbst ausführen würde. Diese Vollmacht, die meinem Bevollmächtigten weitgehende und umfassende Befugnisse einräumt, berechtigt ihn, ohne dass die nachfolgende, nur beispielhafte Aufzählung eine Einschränkung bewirkt, insbesondere bei

Vermögensangelegenheiten

- zur Verwaltung meines gesamten beweglichen und unbeweglichen Vermögens,
- zur Geltendmachung von Ansprüchen und Rechten jeder Art, zum Rechts- und Vermögenserwerb, sowie zum Inkasso,
- zur Verfügung über Rechte und Vermögen jeder Art, nicht jedoch über meinen Grundbesitz, jedoch über meine Konten, Depots und Schließfächer bei Banken und Sparkassen,

- zum Eingehen von Verbindlichkeiten in beliebiger Art und Höhe, einschließlich einer Zwangsvollstreckungsunterwerfung,
- Verfügungen von Todes wegen anzuerkennen oder anzufechten, Erbschaften anzunehmen oder auszuschlagen, mich als Erben, Pflichtteilsberechtigten, Vermächtnisnehmer, Schenker oder Beschenkten in jeder Weise, auch bei Vermögens- und Gemeinschaftsauseinandersetzungen zu vertreten und Erklärungen für mich abzugeben und alles zu tun, was zur Regelung von Nachlässen und deren Teilung notwendig ist.
- Diese Vollmacht berechtigt ausdrücklich nicht zur Verfügung über meinen Grundbesitz, dingliche Rechte jeder Art an Grundstücken (Hypotheken, Grundschulden, Reallasten usw.) sowie an anderen Gegenständen zu bestellen, zu kündigen und aufzugeben sowie ebenfalls nicht zur Ausübung von Gesellschafterrechten, insbesondere zur Teilnahme an Veranstaltungen und zur Stimmrechtsausübung.

Verträgen, Erklärungen, Anträgen

- Verträge jeglicher Art unter beliebigen Bedingungen abzuschließen, Vergleiche einzugehen, Schenkungen vorzunehmen, die jedoch nur in dem von § 1804 BGB genannten Rahmen erlaubt sind.
- Vereinbarungen mit Kliniken, Alters- und/oder Pflegeheimen abzuschließen und zum Zwecke hierfür Sicherungshypotheken auch für den Sozialhilfeträger zu bestellen.
- Erklärungen jeglicher Art (Einwilligungen, Anfechtungen, Kündigungen, Austritte, Rücktritte, Widerrufe, Verzichte etc.) abzugeben und entgegenzunehmen.
- zur Vertretung in Renten-, Versorgungs-, Beihilfe-, Steuer-, Pflegeversicherungs-, Versicherungs- und sonstigen Angelegenheiten und zur Beantragung von Leistungen jeder Art wie Renten, Versorgungsbezüge, Pflegeversicherungsleistungen, Grundsicherung oder Sozialhilfe.
- zu geschäftsähnlichen Handlungen (Mahnungen, Fristsetzungen, Anträgen, Mitteilungen etc.) und zu allen Verfahrenshandlungen.
- Rechtsstreitigkeiten für mich als Kläger oder Beklagten durch alle Rechtszüge zu führen und hierbei die Rechte eines Prozessbevollmächtigten im vollem Umfange des § 81 ZPO auszuüben, Bevollmächtigte zu bestellen, Vergleiche abzuschließen, Verzichte zu erklären und Ansprüche anzuerkennen, Wiedereinsetzung in den vorigen Stand, einstweilige Verfügungen und Arreste zu erwirken und mich in allen gerichtlichen und außergerichtlichen Verfahren als Gläubiger oder Schuldner, Kläger oder Beklagten oder in jeder sonst wie infrage kommenden Eigenschaft zu vertreten.
- Diese Vollmacht erstreckt sich auch auf meine Vertretung gegenüber Gerichten, Behörden, öffentlichen Registern und Amtspersonen, Banken sowie gegenüber allen natürlichen und juristischen Personen.

Persönliche Angelegenheiten

- Die Vollmacht umfasst das Recht, die Herausgabe meiner Person von jedem zu verlangen, der mich meinem Bevollmächtigten gegenüber widerrechtlich vorenthält.
- Die Vollmacht umfasst das Recht, meinen Umgang auch mit Wirkung für und gegen Dritte zu bestimmen.
- Die Vollmacht berechtigt, über meinen Fernmeldeverkehr zu entscheiden, zur Entgegennahme, zum Anhalten und Öffnen meiner Post und zur Entgegennahme von Wahlunterlagen.
- Die Vollmacht berechtigt meinen Bevollmächtigten, Strafanzeigen und/oder Strafanträge bei den zuständigen Stellen in meinem Namen zu stellen.
- Die Vollmacht berechtigt zu meiner Totensorge und darüber, über Art und Umfang meiner Beerdigung zu entscheiden.

Aufenthalt, Wohnungsangelegenheiten und Heimaufnahme

- Die Vollmacht berechtigt zur Bestimmung meines Aufenthaltsorts und zur Aufhebung und Begründung meines Wohnsitzes sowie zur Auflösung meines Haushalts und zur Verfügung über das Inventar.

Gesundheits- und Behandlungsvorsorge

- Mein Bevollmächtigter darf in eine Untersuchung meines Gesundheitszustands, eine medizinische Behand-

lung oder einen medizinischen Eingriff, auch mit risikoreichen oder neuen, noch nicht zugelassenen Medikamenten und Behandlungsmethoden, einwilligen, auch wenn diese erhebliche unerwünschte Nebenwirkungen haben oder haben können, oder diese Einwilligung verweigern, auch wenn die Gefahr besteht, dass ich dabei sterbe oder einen schweren, länger dauernden gesundheitlichen Schaden erleide.

- Mein Bevollmächtigter darf darüber hinaus auch über Beginn oder Beendigung von lebenserhaltenden oder lebensverlängernden Maßnahmen entscheiden.
- Soweit ich insoweit selbst mündlich, schriftlich oder sonst irgendwie eine Erklärung abgegeben bzw. meinen eigenen Willen kundgetan habe, insbesondere in einer Patientenverfügung, hat einzig und allein mein Wille maßgeblich zu sein.
- Bei der Zustimmung zu oder der Verweigerung einer Untersuchung meines Geisteszustands, einer medizinischen Behandlung oder einem medizinischen Eingriff verfüge ich, dass von meinem Bevollmächtigten alle Maßnahmen mit den Ärzten intensiv beraten werden, möglichst unter Beiziehung meines Hausarztes, derzeit Dr. ..., mit Praxissitz in ...
- zur Wahrnehmung meiner Patientenrechte.
- Mein Bevollmächtigter darf meine Krankenunterlagen einsehen und in deren Herausgabe an Dritte einwilligen.

Freiheitsentziehende Maßnahmen, Unterbringung

- Mein Bevollmächtigter kann über Handlungsweisen, die meine Bewegungsfreiheit einschränken oder aufheben (Verschließen der Zimmer- und/oder der Wohnungstüre, Anbringen von Bettgittern, Bauchgurten oder anderen Fixierungsmitteln, Verabreichen von Psychopharmaka etc.) und auch über eine Unterbringung in einem Pflegeheim, einer geschlossenen Anstalt oder einem Krankenhaus entscheiden, die mit Freiheitsentziehung verbunden sind, solange dies zu meinem Wohl erforderlich ist, weil auf Grund einer psychischen Krankheit oder geistigen oder seelischen Behinderung die Gefahr besteht, dass ich mich selbst töte oder mir erheblichen gesundheitlichen Schaden zufüge, oder eine Untersuchung meines Gesundheitszustands, eine Heilbehandlung oder ein ärztlicher Eingriff notwendig ist und ohne meine Unterbringung nicht durchgeführt werden kann, weil ich auf Grund einer psychischen Krankheit oder geistigen oder seelischen Behinderung die Notwendigkeit der Unterbringung nicht erkennen und nicht nach dieser Einsicht handeln kann.

Entbindung von Schweigepflichten

- Ich entbinde hiermit alle Stellen und Personen, die einer Schweigepflicht unterliegen (Ärzte, Rechtsanwälte, Steuerberater, Krankenkasse usw.), gegenüber meinem Bevollmächtigten von ihrer Schweigepflicht und bitte diese Stellen und Personen, meinen Bevollmächtigten bei seiner Arbeit zu unterstützen.

Handhabung der Vollmacht

- Die Vollmacht wird mit der Unterzeichnung dieser Urkunde wirksam.
- Sie gilt im In- und Ausland und berechtigt meinen Bevollmächtigten zum sofortigen Handeln. Im Außenverhältnis ist die Vollmacht uneingeschränkt gültig. Damit ist insbesondere der Nachweis gegenüber dritten Personen, denen diese Vollmacht vorgelegt wird, dass ich auf Grund einer psychischen Krankheit oder einer körperlichen, geistigen oder seelischen Behinderung meine Angelegenheiten ganz oder teilweise nicht mehr besorgen kann oder will oder dass ich geschäftsunfähig bin oder dass Zweifel an meiner Geschäftsfähigkeit bestehen, nicht erforderlich.
- Im Innenverhältnis ist mein Bevollmächtigter jedoch angewiesen, die Vollmacht nur nach meinen vorherigen Anweisungen zu gebrauchen.
- Der Bevollmächtigte ist von den Beschränkungen des § 181 BGB befreit/nicht befreit.
- Die Vollmacht ist nur wirksam, solange der Bevollmächtigte diese bei Vornahme der Handlung im Original vorlegen kann.
- Mein Bevollmächtigter darf Untervollmacht erteilen. Bei Entscheidungen, die die Zustimmung zu ärztlichen Behandlungen, zu Unterbringungen und zu unterbringungsähnlichen Maßnahmen betreffen, ist eine Unterbevollmächtigung jedoch nur auf eine Rechtsanwältin oder einen Rechtsanwalt möglich.
- Die Vollmacht ist für den Vollmachtgeber jederzeit einseitig frei widerruflich, auch gesondert gegenüber dem Bevollmächtigten.

- Die Vollmacht bleibt in Kraft, auch wenn ich geschäftsunfähig werde oder sterbe.
- Mein Bevollmächtigter ist berechtigt, meinen Nachlass bis zur amtlichen Feststellung meiner Erben in Besitz zu nehmen und zu verwalten und zwar in einem solchen Umfang, dass eine Nachlasspflegschaft unterbleiben kann.

Ersatzbevollmächtigte

Für den Fall, dass die Vorsorgevollmacht des Bevollmächtigten, gleich aus welchem Rechtsgrund, nicht mehr besteht oder der Bevollmächtigte dauerhaft nicht in der Lage ist, seine Tätigkeit ordnungsgemäß auszuüben, und ich selbst nicht mehr in der Lage bin, einen anderen Bevollmächtigten zu bestellen, bestimme ich Folgendes:

- Ich bestimme als Ersatzbevollmächtigten Herrn/Frau ..., geboren am ..., wohnhaft in ...,
- wiederum ersatzweise Herrn/Frau ..., geboren am ..., wohnhaft in ...

Betreuungsverfügung

Sollte trotz meiner Vorsorgevollmacht die Einrichtung einer rechtlichen Betreuung einmal zwingend erforderlich werden, so soll dies diese Vollmacht nicht berühren. Die Betreuung ist auf das unbedingt erforderliche Maß zu beschränken und sobald als möglich wieder aufzuheben. Zu meinem Betreuer ist in diesem Fall nach Möglichkeit mein oben genannter Bevollmächtigter oder einer der Ersatzbevollmächtigten zu bestellen. Für diese sind die in dieser Vollmacht niedergelegten Anweisungen ebenfalls verbindlich.

Salvatorische Klausel

Sollten einzelne Bestimmungen dieser Vorsorgevollmacht unwirksam sein oder werden, so soll das nicht die Wirksamkeit meiner Vorsorgevollmacht im Übrigen berühren. Unwirksame Bestimmungen sollen entsprechend ihrem Sinn ausgelegt und durch wirksame ersetzt werden.

Erklärung des Bevollmächtigten

Ich habe die vorstehende Vorsorgevollmacht zur Kenntnis genommen und erkläre mich im Bewusstsein der von mir übernommenen Verantwortung zu der Übernahme der Bevollmächtigung bereit.

..., am ...

... ...

Unterschrift des Vollmachtgebers Unterschrift des Bevollmächtigten

...

Unterschrift des Ersatzbevollmächtigten

Vorsorgevollmacht nur für den Gesundheits- und persönlichen Bereich

Hinweis: *Diesen Text müssen Sie mit Ort, Datum, Vor- und Familiennamen unterschreiben.*

Nach eingehender Beratung über die Möglichkeiten der rechtlichen Vorsorge für ein selbstbestimmtes Leben sowie nach eingehender Belehrung über die mit der Erteilung einer Vorsorgevollmacht verbundenen Risiken,

bevollmächtige ich, Herr/Frau ..., geboren am ..., wohnhaft in ...

- Vollmachtgeber –

im Vollbesitz meiner geistigen Kräfte und in Kenntnis der Tragweite meiner Anordnungen gemäß §§ 1896 Absatz 2 Satz 2, 185, 164 ff. BGB für den Fall, dass ich auf Grund einer psychischen Krankheit oder einer körperlichen, geistigen oder seelischen Behinderung meine Angelegenheiten ganz oder teilweise nicht mehr besorgen kann oder will, zur Vermeidung einer rechtlichen Betreuung

Herrn/Frau ..., geboren am ..., wohnhaft in ...

- Bevollmächtigter –

mich in allen meinen persönlichen und/oder gesundheitlich relevanten Angelegenheiten, soweit eine Stellvertretung gesetzlich zulässig ist, gerichtlich und außergerichtlich zu vertreten und meine Rechte zu wahren. Die Rechtshandlungen des Bevollmächtigten sollen dieselbe Wirksamkeit haben, wie wenn ich sie selbst ausführen würde.

Diese Vollmacht, die meinem Bevollmächtigten weitgehende und umfassende Befugnisse einräumt, berechtigt ihn, ohne dass die nachfolgende, nur beispielhafte Aufzählung eine Einschränkung bewirkt, mich in Bezug auf meine persönlichen oder gesundheitlichen Angelegenheiten – also nicht in vermögensrechtlichen Belangen – zu vertreten, insbesondere bei

Verträgen, Erklärungen, Anträgen

- Verträge jeglicher Art in Bezug auf meine persönlichen und/oder gesundheitlich relevanten Angelegenheiten unter beliebigen Bedingungen abzuschließen.
- Vereinbarungen mit Kliniken, Alters- und/oder Pflegeheimen abzuschließen und zum Zwecke hierfür Sicherungshypotheken auch für den Sozialhilfeträger zu bestellen.
- Erklärungen jeglicher Art (Einwilligungen, Anfechtungen, Kündigungen, Austritte, Rücktritte, Widerrufe, Verzichte etc.) abzugeben und entgegenzunehmen.
- zur Vertretung in Renten-, Versorgungs-, Beihilfe-, Steuer-, Pflegeversicherungs-, Versicherungs- und sonstigen Angelegenheiten und zur Beantragung von Leistungen jeder Art wie Renten, Versorgungsbezüge, Pflegeversicherungsleistungen, Grundsicherung oder Sozialhilfe.
- bei geschäftsähnlichen Handlungen (Mahnungen, Fristsetzungen, Anträgen, Mitteilungen etc.) und bei allen Verfahrenshandlungen.
- bei Rechtsstreitigkeiten für mich als Kläger oder Beklagten durch alle Rechtszüge zu führen und hierbei die Rechte eines Prozessbevollmächtigten im vollem Umfange des § 81 ZPO auszuüben, Bevollmächtigte zu bestellen, Vergleiche abzuschließen, Verzichte zu erklären und Ansprüche anzuerkennen, Wiedereinsetzung in den vorigen Stand, einstweilige Verfügungen und Arreste zu erwirken und mich in allen gerichtlichen und außergerichtlichen Verfahren als Gläubiger oder Schuldner, Kläger oder Beklagter oder in jeder sonst wie infrage kommenden Eigenschaft zu vertreten.
- Diese Vollmacht erstreckt sich auch auf meine Vertretung gegenüber Gerichten, Behörden, öffentlichen Registern und Amtspersonen, Banken sowie gegenüber allen natürlichen und juristischen Personen.

Persönliche Angelegenheiten

- Die Vollmacht umfasst das Recht, die Herausgabe meiner Person von jedem zu verlangen, der mich meinem Bevollmächtigten gegenüber widerrechtlich vorenthält.
- Die Vollmacht umfasst das Recht, meinen Umgang auch mit Wirkung für und gegen Dritte zu bestimmen.
- Die Vollmacht berechtigt, über meinen Fernmeldeverkehr zu entscheiden, zur Entgegennahme, zum Anhalten und Öffnen meiner Post und zur Entgegennahme von Wahlunterlagen.

- Die Vollmacht berechtigt meinen Bevollmächtigten, Strafanzeigen und/oder Strafanträge bei den zuständigen Stellen in meinem Namen zu stellen.
- Die Vollmacht berechtigt zu meiner Totensorge und darüber, über Art und Umfang meiner Beerdigung zu entscheiden.

Aufenthalt, Wohnungsangelegenheiten und Heimaufnahme

Die Vollmacht berechtigt zur Bestimmung meines Aufenthaltsortes und zur Aufhebung und Begründung meines Wohnsitzes sowie zur Auflösung meines Haushalts und zur Verfügung über das Inventar.

Gesundheits- und Behandlungsvorsorge

- Mein Bevollmächtigter darf in eine Untersuchung meines Gesundheitszustands, eine medizinische Behandlung oder einen medizinischen Eingriff, auch mit risikoreichen oder neuen, noch nicht zugelassenen Medikamenten und Behandlungsmethoden, einwilligen, auch wenn diese erhebliche unerwünschte Nebenwirkungen haben oder haben können, oder diese Einwilligung verweigern, auch wenn die Gefahr besteht, dass ich dabei sterbe oder einen schweren, länger dauernden gesundheitlichen Schaden erleide. Mein Bevollmächtigter darf darüber hinaus auch über Beginn oder Beendigung von lebenserhaltenden oder lebensverlängernden Maßnahmen entscheiden.
- Soweit ich insoweit selbst mündlich, schriftlich oder sonst irgendwie eine Erklärung abgegeben bzw. meinen eigenen Willen kundgetan habe, insbesondere in einer Patientenverfügung, hat einzig und allein mein Wille maßgeblich zu sein.
- Bei der Zustimmung oder Verweigerung zu einer Untersuchung meines Geisteszustands, zu einer medizinischen Behandlung oder zu einem medizinischen Eingriff verfüge ich, dass von meiner Bevollmächtigten alle Maßnahmen mit den Ärzten intensiv beraten werden, möglichst unter Beiziehung meines Hausarztes, derzeit Dr. ..., mit Praxissitz in ...
- zur Wahrnehmung meiner Patientenrechte.
- Mein Bevollmächtigter darf meine Krankenunterlagen einsehen und in deren Herausgabe an Dritte einwilligen.

Freiheitsentziehende Maßnahmen, Unterbringung

Mein Bevollmächtigter kann über Handlungsweisen, die meine Bewegungsfreiheit einschränken oder aufheben (Verschließen der Zimmer- und/oder der Wohnungstüre, Anbringen von Bettgittern, Bauchgurten oder anderen Fixierungsmitteln, Verabreichen von Psychopharmaka etc.), und auch über eine Unterbringung in einem Pflegeheim, einer geschlossenen Anstalt oder einem Krankenhaus entscheiden, die mit Freiheitsentziehung verbunden sind, solange dies zu meinem Wohl erforderlich ist, weil auf Grund einer psychischen Krankheit oder geistigen oder seelischen Behinderung die Gefahr besteht, dass ich mich selbst töte oder mir erheblichen gesundheitlichen Schaden zufüge, oder eine Untersuchung meines Gesundheitszustands, eine Heilbehandlung oder ein ärztlicher Eingriff notwendig ist und ohne meine Unterbringung nicht durchgeführt werden kann, weil ich auf Grund einer psychischen Krankheit oder geistigen oder seelischen Behinderung die Notwendigkeit der Unterbringung nicht erkennen und nicht nach dieser Einsicht handeln kann.

Entbindung von Schweigepflichten

Ich entbinde hiermit alle Stellen und Personen, die einer Schweigepflicht unterliegen (Ärzte, Rechtsanwälte, Steuerberater, Krankenkasse usw.), gegenüber meinem Bevollmächtigten von ihrer Schweigepflicht und bitte diese Stellen und Personen, meinen Bevollmächtigten bei seiner Arbeit zu unterstützen.

Handhabung der Vollmacht

- Die Vollmacht wird mit der Unterzeichnung dieser Urkunde wirksam.
- Sie gilt im In- und Ausland und berechtigt meinen Bevollmächtigten zum sofortigen Handeln. Im Außenverhältnis ist die Vollmacht uneingeschränkt gültig. Damit ist insbesondere der Nachweis gegenüber dritten Personen, denen diese Vollmacht vorgelegt wird, dass ich auf Grund einer psychischen Krankheit oder einer körperlichen, geistigen oder seelischen Behinderung meine Angelegenheiten ganz oder teilweise nicht mehr besorgen kann oder will oder dass ich geschäftsunfähig bin oder dass Zweifel an meiner Geschäftsfähigkeit bestehen, nicht erforderlich.

- Im Innenverhältnis ist mein Bevollmächtigter jedoch angewiesen, die Vollmacht nur nach meinen vorherigen Anweisungen zu gebrauchen.
- Die Vollmacht ist nur wirksam, solange der Bevollmächtigte diese bei Vornahme der Handlung im Original vorlegen kann.
- Der Bevollmächtigte darf Untervollmacht erteilen. Bei Entscheidungen, die die Zustimmung zu ärztlichen Behandlungen, zu Unterbringungen und zu unterbringungsähnlichen Maßnahmen betreffen, ist eine Unterbevollmächtigung jedoch nur auf eine Rechtsanwältin oder einen Rechtsanwalt möglich.
- Die Vollmacht ist für den Vollmachtgeber jederzeit einseitig frei widerruflich, auch gesondert gegenüber dem Bevollmächtigten.
- Die Vollmacht bleibt in Kraft, auch wenn ich geschäftsunfähig werde oder sterbe.
- Mein Bevollmächtigter ist berechtigt, meinen Nachlass bis zur amtlichen Feststellung meiner Erben in Besitz zu nehmen und zu verwalten, und zwar in einem solchen Umfang, dass eine Nachlasspflegschaft unterbleiben kann.

Ersatzbevollmächtigter

Für den Fall, dass die Vorsorgevollmacht des Bevollmächtigten, gleich aus welchem Rechtsgrund, nicht mehr besteht oder der Bevollmächtigte dauerhaft nicht in der Lage ist, seine Tätigkeit ordnungsgemäß auszuüben, und ich selbst nicht mehr in der Lage bin, einen anderen Bevollmächtigten zu bestellen, bestimme ich Folgendes:

- Ich bestimme als Ersatzbevollmächtigten Herrn/Frau ..., geboren am ..., wohnhaft in ...,
- wiederum ersatzweise Herrn/Frau ..., geboren am ..., wohnhaft in ...

Betreuungsverfügung

Sollte trotz meiner Vorsorgevollmacht die Einrichtung einer rechtlichen Betreuung einmal zwingend erforderlich werden, so soll dies diese Vollmacht nicht berühren. Die Betreuung ist auf das unbedingt erforderliche Maß zu beschränken und sobald als möglich wieder aufzuheben. Zu meinem Betreuer ist in diesem Fall nach Möglichkeit mein oben genannter Bevollmächtigter oder einer der Ersatzbevollmächtigten zu bestellen. Für diese sind die in dieser Vollmacht niedergelegten Anweisungen ebenfalls verbindlich.

Salvatorische Klausel

Sollten einzelne Bestimmungen dieser Vorsorgevollmacht unwirksam sein oder werden, so soll das nicht die Wirksamkeit meiner Vorsorgevollmacht im Übrigen berühren. Unwirksame Bestimmungen sollen entsprechend ihrem Sinn ausgelegt und durch wirksame ersetzt werden.

Erklärung des Bevollmächtigten

Ich habe die vorstehende Vorsorgevollmacht zur Kenntnis genommen und erkläre mich im Bewusstsein der von mir übernommenen Verantwortung zu der Übernahme der Bevollmächtigung bereit.

..., am ...

...	...
Unterschrift des Vollmachtgebers	Unterschrift des Bevollmächtigten

...

Unterschrift des Ersatzbevollmächtigten

Vorsorgevollmacht nur für vermögensrechtliche Angelegenheiten

***Hinweis**: Diesen Text müssen Sie mit Ort, Datum, Vor- und Familiennamen unterschreiben.*

Nach eingehender Beratung über die Möglichkeiten der rechtlichen Vorsorge für ein selbstbestimmtes Leben sowie nach eingehender Belehrung über die mit der Erteilung einer Vorsorgevollmacht verbundenen Risiken,

bevollmächtige ich, Herr/Frau ..., geboren am ..., wohnhaft in ...

- Vollmachtgeber –

im Vollbesitz meiner geistigen Kräfte und in Kenntnis der Tragweite meiner Anordnungen gemäß §§ 1896 Absatz 2 Satz 2, 185, 164 ff. BGB für den Fall, dass ich auf Grund einer psychischen Krankheit oder einer körperlichen, geistigen oder seelischen Behinderung meine Angelegenheiten ganz oder teilweise nicht mehr besorgen kann oder will, zur Vermeidung einer rechtlichen Betreuung

Herrn/Frau ..., geboren am ..., wohnhaft in ...

- Bevollmächtigter –

mich in allen meinen vermögensrechtlichen Angelegenheiten, soweit eine Stellvertretung gesetzlich zulässig ist, gerichtlich und außergerichtlich zu vertreten und meine Rechte zu wahren. Die Rechtshandlungen des Bevollmächtigten sollen dieselbe Wirksamkeit haben, wie wenn ich sie selbst ausführen würde. Diese Vollmacht, die meinem Bevollmächtigten weitgehende und umfassende Befugnisse einräumt, berechtigt ihn, ohne dass die nachfolgende, nur beispielhafte Aufzählung eine Einschränkung bewirkt, insbesondere bei

Vermögensangelegenheiten

- zur Verwaltung meines gesamten beweglichen und unbeweglichen Vermögens,
- zur Geltendmachung von Ansprüchen und Rechten jeder Art, zum Rechts- und Vermögenserwerb sowie zum Inkasso,
- zur Verfügung über Rechte und Vermögen jeder Art, nicht jedoch über meinen Grundbesitz, jedoch über meine Konten, Depots und Schließfächer bei Banken und Sparkassen,
- zum Eingehen von Verbindlichkeiten in beliebiger Art und Höhe, einschließlich einer Zwangsvollstreckungsunterwerfung,
- Verfügungen von Todes wegen anzuerkennen oder anzufechten, Erbschaften anzunehmen oder auszuschlagen, mich als Erben, Pflichtteilsberechtigten, Vermächtnisnehmer, Schenker oder Beschenkten in jeder Weise, auch beim Vermögens- und Gemeinschaftsauseinandersetzungen, zu vertreten und Erklärungen für mich abzugeben und alles zu tun, was zur Regelung von Nachlässen und deren Teilung notwendig ist.
- Diese Vollmacht berechtigt ausdrücklich nicht zur Verfügung über meinen Grundbesitz, dingliche Rechte jeder Art an Grundstücken (Hypotheken, Grundschulden, Reallasten usw.) sowie an anderen Gegenständen zu bestellen, zu kündigen und aufzugeben sowie ebenfalls nicht zur Ausübung von Gesellschafterrechten, insbesondere zur Teilnahme an Veranstaltungen und zur Stimmrechtsausübung.

Verträgen, Erklärungen, Anträgen

- Verträge jeglicher Art unter beliebigen Bedingungen abzuschließen, Vergleiche einzugehen, Schenkungen vorzunehmen, die jedoch nur in dem von § 1804 BGB genannten Rahmen erlaubt sind.
- Vereinbarungen mit Kliniken, Alters- und/oder Pflegeheimen abzuschließen und zum Zwecke hierfür Sicherungshypotheken auch für den Sozialhilfeträger zu bestellen.
- Erklärungen jeglicher Art (Einwilligungen, Anfechtungen, Kündigungen, Austritte, Rücktritte, Widerrufe, Verzichte etc.) abzugeben und entgegenzunehmen.
- Zur Vertretung in Renten-, Versorgungs-, Beihilfe-, Steuer-, Pflegeversicherungs-, Versicherungs- und sonstigen Angelegenheiten und zur Beantragung von Leistungen jeder Art wie Renten, Versorgungsbezüge, Pflegeversicherungsleistungen, Grundsicherung oder Sozialhilfe.
- Zu geschäftsähnlichen Handlungen (Mahnungen, Fristsetzungen, Anträgen, Mitteilungen etc.) und zu allen Verfahrenshandlungen.

- Rechtsstreitigkeiten für mich als Kläger oder Beklagten durch alle Rechtszüge zu führen und hierbei die Rechte eines Prozessbevollmächtigten im vollem Umfange des § 81 ZPO auszuüben, Bevollmächtigte zu bestellen, Vergleiche abzuschließen, Verzichte zu erklären und Ansprüche anzuerkennen, Wiedereinsetzung in den vorigen Stand, einstweilige Verfügungen und Arreste zu erwirken und mich in allen gerichtlichen und außergerichtlichen Verfahren als Gläubiger oder Schuldner, Kläger oder Beklagter oder in jeder sonst wie infrage kommenden Eigenschaft zu vertreten.
- Diese Vollmacht erstreckt sich auch auf meine Vertretung gegenüber Gerichten, Behörden, öffentlichen Registern und Amtspersonen, Banken sowie gegenüber allen natürlichen und juristischen Personen.
- Die Vollmacht berechtigt, über meinen Fernmeldeverkehr zu entscheiden, zur Entgegennahme, zum Anhalten und Öffnen meiner Post und zur Entgegennahme von Wahlunterlagen.

Entbindung von Schweigepflichten

Ich entbinde hiermit alle Stellen und Personen, die einer Schweigepflicht unterliegen (Ärzte, Rechtsanwälte, Steuerberater, Krankenkasse usw.), gegenüber meinem Bevollmächtigten von ihrer Schweigepflicht und bitte diese Stellen und Personen, meinen Bevollmächtigten bei seiner Arbeit zu unterstützen.

Handhabung der Vollmacht

- Die Vollmacht wird mit der Unterzeichnung dieser Urkunde wirksam.
- Sie gilt im In- und Ausland und berechtigt meinen Bevollmächtigten zum sofortigen Handeln. Im Außenverhältnis ist die Vollmacht uneingeschränkt gültig. Damit ist insbesondere der Nachweis gegenüber dritten Personen, denen diese Vollmacht vorgelegt wird, dass ich auf Grund einer psychischen Krankheit oder einer körperlichen, geistigen oder seelischen Behinderung meine Angelegenheiten ganz oder teilweise nicht mehr besorgen kann oder will oder dass ich geschäftsunfähig bin oder dass Zweifel an meiner Geschäftsfähigkeit bestehen, nicht erforderlich.
- Im Innenverhältnis ist mein Bevollmächtigter jedoch angewiesen, die Vollmacht nur nach meinen vorherigen Anweisungen zu gebrauchen.
- Der Bevollmächtigte ist von den Beschränkungen des § 181 BGB befreit/nicht befreit.
- Die Vollmacht ist nur wirksam, solange der Bevollmächtigte diese bei Vornahme der Handlung im Original vorlegen kann.
- Der Bevollmächtigte darf Untervollmacht erteilen.
- Die Vollmacht ist für den Vollmachtgeber jederzeit einseitig frei widerruflich, auch gesondert gegenüber dem Bevollmächtigten.
- Die Vollmacht bleibt in Kraft, auch wenn ich geschäftsunfähig werde oder sterbe.
- Mein Bevollmächtigter ist berechtigt, meinen Nachlass bis zur amtlichen Feststellung meiner Erben in Besitz zu nehmen und zu verwalten und zwar in einem solchen Umfang, dass eine Nachlasspflegschaft unterbleiben kann.

Ersatzbevollmächtigte

Für den Fall, dass die Vorsorgevollmacht des Bevollmächtigten, gleich aus welchem Rechtsgrund, nicht mehr besteht oder der Bevollmächtigte dauerhaft nicht in der Lage ist, seine Tätigkeit ordnungsgemäß auszuüben, und ich selbst nicht mehr in der Lage bin, einen anderen Bevollmächtigten zu bestellen, bestimme ich Folgendes:

- Ich bestimme als Ersatzbevollmächtigten Herrn/Frau …, geboren am …, wohnhaft in …,
- wiederum ersatzweise Herrn/Frau …, geboren am …, wohnhaft in …

Betreuungsverfügung

Sollte trotz meiner Vorsorgevollmacht die Einrichtung einer rechtlichen Betreuung einmal zwingend erforderlich werden, so soll dies diese Vollmacht nicht berühren. Die Betreuung ist auf das unbedingt erforderliche Maß zu beschränken und sobald als möglich wieder aufzuheben. Zu meinem Betreuer ist in diesem Fall nach Möglichkeit mein oben genannter Bevollmächtigter oder einer der Ersatzbevollmächtigten zu bestellen. Für diese sind die in dieser Vollmacht niedergelegten Anweisungen ebenfalls verbindlich.

Salvatorische Klausel

Sollten einzelne Bestimmungen dieser Vorsorgevollmacht unwirksam sein oder werden, so soll das nicht die Wirksamkeit meiner Vorsorgevollmacht im Übrigen berühren. Unwirksame Bestimmungen sollen entsprechend ihrem Sinn ausgelegt und durch wirksame ersetzt werden.

Erklärung des Bevollmächtigten

Ich habe die vorstehende Vorsorgevollmacht zur Kenntnis genommen und erkläre mich im Bewusstsein der von mir übernommenen Verantwortung zu der Übernahme der Bevollmächtigung bereit.

..., am ...

... ...

Unterschrift des Vollmachtgebers Unterschrift des Bevollmächtigten

...

Unterschrift des Ersatzbevollmächtigten

Geschäftsbesorgungsvertrag zwischen dem Vollmachtgeber und dem Bevollmächtigten

Hinweis: *Diesen Text müssen Sie mit Ort, Datum, Vor- und Familiennamen unterschreiben.*

Zwischen

Herrn/Frau ..., geboren am ..., wohnhaft in ...

- nachfolgend „Auftraggeber" genannt –

und

Herrn/Frau ..., geboren am ..., wohnhaft in ...

- nachfolgend „Beauftragter" genannt –

wird nachfolgender Vertrag geschlossen, der das Grundverhältnis für die am ... erteilte Vorsorgevollmacht des Auftraggebers regelt.

§ 1 Präambel

Der Beauftragte hat sicherzustellen, dass der Auftraggeber sein Leben bei größtmöglicher Eigenständigkeit und Selbständigkeit bis zuletzt nach seinen eigenen Wünschen und Vorstellungen realisieren kann. Er hat die bei dem Auftraggeber entstehenden Defizite auszugleichen und seine Tätigkeit dabei an den Grundsätzen und Werten zu orientieren, die der Auftraggeber in der Vergangenheit selbst für sich herangezogen hat. Er hat die Angelegenheiten des Auftraggebers nach bestem Wissen und Gewissen so zu besorgen, dass sie dem Wohl des Auftraggebers entsprechen. Im Übrigen ist der Beauftragte zur sorgfältigen und gewissenhaften Ausführung aller Angelegenheiten des Auftraggebers unter Einhaltung der Gesetze und sonstigen Rechtsvorschriften verpflichtet.

§ 2 Geschäftsbesorgung in persönlichen Angelegenheiten

Der Beauftragte verpflichtet sich insbesondere, die rechtliche Organisation der persönlichen Betreuung des Auftraggebers durchzuführen, wie beispielsweise die Beauftragung häuslicher Pflege- und Versorgungsdienste, die aus Gesundheitsgründen notwendige Zuführung zur ärztlichen Behandlung oder die Organisation einer notwendig werdenden Aufnahme in ein Krankenhaus oder eine Pflegeeinrichtung (Betreutes Wohnen, Alten- oder Pflegeheim, Reha-Einrichtung etc.) sowie den Abschluss und die Überwachung der hierfür erforderlichen Verträge.

Die Aufenthaltswahl hat sich an den Wünschen des Auftraggebers sowie an dessen Gesundheitszustand und insbesondere dem Grad seiner Pflegebedürftigkeit zu orientieren, wobei ärztliche Empfehlungen von der Beauftragten zu beachten sind.

Bei der Geschäftsbesorgung der persönlichen Angelegenheiten des Auftraggebers sind die Wünsche und Vorstellungen des Auftraggebers zu beachten.

§ 3 Geschäftsbesorgung in Vermögensangelegenheiten

Der Auftraggeber verpflichtet sich, bei der Vermögensverwaltung mitzuwirken und dem Beauftragten die notwendigen Auskünfte und Unterlagen zur Verfügung zu stellen.

Der Beauftragte verpflichtet sich zur ordnungsgemäßen Verwaltung des Vermögens des Auftraggebers unter Einhaltung der geltenden Rechts- und Steuervorschriften. Das Vermögen des Auftraggebers ist getrennt von Vermögen des Beauftragten oder von ihm verwalteten Vermögen Dritter zu verwalten. Die Führung von Sammelkonten ist zulässig. Die Vermögensverwaltung durch den Beauftragten beginnt mit der ersten Vermögensverfügung der Beauftragten. Der Beauftragte hat Vermögensverfügungen für den Auftraggeber nur nach dessen Weisungen und/oder in dessen Interesse zu treffen und ist dabei nur dem Wohl des Auftraggebers verpflichtet. Über Buchungen, denen Abhebungen, Zahlungen oder Überweisungen mittels Master- oder Kreditkarten des Auftraggebers zugrunde liegen, besteht keine Abrechnungspflicht des Beauftragten, solange der Auftraggeber im Besitz seiner Master- oder Kreditkarten ist. Der Beauftragte hat die Master- und Kreditkarten des Auftraggebers einziehen zu lassen, sobald er erkennt, dass eine Missbrauchsgefahr für die Master- und Kreditkarten des Auftraggebers besteht.

Zur Veräußerung bzw. Belastung von Grundbesitz ist der Beauftragte nur berechtigt, falls Grundbesitz nach sozialhilferechtlichen Grundsätzen zu verwerten ist oder die liquiden Mittel und Versorgungsansprüche (Rente, Pflegegeld etc.) nicht zur Bestreitung der Lebenshaltungskosten des Auftraggebers ausreichen oder die Verwertung oder Belastung von Grundbesitz aus anderen wirtschaftlichen Gründen notwendig erscheint.

Der Beauftragte darf in Vertretung des Auftraggebers keine Schenkungen vornehmen oder Bürgschaften erklären. Ausgenommen sind Schenkungen, mit denen einer sittlichen Pflicht oder dem Anstand entsprochen wird, oder Anstandsgeschenke, die dem Wunsch des Auftraggebers entsprechen und/oder nach seinen Lebensverhältnissen üblich sind oder durch den Auftraggeber nachfolgend selbst bestimmt worden sind.

§ 4 Aufgabenübertragung

Der Beauftragte kann seine Aufgaben nicht im Ganzen auf Dritte übertragen oder die Erledigung aller Angelegenheiten einem Dritten überlassen. Der Beauftragte kann Mitarbeiter mit der Erledigung einzelner Angelegenheiten betrauen. Entscheidungen, die die Zustimmung zu ärztlichen Behandlungen, zu Unterbringungen und zu unterbringungsähnlichen Maßnahmen betreffen, hat der Beauftragte immer persönlich oder dessen Vertreter zu treffen; eine Beauftragung von Mitarbeitern ist insoweit nicht möglich. Mitarbeiter sind sorgfältig anzuleiten und zu überwachen. Der Beauftragte haftet ohne Ausnahme für die Tätigkeit von Mitarbeitern wie für seine eigene Tätigkeit.

Der Beauftragte ist berechtigt, einzelne Angelegenheiten sowie eine Urlaubs-, Krankheits- oder Notdienstvertretung durch einen von ihm mit der üblichen Sorgfalt auszuwählenden Dritten (beispielsweise Rechtsanwalt, Steuer- oder Rentenberater) erledigen zu lassen. Der Beauftragte haftet nicht für die durch diese Person verursachten Schäden oder Fehler; Schadenersatzansprüche gegen diese Personen stehen dem Auftraggeber zu und sind vom Bevollmächtigten geltend zu machen.

§ 5 Rechnungslegung und Auskunft

Der Vollmachtgeber erklärt hiermit, dass der Bevollmächtigte keinerlei Auskunft und/oder Rechenschaft schuldet; in Abweichung zu § 666 BGB ist die Bevollmächtigte daher zu keinerlei Rechnungslegung über die

Vermögensverwaltung in Form einer geordneten Zusammenstellung der Einnahmen und Ausgaben, versehen mit den entsprechenden Belegen, soweit diese erteilt zu werden pflegen, und zu keiner jährlichen Vermögensaufstellung, die über den Ab- und Zugang des Vermögens Auskunft gibt, verpflichtet und hat darüber keinerlei Auskunft zu erteilen. Über quittierte Barbeträge zur Bestreitung der gewöhnlichen Lebenshaltungskosten des Auftraggebers besteht keine Abrechnungspflicht des Beauftragten.

Ich, der Vollmachtgeber, bestätige außerdem, dass der Vollmacht kein Auftrags-, sondern ein reines Gefälligkeitsverhältnis zugrunde liegt, wobei mir, dem Vollmachtgeber, der rechtliche Unterschied dieser Rechtsinstitute hinsichtlich der Vorschriften der §§ 662 ff. BGB bekannt ist. Mir ist bewusst, dass ich damit auf die aus auftragsrechtlichen Vorschriften vom Gesetz zu meinen Gunsten aus §§ 662 ff. BGB bestehenden Rechte verzichte, weil ich vollstes Vertrauen in meinen Bevollmächtigten habe.

Die in diesem Vertrag gewählten Begriffe „Auftraggeber", „Beauftragter" und „Geschäftsbesorgung" stehen der Tatsache, dass der Vollmacht ein reines Gefälligkeitsverhältnis zugrunde liegt, nicht entgegen; diese Begriffe wurden nur zur Vereinfachung der Bezeichnung des Vollmachtgebers und des Bevollmächtigten und der entsprechenden Tätigkeiten, also ohne jegliche rechtliche Bedeutung, gewählt.

Über alle bis heute etwa getätigten Vermögensverfügungen des Bevollmächtigten erkläre ich, der Vollmachtgeber, außerdem, dass diese allesamt in meinem Interesse vorgenommen wurden und nach meinen Anweisungen von dem Bevollmächtigten ausgeführt wurden. Auf eine Rechnungslegung verzichte ich für diesen Zeitraum ebenfalls. Mein Bevollmächtigter wird hiermit insoweit vorsorglich entlastet, da alle von ihm in meinem Auftrag vorgenommene Vermögensverfügungen, Banküberweisungen, Abhebungen von Konten, dort vorgenommene Buchungen usw., keinerlei Anlass zur Beanstandung gegeben haben, wovon ich, der Vollmachtgeber, mich selbst überzeugt habe.

Der Bevollmächtigte bestätigt, dass es sich bei dem der Vollmacht zugrunde liegenden Rechtsverhältnis um ein reines Gefälligkeitsverhältnis handelt. Ein Auftragsverhältnis war zu keinem Zeitpunkt gewollt. Der Bevollmächtigte nimmt den vorsorglich erklärten Verzicht auf den Anspruch auf Auskunfts- und Rechnungslegung des Vollmachtgebers hiermit an.

Die Bestellung eines Kontrollbevollmächtigten wird von mir, dem Vollmachtgeber, ausdrücklich nicht gewünscht.

Die Darlegungs- und Beweislast für die Unrichtigkeit der Zusammenstellung der Einnahmen und Ausgaben und hierbei insbesondere der Verbleib der Einnahmen und dafür, dass über nicht mehr vorhandene Vermögenswerte nicht nach den Weisungen oder im Interesse des Vollmachtgebers verfügt worden ist, trifft in Abweichung zu § 666 BGB denjenigen, der sich darauf beruft, sofern entgegen unserer o.g. Vereinbarung dennoch ein Auftragsverhältnis zwischen uns angenommen werden sollte, was wir allerdings ausschließen.

Dieser Abschnitt (§ 5) gilt auch für die Tätigkeit eines von mir benannten Ersatzbevollmächtigten.

§ 6 Dauer und Beendigung der Geschäftsbesorgung

Der Geschäftsbesorgungsauftrag erlischt nicht mit dem Eintritt der Geschäftsunfähigkeit oder durch den Tod des Auftraggebers. Die Kündigung durch den Auftraggeber ist jederzeit und ohne Angabe von Gründen zulässig, sie bedarf der Schriftform. Die Kündigung durch den Beauftragten ist mit einer Frist von 1 Monat bei Vorliegen eines wichtigen Grundes möglich. Sie bedarf der Schriftform. Ein wichtiger Grund liegt auch vor, wenn Umstände eintreten, auf Grund derer dem Beauftragten die Geschäftsbesorgung nicht mehr zugemutet werden kann, beispielsweise wenn der Auftraggeber vermögenslos wird.

Im Fall seiner Kündigung hat der Beauftragte für den Auftraggeber, soweit keine anderweitige Bevollmächtigung mehr vorliegt, unverzüglich beim zuständigen Vormundschaftsgericht eine Betreuung anzuregen, falls der Auftraggeber zu diesem Zeitpunkt auf Grund einer psychischen Krankheit oder einer körperlichen, geistigen oder seelischen Behinderung seine Angelegenheiten ganz oder teilweise nicht besorgen kann. In diesem Fall hat der Beauftragte die Tätigkeit fortzuführen, bis ein gesetzlicher Betreuer bestellt worden ist.

Sofern der Beauftragte auf Grund einer vom Auftraggeber nicht zu vertretenden Vermögenslosigkeit des Auftraggebers den Geschäftsbesorgungsvertrag kündigt, steht er für den Auftraggeber als gesetzlicher Betreuer zur Verfügung.

§ 7 Vergütung und Auslagenersatz

Der Beauftragte erhält für die Tätigkeit absprachegemäß keine Vergütung.

Alternativ:

Der Beauftragte erhält für seine Tätigkeit eine Vergütung in Höhe von monatlich € ... Die jeweils gesetzliche Mehrwertsteuer ist hierin enthalten. Die Vergütung ist monatlich nachträglich zu zahlen. Auslagen sind gesondert zu entrichten. Der Beauftragte kann seine Vergütung dem Vermögen des Auftraggebers nach Fälligkeit entnehmen. In dieser Vergütung sind alle Auslagen für Post- und Telekommunikationsdienstleistungen sowie für Büromaterial und für Fahrtkosten enthalten.

Alternativ:

Auslagen und Fahrtkosten in Höhe von 0,30 € sind auf Nachweis zusätzlich zu erstatten.

Ändert sich der vom Statistischen Bundesamt festgestellte Verbraucherpreisindex aller privaten Haushalte in Deutschland (Basis 2010 = 100 Prozent) gegenüber dem Stand bei Vertragsbeginn oder gegenüber der letzten Anpassung um mehr als 5 Prozentpunkte, so ändert sich die vereinbarte Vergütung prozentual entsprechend, wobei stets auf den nächst vollen €-Betrag aufzurunden ist. Die Anpassung erfolgt, ohne dass es einer gesonderten Aufforderung durch den Beauftragten bedarf.

Der Beauftragte hat die Art seiner Tätigkeit und den dafür benötigten Zeitaufwand sowie seine Auslagen, soweit diese nicht in der Vergütung beinhaltet sind, zu dokumentieren. Soweit üblich, sind für Auslagen Belege vorzulegen.

§ 8 Pflichten beim Tod des Auftraggebers

Der Beauftragte hat beim Tod des Auftraggebers die Erben und den Bestattungsdienst umgehend zu informieren, die Wohnung des Erblassers zu sichern und bis zur Feststellung der Erben zur Vermeidung einer Nachlasspflegschaft zu verwalten.

§ 9 Schlussbestimmungen

Zusatzvereinbarungen zu diesem Vertrag bedürfen der Schriftform. Der Gerichtsstand ist ... Deutschland.

§ 10 Salvatorische Klausel

Sollte eine Bestimmung dieses Vertrags ungültig sein oder werden oder eine Lücke aufweisen, wird die Gültigkeit des Vertrags im Übrigen dadurch nicht berührt. Anstelle der unwirksamen Regelung gilt die Regelung als vereinbart, die dem Willen der Vertragsparteien am nächsten kommt. Entsprechendes gilt für die Ausfüllung einer Lücke.

..., am ...

...	...
Unterschrift des Auftraggebers	Unterschrift des Beauftragten

Geschäftsbesorgungsvertrag zwischen dem Vollmachtgeber und dem Kontrollbevollmächtigten

Hinweis*: Diesen Text müssen Sie mit Ort, Datum, Vor- und Familiennamen unterschreiben.*

Zwischen

Herrn/Frau ..., geboren am ..., wohnhaft in ...

- nachfolgend „Vollmachtgeber" genannt –

und

Herrn/Frau ..., geboren am ..., wohnhaft in ...

- nachfolgend „Beauftragter" genannt –

wird nachfolgender Vertrag geschlossen, der die Kontrolle über die am ... erstellte Vorsorgevollmacht des Vollmachtgebers regelt. Die nachfolgenden Regelungen gelten auch für einen Vertreter und einen eventuellen Rechtsnachfolger des Beauftragten.

§ 1 Rechte und Pflichten des Kontrollbevollmächtigten

Zum Kontrollbevollmächtigten über die o.g. Vollmacht bestimme ich Herrn/Frau ..., geboren am ..., wohnhaft in ..., ersatzweise Herrn/Frau ..., geboren am ..., wohnhaft in ...

Mein Kontrollbevollmächtigter kann die mir meinen Bevollmächtigten gegenüber zustehenden Rechte ebenso geltend machen wie ein vom Gericht nach § 1896 Abs. 3 BGB bestellter Betreuer. Hierzu zählen insbesondere:

- Verlangen nach Auskunft und Rechnungslegung wie der Auftraggeber,
- jährliche Prüfung der Rechnungslegung und Entlastung des Beauftragten für seine Tätigkeit mit befreiender Wirkung gegenüber dem Auftraggeber und seinen Rechtsnachfolgern,
- Entscheidung über das Abweichen vom Auftrag, § 665 S. 2 BGB,
- Erheben von Schadenersatzansprüchen zu Gunsten des Auftraggebers,
- Herausverlangen des zur Auftragsführung Erhaltenen für den Auftraggeber,
- Geltendmachung des durch die Geschäftsführung Erhaltenen für den Auftraggeber,
- Widerruf der Vollmacht.

Er soll bei allen im Zusammenhang mit der Vollmacht zwischen mir und meinem Bevollmächtigten auftretenden Schwierigkeiten vermitteln und auf eine gütliche Einigung hinwirken.

§ 2 Ersatzbevollmächtigter/Ersatzkontrollbevollmächtigter

Für den Fall, dass der Kontrollbevollmächtigte als Ersatzbevollmächtigter tätig werden sollte oder dauerhaft nicht in der Lage ist, seine Tätigkeit ordnungsgemäß auszuüben, und ich selbst nicht mehr in der Lage bin, einen anderen Kontrollbevollmächtigten zu bestellen, bestimme ich Folgendes:

Herr/Frau ..., geboren am ..., wohnhaft in ..., ist in diesem Fall ermächtigt, einen neuen Kontrollbevollmächtigten zu bestellen. Herr/Frau ... soll die Bestellung unverzüglich vornehmen, wenn er/sie zuverlässige Kenntnis von einem solchen Sachverhalt erlangt.

Weitere als die oben genannten Rechte und Pflichten stehen dem Beauftragten als Kontrollbevollmächtigtem nicht zu.

§ 3 Vergütung und Auslagenersatz

Der Beauftragte erhält für seine Tätigkeit eine Vergütung in Höhe von ... €/Stunde. Die Vergütung ist monatlich nachträglich zu leisten. Der Beauftragte erhält die Vergütung durch die/den jeweils Bevollmächtigte/n des Auftraggebers aus dem Vermögen des Auftraggebers. In dieser Vergütung sind die Auslagen für Post- und Telekommunikationsdienstleistungen sowie für Büromaterial und für Fahrtkosten sowie weitere Auslagen nicht enthalten. Sie sind zusätzlich auf Nachweis zu erstatten. Auf die Vergütung ist die jeweils geltende gesetzliche Umsatzsteuer zusätzlich zu entrichten; sie ist im Betrag von ... €/Stunde nicht enthalten.

Der Beauftragte hat die Art seiner Tätigkeit, die dazu benötigte Zeit sowie seine Auslagen zu dokumentieren.

Alternativ:

Der Kontrollbevollmächtigte erhält für seine Tätigkeit absprachegemäß keine Vergütung.

§ 4 Beginn, Dauer und Beendigung der Geschäftsbesorgung

Die Geschäftsbesorgung beginnt mit der zuverlässigen Kenntnis des Beauftragten von einem Verlust der Kontrollfähigkeit des Auftraggebers über seinen Bevollmächtigten sowie im Fall von Unstimmigkeiten zwischen dem Auftraggeber und seinem Bevollmächtigten oder zwischen diesen und dritten Personen oder im Fall eines Zustimmungserfordernisses oder des Missbrauchs der Vollmacht durch den Bevollmächtigten des Auftraggebers.

Der Geschäftsbesorgungsauftrag erlischt nicht mit dem Eintritt der Geschäftsunfähigkeit oder durch den Tod des Auftraggebers. Die Kündigung durch den Auftraggeber ist jederzeit und ohne Angabe von Gründen zulässig, sie bedarf der Schriftform. In diesem Fall hat der Beauftragte unverzüglich den Bevollmächtigten des Auftraggebers von der Kündigung des Vertrags mit dem Kontrollbevollmächtigten in Kenntnis zu setzen. Die Kündigung durch den Beauftragten ist mit einer Frist von 1 Monat bei Vorliegen eines wichtigen Grundes möglich. Sie bedarf der Schriftform. Ein wichtiger Grund liegt auch dann vor, wenn Umstände eintreten, auf Grund derer dem Beauftragten die Geschäftsbesorgung nicht mehr zugemutet werden kann, beispielsweise wenn der Auftraggeber vermögenslos wird.

§ 5 Schlussbestimmungen

Zusatzvereinbarungen zu diesem Vertrag bedürfen der Schriftform. Gerichtsstand ist … Sollte eine Bestimmung dieses Vertrags ungültig sein oder werden oder eine Lücke aufweisen, wird die Gültigkeit des Vertrags im Übrigen dadurch nicht berührt. Anstelle der unwirksamen Regelung gilt die Regelung als vereinbart, die dem Willen der Vertragsparteien am nächsten kommt. Entsprechendes gilt für die Ausfüllung einer Lücke.

…, am …

… …

Unterschrift des Vollmachtgebers Unterschrift des Ersatzbevollmächtigten

…

Unterschrift des Kontrollbevollmächtigten

Betreuungsverfügung

Hinweis: *Diesen Text müssen Sie mit Ort, Datum, Vor- und Familiennamen unterschreiben.*

Ich, Herr/Frau ..., geboren am ..., wohnhaft in ...,

im Vollbesitz meiner geistigen Kräfte und in Kenntnis der Tragweite meiner Anordnungen, bestimme für den Fall, dass ich auf Grund einer psychischen Krankheit oder einer körperlichen, geistigen oder seelischen Behinderung meine Angelegenheiten ganz oder teilweise nicht mehr besorgen kann oder will und deshalb ein Betreuer für mich bestellt werden muss, Folgendes:

Zu meinem Betreuer/meiner Betreuerin soll

Herr/Frau ..., geboren am ..., wohnhaft in ...

vom Betreuungsgericht bestellt werden. Auf keinen Fall soll zu meinem Betreuer/meiner Betreuerin bestellt werden:

Herr/Frau ..., geboren am ..., wohnhaft in ...

Ersatzbetreuer:

Falls dies nicht möglich ist oder er/sie die Betreuung nicht oder nicht mehr ausüben kann oder will, bestimme ich als Ersatzbetreuer

Herrn/Frau ..., geboren am ..., wohnhaft in ...

Anweisungen an den Betreuer:

Zur Wahrnehmung meiner Angelegenheiten durch den/die Betreuer/in habe ich folgende Wünsche:

1. ...
2. ...
3. ...

..., am ...

...

Unterschrift des Verfügenden

Patientenverfügung

Patientenverfügung

***Hinweis**: Diesen Text müssen Sie mit Ort, Datum, Vor- und Familiennamen unterschreiben. Alternativ ist eine notarielle Beurkundung möglich. Einzelheiten dazu finden Sie auf Seite 24.*

1. Eingangsformel

Ich, Herr/Frau ..., geboren am ..., wohnhaft in ...,

bestimme hiermit für den Fall, dass ich nicht mehr in der Lage sein sollte, meine Angelegenheiten selbst zu regeln, und ich meinen Willen nicht mehr bilden oder verständlich äußern kann, verfüge ich im jetzigen Vollbesitz meiner Kräfte und in voller Kenntnis über den Inhalt und die Tragweite meines hier geäußerten Willens Nachfolgendes:

2. Exemplarische Situation, für die die Verfügung gelten soll

Wenn ich

- mich aller Wahrscheinlichkeit nach unabwendbar im unmittelbaren Sterbeprozess befinde,
- mich im Endstadium einer unheilbaren, tödlich verlaufenden Krankheit befinde, selbst wenn der Todeszeitpunkt nicht absehbar ist,
- in Folge einer Gehirnschädigung meine Fähigkeit, Einsichten zu gewinnen, Entscheidungen zu treffen und mit anderen Menschen in Kontakt zu treten, nach Einschätzung zweier erfahrener Ärztinnen oder Ärzte (können namentlich benannt werden) aller Wahrscheinlichkeit nach unwiederbringlich erloschen ist, selbst wenn der Todeszeitpunkt noch nicht absehbar ist. Dies gilt für direkte Gehirnschädigung beispielsweise durch Unfall, Schlaganfall oder Entzündung ebenso wie für indirekte Gehirnschädigung nach Wiederbelebung, Schock oder Lungenversagen. Es ist mir bewusst, dass in solchen Situationen die Fähigkeit für Empfindungen erhalten sein kann und dass ein Aufwachen aus diesem Zustand nicht ganz sicher auszuschließen, aber unwahrscheinlich ist,
- in Folge eines weit fortgeschrittenen Hirnabbauprozesses (beispielsweise bei Demenzerkrankung) auch mit ausdauernder Hilfestellung nicht mehr in der Lage bin, Nahrung und Flüssigkeit auf natürliche Weise zu mir zu nehmen,
- eigene Beschreibung der Anwendungssituation: ... *(es sollten nur Situationen beschrieben werden, die mit der Einwilligungsunfähigkeit einhergehen können).*

3. Festlegung zur Einleitung, Umfang oder Beendigung bestimmter ärztlicher Maßnahmen

Lebenserhaltende Maßnahmen

In den oben beschriebenen Situationen wünsche ich,

- dass alles medizinisch Mögliche getan wird, um mich am Leben zu erhalten und meine Beschwerden zu lindern,
- auch fremde Gewebe und Organe zu erhalten, wenn dadurch mein Leben verlängert werden könnte.

oder

- dass alle lebenserhaltenden Maßnahmen unterlassen werden. Hunger und Durst sollen auf natürliche Weise gestillt werden, ggf. mit Hilfe bei der Nahrungs- und Flüssigkeitsaufnahme. Ich wünsche fachgerechte Pflege von Mund und Schleimhäuten sowie menschenwürdige Unterbringung, Zuwendung, Körperpflege und das Lindern von Schmerzen, Atemnot, Übelkeit, Angst, Unruhe und anderer belastender Symptome.

Schmerz- und Symptombehandlung

In den oben beschriebenen Situationen wünsche ich eine fachgerechte Schmerz- und Symptombehandlung,

- aber keine bewusstseinsdämpfenden Mittel zur Schmerz- und Symptombehandlung.

oder

- wenn alle sonstigen medizinischen Möglichkeiten zur Schmerz- und Symptomkontrolle versagen, auch bewusstseinsdämpfende Mittel zur Beschwerdelinderung.

oder

- die unwahrscheinliche Möglichkeit einer ungewollten Verkürzung meiner Lebenszeit durch schmerz- und symptomlindernde Maßnahmen nehme ich in Kauf.

Künstliche Ernährung

In den oben beschriebenen Situationen wünsche ich,

- dass eine künstliche Ernährung begonnen oder weitergeführt wird.

oder

- dass keine künstliche Ernährung unabhängig von der künstlichen Zuführung der Nahrung (beispielsweise Magensonde durch Mund, Nase, Bauchdecke, venöse Zugänge, Infusionen) erfolgt.

Künstliche Flüssigkeitszufuhr

In den oben beschriebenen Situationen wünsche ich

- eine künstliche Flüssigkeitszufuhr.

oder

- die Reduzierung künstlicher Flüssigkeitszufuhr nach ärztlichem Ermessen.

oder

- die Unterlassung jeglicher künstlicher Flüssigkeitszufuhr.

Wiederbelebung

A. In den oben beschriebenen Situationen wünsche ich

- in jedem Fall Versuche der Wiederbelebung.

oder

- die Unterlassung von Versuchen zur Wiederbelebung.
- dass der Notarzt nicht verständigt wird bzw. dass ein ggf. hinzugezogener Notarzt unverzüglich über meine Ablehnung von Wiederbelebungsmaßnahmen informiert wird.

B. Nicht nur in den oben beschriebenen Situationen, sondern in allen Fällen eines Kreislaufsstillstands oder Atemversagens

- lehne ich Wiederbelebungsmaßnahmen ab.

oder

- lehne ich Wiederbelebungsmaßnahmen ab, sofern diese Situationen nicht im Rahmen medizinischer Maßnahmen unerwartet eintreten.

Künstliche Beatmung

In den oben beschriebenen Situationen wünsche ich

- eine künstliche Beatmung, falls dies mein Leben verlängern kann.

oder

- dass keine künstliche Beatmung erfolgt bzw. eine schon eingeleitete Beatmung eingestellt wird, unter der Voraussetzung, dass ich Medikamente zur Linderung der Luftnot erhalte. Die Möglichkeit einer Bewusstseinsdämpfung oder einer ungewollten Verkürzung meiner Lebenszeit durch diese Medikamente nehme ich in Kauf.

Dialyse

In den oben beschriebenen Situationen wünsche ich

- eine künstliche Blutwäsche (Dialyse), falls dies mein Leben verlängern kann.

oder

- dass keine Dialyse durchgeführt bzw. eine schon eingeleitete Dialyse eingestellt wird.

Antibiotika

In den oben beschriebenen Situationen wünsche ich

- Antibiotika, falls dies mein Leben verlängern sollte.

oder

- Antibiotika nur zur Linderung meiner Beschwerden.

Blut/Blutbestandteile

In den oben beschriebenen Situationen wünsche ich

- die Gabe von Blut oder Blutbestandteilen, falls dies mein Leben verlängern kann.

oder

- die Gabe von Blut oder Blutbestandteilen nur zur Linderung meiner Beschwerden.

Kreislaufunterstützende Substanzen (Katecholamine)

In den oben beschriebenen Situationen wünsche ich

- die Verabreichung von kreislaufunterstützenden Substanzen (Katecholamine) über die Vene, falls dies mein Leben verlängern kann.

oder

- keine Verabreichung von kreislaufunterstützenden Substanzen (Katecholamine) über die Vene bzw. die sofortige Absetzung.

Ich bin mir bei meiner Erklärung bewusst, dass in bestimmten Grenzsituationen des Lebens Voraussagen über das Ergebnis medizinischer Maßnahmen und möglicher Folgeschäden im Einzelfall kaum möglich sind. Festlegungen für oder gegen eine Behandlung schließen daher für mich auch die Selbstverantwortung für die Folgen ein. Ich bin bereit, das Risiko zu tragen, entweder durch einen Behandlungsverzicht unter Umständen auf ein Weiterleben zu verzichten oder für eine Chance, weiter zu leben, auch Abhängigkeit und Fremdbestimmung in Kauf zu nehmen.

4. Organspende, Obduktion

Ich stimme einer Entnahme meiner Organe nach meinem Tod zu Transplantationszwecken zu. (ggf. ich habe einen Organspendeausweis ausgefüllt). Komme ich nach ärztlicher Beurteilung bei einem sich abzeichnenden Hirntod als Organspender in Betracht und müssen dafür ärztliche Maßnahmen durchgeführt werden, die ich in meiner Patientenverfügung ausgeschlossen habe, dann

- geht die von mir erklärte Bereitschaft zur Organspende vor.

oder

- gehen die Bestimmungen in meiner Patientenverfügung vor.

oder

- lehne ich eine Entnahme meiner Organe nach meinem Tod zu Transplantationszwecken ab.

Mit einer Obduktion meines Körpers zur Befunderklärung bin ich einverstanden.

oder

Mit einer Obduktion meines Körpers zur Befunderklärung bin ich nur einverstanden, wenn meine Todesursache nicht feststeht und ungeklärt ist. Eine Obduktion zu anderen Zwecken lehne ich ab. Anderslautenden Klauseln, beispielsweise in Krankenhausverträgen, widerspreche ich bereits jetzt ausdrücklich.

oder

Mit einer Obduktion meines Körpers zur Befunderklärung bin ich einverstanden, unabhängig davon, ob dies zur Befunderklärung oder zu wissenschaftlichen Zwecken erfolgt. Mein Körper darf aber nicht zu Zwecken der Anatomie verwendet werden.

oder

Mit einer Obduktion meines Körpers zur Befunderklärung bin ich einverstanden, unabhängig davon, ob dies zur Befunderklärung oder zu wissenschaftlichen Zwecken erfolgt. Mein Körper darf auch zu Zwecken der Anatomie verwendet werden.

5. Ort der Behandlung, Ort des Sterbens, Beistand

Ich möchte,

- wenn irgend möglich, zu Hause bzw. in vertrauter Umgebung gepflegt und behandelt werden.

oder

- wenn eine Versorgung zu Hause nicht möglich ist, im Pflegeheim ... gepflegt und behandelt werden.

Ich möchte

- zum Sterben ins Krankenhaus verlegt werden.

oder

- wenn irgend möglich, zu Hause bzw. in vertrauter Umgebung sterben.

oder

- wenn ich nicht zu Hause sterben kann, ... (Ortsangabe) sterben.

oder

- wenn möglich, in einem Hospiz sterben.

Ich möchte

- Beistand durch folgende Person/en:

  Name: ...
  Anschrift: ...
  Telefon: ...
  Telefax: ...

- Beistand durch eine Vertreterin oder einen Vertreter folgender Kirche oder Weltanschauungsgemeinschaft: ..., insbesondere Herrn/Frau
  Name: ...
  Anschrift: ...
  Telefon: ...
  Telefax: ...

  Name: ...
  Anschrift: ...
  Telefon: ...
  Telefax: ...

- hospizlichen Beistand durch
  Name: ...
  Anschrift: ...
  Telefon: ...
  Telefax: ...

- ärztlichen Beistand durch meine/n Hausarzt/-ärztin
  Name: ...
  Anschrift: ...
  Telefon: ...
  Telefax: ...

6. Aussagen zur Verbindlichkeit, zur Auslegung, Durchsetzung und zum Widerruf der Patientenverfügung

- Ich erwarte, dass der in meiner Patientenverfügung geäußerte Wille bestimmten ärztlichen und pflegerischen Maßnahmen von den behandelnden Ärztinnen und Ärzten, dem Behandlungsteam und allen involvierten

Personen befolgt wird. Mein(e) Vertreter(in) – beispielsweise Bevollmächtigte(r)/Betreuer(in) – soll dafür Sorge tragen, dass mein Wille durchgesetzt wird.

- Sollte eine Ärztin oder ein Arzt oder das Behandlungsteam nicht bereit sein, meinen in dieser Patientenverfügung geäußerten Willen zu befolgen, erwarte ich, dass für eine anderweitige medizinische und/ oder pflegerische Behandlung gesorgt wird. Von meiner Vertreterin/meinem Vertreter – beispielsweise Bevollmächtigte(r)/Betreuer(in) – erwarte ich, dass sie/er die weitere Behandlung so organisiert, dass meinem Willen entsprochen wird.
- In Situationen, die in dieser Patientenverfügung nicht konkret geregelt sind, ist mein mutmaßlicher Wille möglich dem Konsens aller Beteiligten zu ermitteln. Dafür soll diese Patientenverfügung als Richtschnur maßgeblich sein. Die letzte Entscheidung über anzuwendende oder zu unterlassende ärztliche/pflegerische Maßnahmen liegt bei:

Alternativen

- meiner/meinem Bevollmächtigten
  Name: ...
  Anschrift: ...
  Telefon: ...
  Telefax: ...
- meiner/meinem Betreuer(in)
  Name: ...
  Anschrift: ...
  Telefon: ...
  Telefax: ...
- der behandelnden Ärztin oder dem behandelnden Arzt
  Name: ...
  Praxisanschrift: ...
  Telefon: ...
  Telefax: ...
- wenn ich meine Patientenverfügung nicht widerrufen habe, wünsche ich nicht, dass mir in der konkreten Anwendungssituation eine Äußerung meines Willens unterstellt wird. Wenn aber die behandelnden Ärztinnen und Ärzte/das Behandlungsteam/mein(e) Bevollmächtigte(r)/Betreuer(in) auf Grund meiner Gesten, Blicke oder anderer Äußerungen die Auffassung vertreten, dass ich entgegen den Festlegungen in meiner Patientenverfügung doch behandelt oder nicht behandelt werden möchte, dann ist es möglich, im Konsens aller Beteiligten zu ermitteln, ob die Festlegungen in meiner Patientenverfügung noch meinem aktuellen Willen entsprechen. Die letzte Entscheidung über anzuwendende oder zu unterlassende ärztliche/pflegerische Maßnahmen liegt bei:

Alternativen

- meiner/meinem Bevollmächtigten
  Name: ...
  Anschrift: ...
  Telefon: ...
  Telefax: ...
- meinem/meiner Betreuer(in)
  Name: ...
  Anschrift: ...
  Telefon: ...
  Telefax: ...
- der behandelnden Ärztin oder dem behandelnden Arzt
  Name: ...
  Praxis-Anschrift: ...
  Telefon: ...
  Telefax: ...

7. Hinweise auf weitere Vorsorgeverfügungen

- Ich habe zusätzlich zur Patientenverfügung eine Vorsorgevollmacht für Gesundheitsangelegenheiten erteilt und den Inhalt dieser Patientenverfügung mit der von mir bevollmächtigten Person besprochen:

  Bevollmächtigte(r)
  Name: …
  Anschrift: …
  Telefon: …
  Telefax: …

- Ich habe eine Betreuungsverfügung zur Auswahl des Betreuers erstellt (ggf.: und den Inhalt dieser Patientenverfügung mit der/dem von mir gewünschten Betreuerin/Betreuer besprochen).

  Gewünschte(r) Betreuer(in)
  Name: …
  Anschrift: …
  Telefon: …
  Telefax: …

8. Hinweis auf beigefügte Erläuterungen zur Patientenverfügung

Als Interpretationshilfe zu meiner Patientenverfügung habe ich beigelegt:

- Darstellung meiner allgemeinen Wertvorstellungen. Diese sollen bei der Auslegung der Patientenverfügung entscheidend sein und Richtlinie bei der Findung meines mutmaßlichen Willens.

Alternativ:

a) Christliche Grundhaltung:

Der feste christliche Glaube bestimmt mein Leben. Das Leben ist uns geschenkt, damit wir es – trotz Leid und Tod – annehmen und gestalten können. Gott ist ein Freund des Lebens. Bis zuletzt soll unser Leben als lebenswert und sinnvoll erfahren werden können. Für jeden Menschen kommt dabei die Zeit des Sterbens. Weil Gott allein Herr über Leben und Tod ist, sind das Leben und die Menschenwürde geschützt. Dies bedeutet auch, dass das Leiden eines Menschen medizinisch zu verlängern ist. Aus dieser Grundhaltung heraus habe ich die beiliegende Patientenverfügung erstellt.

b) Humanistische Grundhaltung:

Eine humanistische Erziehung und ein Leben mit diesen Werten prägen mein Weltbild. Ich orientiere mich an der Würde des einzelnen Menschen und an Werten. Mir ist es wichtig, eine Quälerei am Lebensende für mich selber auszuschließen. Zu dieser Auffassung bin ich durch meine jahrelange freiwillige Tätigkeit für misshandelte Tiere gekommen. Aus dieser Grundhaltung heraus habe ich die beiliegende Patientenverfügung erstellt.

c) Vorhandene Krankheit:

Mein aktuelles Krankheitsbild ist dahin gehend, dass ich unheilbar an Krebs erkrankt bin/dass ich unter unsagbaren Schmerzen leide/ … (andere Krankheiten darstellen). Mit meinen behandelnden Ärzten habe ich mich eingehend über den weiteren Krankheitsverlauf, einschließlich möglicher Komplikationen, unterhalten. Mein aktuelles Leben ist in der Lebensqualität drastisch beschnitten und für mich persönlich eine Qual. Ich habe mich deshalb auch eingehend mit dem Thema Tod beschäftigt. Der Tod bedeutet für mich mittlerweile nichts Negatives mehr. Auf Grund dieser Lebenshaltung habe ich die Einstellung, dass alle medizinischen Maßnahmen zu unterlassen sind, die mein Leiden verlängern. Aus dieser Grundhaltung heraus habe ich die beiliegende Patientenverfügung erstellt.

d) Gesunder Mensch:

Ich bin gesund und leide nach meiner Kenntnis aktuell nicht an einer tödlich verlaufenden Krankheit. In der Vergangenheit habe ich in meiner näheren Umgebung jahrelange Pflege und Tod von Personen miterlebt. Ich habe mich auch durch Presse, Rundfunk über das Thema Pflege und Sterben informiert. Ich bin deshalb nach reiflicher Überlegung zu dem Ergebnis gelangt, dass ich in gewissen Situationen keine weitere Behandlung mehr wünsche. Aus dieser Grundhaltung heraus habe ich die beiliegende Patientenverfügung erstellt.

e) Eigene Ausarbeitung des Erstellers der Patientenverfügung:

Sonstige Unterlagen, die ich für wichtig erachte:

(beispielhafte Aufzählung)

- Vorsorgevollmacht
- Testament
- Organspendeausweis
- Schweigepflichtentbindung
- Bestattungsverfügung

9. Schlussformel

Soweit ich bestimmte Behandlungen wünsche oder ablehne, verzichte ich ausdrücklich auf eine (weitere) ärztliche Aufklärung.

10. Schlussbemerkung

- Mir ist die Möglichkeit der Änderung und des Widerrufs einer Patientenverfügung bekannt.
- Ich bin mir des Inhalts und der Konsequenzen meiner darin getroffenen Entscheidungen bewusst.
- Ich habe die Patientenverfügung in eigener Verantwortung ohne äußeren Druck erstellt.
- Ich bin im Vollbesitz meiner geistigen Kräfte.
- Ich bin mir bewusst, dass ich mit meiner Patientenverfügung nicht alle konkreten Situationen regeln kann. Diese Patientenverfügung soll für alle Beteiligten dann ein Richtschnur zur Findung meines mutmaßlichen Willens sein.

11. Information/Beratung

- Ich habe mich vor der Erstellung dieser Patientenverfügung informiert

bei/durch

Name: ...
Anschrift: ...
Telefon: ...
Telefax: ...

und beraten lassen durch

Name: ...
Anschrift: ...
Telefon: ...
Telefax: ...

12. Ärztliche Aufklärung, Bestätigung der Einwilligungsfähigkeit

Name: ...
Anschrift: ...
Telefon: ...
Telefax: ...

wurde von mir

Name: ...

Anschrift: ...

Telefon: ...

Telefax: ...

am ...

bezüglich der möglichen Folgen dieser Patientenverfügung aufgeklärt. Er/Sie war in vollem Umfang einwilligungsfähig.

Datum, ...

Stempel der Ärztin/des Arztes

(Die Einwilligungsfähigkeit kann auch durch einen Notar oder eine Notarin bestätigt werden.)

13. Aktualisierung

- Die Patientenverfügung gilt solange, bis ich sie widerrufe. Ich bin mir bewusst, dass ich von Gesetzes wegen meine Patientenverfügung nicht regelmäßig unterschreiben muss, um die Gültigkeit auch über einen längeren Zeitraum zu erhalten. Ich stelle ausdrücklich klar, dass das Alter der Patientenverfügung keinen Einfluss auf ihre Gültigkeit hat.

oder

- Diese Patientenverfügung soll nach Ablauf von (Zeitangabe) ihre Gültigkeit verlieren, es sei denn, dass ich sie durch meine Unterschrift erneut bekräftige.
- Um meinen in der Patientenverfügung niedergelegten Willen zu bekräftigen, bestätige ich diesen nachstehend:

Alternativen

- in vollem Umfang.
- mit folgenden Änderungen:

  ...

Ich bin mir dabei bewusst, dass ich von Gesetzes wegen den in meiner Patientenverfügung niedergelegten Willen nicht durch regelmäßiges Unterschreiben bekräftigen muss, um die Gültigkeit auch über einen längeren Zeitraum zu erhalten.

..., am ...

... Unterschrift

Schreiben an den Hausarzt zur Vorbereitung des Besprechungstermins über die Patientenverfügung

Hinweis: *Diesen Text müssen Sie mit Ort, Datum, Vor- und Familiennamen unterschreiben.*

Herr/Frau ... Anschrift ...

Herr/Frau ...

Anschrift ...

Herr/Frau Dr. ...

Adresse ...

Besprechungstermin am ...

Entwurf meiner Patientenverfügung

Sehr geehrte(r) Herr/Frau Dr. ...

ich habe mit Ihren Praxismitarbeiterinnen einen Termin zur Besprechung des Inhalts des Entwurfs meiner Patientenverfügung für den ... vereinbart. Zur Vorbereitung des Termins übersende ich Ihnen vorab den Entwurf meiner Patientenverfügung/eine Kopie des Entwurfs meiner Patientenverfügung zu Ihrer Kenntnisnahme.

Mit freundlichem Gruß

... Unterschrift

Sorgerechtsverfügungen für minderjährige Kinder

***Hinweis**: Dieser Text muss handschriftlich verfasst oder notariell beurkundet werden.*

Sorgerechtsverfügung beider Eltern

Wir, Herr …, geboren am …, und Frau …, geboren am …, beide wohnhaft in …

treffen als Eltern unseres/r nachgenannten/r Kinder für den Fall, dass wir die elterliche Sorge für die/das nachgenannte/n Kind/er nicht mehr ausüben können, folgende Sorgerechtsverfügung:

Zum Sorgeberechtigten über das/die nachgenannte/n Kind/er für die **Personensorge** soll

- Herr/Frau …, geboren am …, wohnhaft in …, bestellt werden,
- ersatzweise Herr/Frau …, geboren am …, wohnhaft in …,
- wiederum ersatzweise Herr/Frau …, geboren am …, wohnhaft in …

Für die Vermögenssorge bestimmen wir übereinstimmend

- Herrn/Frau …, geboren am …, wohnhaft in …,
- ersatzweise Herrn/Frau …, geboren am …, wohnhaft in …,
- wiederum ersatzweise Herrn/Frau …, geboren am …, wohnhaft in …

Wenn gewünscht:

Wir erklären, dass sich die Vermögenssorge nicht auf dasjenige Vermögen erstrecken soll, welches unser/e Kind/er durch uns im Rahmen vorweggenommener Erbfolge oder von Todes wegen erwirbt/erwerben. Zur Verwaltung dieser Vermögenspositionen bestimmen wir als Pfleger:

- Herrn/Frau …, geboren am …, wohnhaft in …,
- ersatzweise Herrn/Frau …, geboren am …, wohnhaft in …

Alternativ:

Wir erklären, dass sich die Vermögenssorge nicht auf dasjenige Vermögen erstrecken soll, welches unser/e Kind/er durch uns im Rahmen vorweggenommener Erbfolge oder von Todes wegen erwirbt/erwerben. Zur Verwaltung dieser Vermögenspositionen haben wir in einer letztwilligen Verfügung einen Testamentsvollstrecker, nämlich

- Herrn/Frau …, geboren am …, wohnhaft in …, berufen.

Auf keinen Fall – gleich mit welchem Aufgabenkreis – soll zum Sorgeberechtigten, gleich ob als Vormund oder Pfleger, bestellt werden:

- Herr/Frau …, geboren am …, wohnhaft in …

Diese Sorgerechtsverfügung erstreckt sich auf unser/e folgende/s Kind/er:

…, geboren am …, wohnhaft in …

…, geboren am …, wohnhaft in …

…, am …

…	…
Unterschrift des Kindesvaters	Unterschrift der Kindesmutter

Sorgerechtsverfügung nur eines Elternteils

Hinweis: *Dieser Text muss handschriftlich verfasst oder notariell beurkundet werden.*

Ich, Herr/Frau ..., geboren am ..., wohnhaft in ..., treffe als sorgeberechtigte/r Mutter/Vater meines/r nachgenannten/r Kindes/r für den Fall, dass ich die elterliche Sorge für die/das nachgenannte/n Kind/er nicht mehr ausüben kann, folgende Sorgerechtsverfügung:

Zum Sorgeberechtigten über das/die nachgenannte/n Kind/er für die **Personensorge** soll

- Herr/Frau ..., geboren am ..., wohnhaft in ...,
- ersatzweise Herr/Frau ..., geboren am ..., wohnhaft in ...,
- wiederum ersatzweise Herr/Frau ..., geboren am ..., wohnhaft in ...,

bestellt werden.

Für die Vermögenssorge bestimme ich

- Herrn/Frau ..., geboren am ..., wohnhaft in ...,
- ersatzweise Herrn/Frau ..., geboren am ..., wohnhaft in ...,
- wiederum ersatzweise Herrn/Frau ..., geboren am ..., wohnhaft in ...

Wenn gewünscht:

Die Vermögenssorge soll sich nicht auf dasjenige Vermögen erstrecken, welches mein/e Kind/er durch mich im Rahmen vorweggenommener Erbfolge oder von Todes wegen erwirbt/erwerben. Zur Verwaltung dieser Vermögenspositionen bestimme ich als Pfleger:

- Herrn/Frau ..., geboren am ..., wohnhaft in ...,
- ersatzweise Herrn/Frau ..., geboren am ..., wohnhaft in ...

Alternativ:

Ich erkläre, dass sich die Vermögenssorge nicht auf dasjenige Vermögen erstrecken soll, welches mein/e Kind/er durch mich im Rahmen vorweggenommener Erbfolge oder von Todes wegen erwirbt/erwerben. Zur Verwaltung dieser Vermögenspositionen habe ich in einer letztwilligen Verfügung einen Testamentsvollstrecker, nämlich Herrn/Frau ..., geboren am ..., wohnhaft in ..., berufen.

Auf keinen Fall – gleich mit welchem Aufgabenkreis – soll zum Sorgeberechtigten, gleich ob als Vormund oder Pfleger, bestellt werden:

- Herr/Frau ..., geboren am ..., wohnhaft in ...

Diese Sorgerechtsverfügung erstreckt sich auf mein/e folgende/s Kind/er:

- ..., geboren am ..., wohnhaft in ...
- ..., geboren am ..., wohnhaft in ...

Sofern das Vormundschaftsgericht das Sorgerecht dem anderen Elternteil mein/er Kind/er überträgt, erkläre ich Folgendes:

Ich wünsche, dass mein/e o.g. Kind/er in meinem aktuellen Haushalt mit meinem derzeitigen Ehepartner, Herrn/Frau ..., geboren am ..., wohnhaft in ..., verbleibt/en. Wegen der engen Bindung meines/er o.g. Kindes/r an ihn/sie entspricht das am ehesten dem Kindeswohl, was sich aus Folgendem ergibt:

hier: Begründung angeben

..., am ...

...

Unterschrift des sorgeberechtigten Elternteils

Schweigepflichtentbindungserklärung

Schweigepflichtentbindungserklärung mit Geltung über den Tod hinaus

Hinweis: *Diesen Text müssen Sie mit Ort, Datum, Vor- und Familiennamen unterschreiben.*

Hiermit entbinde ich, Herr/Frau ..., geboren am ..., wohnhaft in ...,

alle mich behandelnden Ärzte, Pflegedienstleitungen, Pflegepersonen und sämtliche weitere Personen, die bzgl. meiner Behandlung etc. der Schweigepflicht unterliegen, von ihrer Schweigepflicht gegenüber meinem Bevollmächtigten. Mein Bevollmächtigter darf Krankenunterlagen einsehen und an Dritte weitergeben. Die Schweigepflichtentbindung gilt auch über meinen Tod hinaus.

..., am ...

...

Unterschrift

Schweigepflichtentbindungserklärung mit Geltung nicht über den Tod hinaus

Hinweis: *Diesen Text müssen Sie mit Ort, Datum, Vor- und Familiennamen unterschreiben.*

Hiermit entbinde ich, Herr/Frau ..., geboren am ..., wohnhaft in ...,

alle mich behandelnden Ärzte, Pflegedienstleitungen, Pflegepersonen und sämtliche weitere Personen, die bzgl. meiner Behandlung etc. der Schweigepflicht unterliegen, von ihrer Schweigepflicht gegenüber meinem Bevollmächtigten. Mein Bevollmächtigter darf Krankenunterlagen einsehen und an Dritte weitergeben. Die Schweigepflichtentbindung gilt nicht über meinen Tod hinaus.

..., am ...

...

Unterschrift

Organspendeverfügungen

Organspendeverfügung mit Vorrang der Organspende gegenüber der Patientenverfügung

Hinweis: *Diesen Text müssen Sie mit Ort, Datum, Vor- und Familiennamen unterschreiben.*

Die behandelnden Ärzte sind berechtigt, medizinische Maßnahmen zur Erhaltung der Lebensfähigkeit eines Organs durchzuführen, die dem Grunde nach dem Wunsch nach einer Minimalbehandlung widersprechen.

Ich, Herr/Frau …, geboren am …, wohnhaft in …, erkläre hiermit:

Für den Fall, dass nach meinem Tod eine Spende von Organen/Geweben zur Transplantation infrage kommt, erkläre ich, dass nach der ärztlichen Feststellung meines Todes meinem Körper Organe und Gewebe entnommen werden können.

Über die Organspende entscheidet mein Vorsorgebevollmächtigter bzw. mein Betreuer. Müssen hierfür ärztliche Behandlungen durchgeführt werden, die im Widerspruch zu meiner Patientenverfügung stehen, so geht mein Wille zur Organspende vor.

…, am …

…

Unterschrift

Organspendeverfügung mit Vorrang der Patientenverfügung gegenüber der Organspende

Hinweis: *Diesen Text müssen Sie mit Ort, Datum, Vor- und Familiennamen unterschreiben.*

Ich, Herr/Frau …, geboren am …, wohnhaft in …, erkläre hiermit:

Für den Fall, dass nach meinem Tod eine Spende von Organen/Geweben zur Transplantation infrage kommt, erkläre ich, dass nach der ärztlichen Feststellung meines Todes meinem Körper Organe und Gewebe entnommen werden können.

Über die Organspende entscheidet mein Vorsorgebevollmächtigter bzw. mein Betreuer. Müssen hierfür ärztliche Behandlungen durchgeführt werden, die im Widerspruch zu meiner Patientenverfügung stehen, gehen die Regelungen meiner Patientenverfügung vor.

…, am …

…

Unterschrift

Notfallausweis

Hinweis: *Diesen Text müssen Sie mit Ort, Datum, Vor- und Familiennamen unterschreiben.*

Der Notfallausweis dient in einem Notfall dem schnellen Auffinden Ihrer Patientenverfügung und Vorsorgevollmacht sowie der umgehenden Verständigung Ihres Hausarztes, Bevollmächtigten oder Betreuers.

Notfallausweis

Von Herrn/Frau ..., geboren am ..., wohnhaft in ...

Bitte benachrichtigen Sie im Notfall meinen Vorsorgebevollmächtigten

- Herrn/Frau ..., geboren am ..., wohnhaft in ..., Telefon ...,

oder meine Vertrauensperson

- Herrn/Frau ..., geboren am ..., wohnhaft in ..., Telefon ...

Ich habe eine Vorsorgevollmacht und/oder Patientenverfügung hinterlegt bei

- Herrn/Frau ..., geboren am ..., wohnhaft in ..., Telefon ...

oder

- Eine Registrierung im Zentralen Vorsorgeregister ist erfolgt.

oder

- Ich habe einen Organspendeausweis.

oder

- Ich habe keinen Organspendeausweis.

..., am ...

...

Unterschrift

Einzeltestamente

Testament eines Ledigen ohne Kind

Hinweis: *Dieser Text muss handschriftlich verfasst oder notariell beurkundet werden.*

Eine alleinlebende, kinderlose Person möchte einen langjährigen Freund von Todes wegen bedenken, Geldvermächtnisse anordnen, die Grabpflege regeln und einen Testamentsvollstrecker einsetzen. Ihr Testament könnte wie folgt lauten:

Testament

1. Zu meinem alleinigen Erben setze ich, Max Moormann, geboren am 16.5.1956, derzeit wohnhaft in 80798 München, Augustenstraße 10, meinen Freund, Anton Mayer, geboren am 18.8.1958, derzeit wohnhaft in Innere Wiener Straße 13, 81667 München, ein.

Sollte Herr Anton Mayer zum Zeitpunkt meines Todes schon verstorben sein, so bestimme ich als Ersatzerbin meine Nichte Gabriele Krk, geboren am 23.5.1978, derzeit wohnhaft in 80799 München, Schellingstraße 3.

2. Im Wege des Vermächtnisses erhalten aus meinem Nachlass jeweils einen Geldbetrag von 10.000 € - in Worten zehntausend € -

- *meine Schwester Magdalena Müller, geboren am 24.11.1956, derzeit wohnhaft in 80336 München, Lessingstraße 3,*
- *die Technische Universität München,*
- *das Max-Planck-Institut für Plasmaphysik,*
- *der Sportverein Unterhaching.*

Ersatzvermächtnisnehmer bestimme ich ausdrücklich nicht. Die Vermächtnisse sind 3 Monate nach meinem Tode zur Zahlung fällig.

3. Meinen Erben belaste ich mit der Auflage, meine Grabstätte für die Dauer der vollen Ruhezeit zu pflegen und zu unterhalten.

4. Ich ordne Testamentsvollstreckung an. Der Testamentsvollstrecker hat die Aufgabe, meine oben im Testament genannten Anordnungen auszuführen und den Nachlass abzuwickeln. Zum Testamentsvollstrecker bestimme ich Herrn Rechtsanwalt Klaus Klug, mit Kanzleisitz in Innere Wiener Straße 13, 81667 München. Ein etwaiger Ersatztestamentsvollstrecker soll durch den Vorstand des Netzwerks Deutscher Testamentsvollstrecker e.V. (www.NDTV.info) bestimmt werden. Die Vergütung des Testamentsvollstreckers soll sich nach den Empfehlungen des Deutschen Notarvereins richten.

München, den 1.8.2011 *Max Moormann*

Testament eines Alleinstehenden mit Erbeinsetzung seiner Kinder und Teilungsverbot

Hinweis: *Dieser Text muss handschriftlich verfasst oder notariell beurkundet werden.*

Der Witwer Max Moormann möchte seine 18jährige Tochter Theresa und seinen 20jährigen Sohn Siegfried als Miterben einsetzen. Er will dabei verhindern, dass sein Mietshaus, das sich seit Generationen in Familienbesitz befindet, nach dem Erbfall sofort veräußert wird. Dies soll erst möglich sein, wenn Theresa 30 Jahre alt ist. Er könnte folgendes Einzeltestament errichten:

Testament

1. Ich, Max Moormann, geboren am 16.5.1956, derzeit wohnhaft in 80798 München, Augustenstraße 10, setze zu meinen Erben meine Tochter Theresa Moormann und meinen Sohn Simon Moormann je zur Hälfte ein.

Ersatzerben sind jeweils deren Abkömmlinge nach den Regeln der gesetzlichen Erbfolgeordnung. Wiederum ersatzweise soll Anwachsung eintreten.

2. Die Auseinandersetzung bezüglich meines Mietshauses in 80797 München, Adelheidstr. 8, schließe ich so lange aus, bis der jüngste Miterbe das 30. Lebensjahr vollendet hat.

3. Ich ordne Verwaltungstestamentsvollstreckung an. Der Testamentsvollstrecker hat die Aufgabe, meinen Nachlass bis zur Vollendung des 30. Lebensjahres des jüngsten Miterben zu verwalten und obiges Auseinandersetzungsverbot zu überwachen.

Zum Testamentsvollstrecker bestimme ich Herrn Steuerberater Max Klug, Innere Wiener Straße 13, 81667 München, mit dem Recht, einen Nachfolger zu bestimmen.

Sollte der Testamentsvollstrecker das Amt nicht annehmen oder vor oder nach dem Erbfall wegfallen, dann soll der Vorstand des Netzwerks Deutscher Testamentsvollstrecker e.V. mit Sitz in 12163 Berlin, Schloßstr. 26, einen geeigneten Ersatztestamentsvollstrecker bestimmen.

Ich ordne an, dass der Testamentsvollstrecker eine angemessene Vergütung nach den Richtlinien des Deutschen Notarvereins erhält.

München, den 1.8.2011 *Max Moormann*

Testament eines Alleinstehenden mit Erbeinsetzung seiner Kinder und Teilungsanordnung

***Hinweis**: Dieser Text muss handschriftlich verfasst oder notariell beurkundet werden. Siehe auch Seite 52.*

Der Witwer Max Moormann möchte seine Tochter Theresa und seinen Sohn Simon als Miterben einsetzen. Theresa soll seine Eigentumswohnung in München mit einem Verkehrswert von 400.000 € zugewiesen bekommen, während Simon das Ferienhaus in Kufstein mit einem Wert von 200.000 € bekommen soll. Insgesamt sollen beide Kinder bei der Verteilung seines Gesamtnachlasses aber wertmäßig das Gleiche erhalten. Max Moormann könnte folgendes Einzeltestament errichten:

Testament

1. Ich, Max Moormann, geboren am 16.5.1956, derzeit wohnhaft in 80798 München, Augustenstraße 10, setze zu meinen Erben meine Tochter Theresa Moormann und meinen Sohn Simon Moormann je zur Hälfte ein.

Ersatzerben sind jeweils deren Abkömmlinge nach den Regeln der gesetzlichen Erbfolgeordnung. Wiederum ersatzweise soll Anwachsung eintreten.

2. Hinsichtlich der Auseinandersetzung der Erbengemeinschaft ordne ich Folgendes an:

a) Meine Tochter Theresa erhält im Wege der Teilungsanordnung und somit in Anrechnung auf ihren Erbteil meine Eigentumswohnung in 80798 München, Augustenstr. 8.

b) Mein Sohn Simon erhält im Wege der Teilungsanordnung und somit in Anrechnung auf seinen Erbteil mein Ferienhaus in Kufstein, Kitzbühlerstr. 3.

c) Theresa hat Simon einen Wertausgleich in Höhe des hälftigen Wertunterschiedes der beiden Immobilien zu bezahlen. Die Werte der Häuser sind von einem bei der IHK München bestellten Grundstücksgutachter festzulegen.

d) Sollte eine der beiden Immobilien sich bei meinem Tod nicht mehr in meinem Nachlass befinden, so ist diese Teilungsanordnung insgesamt hinfällig.

München, den 1.8.2011 *Max Moormann*

Testament eines Alleinstehenden mit Erbeinsetzung seiner Kinder und Vorausvermächtnis

***Hinweis**: Dieser Text muss handschriftlich verfasst oder notariell beurkundet werden.* *Siehe auch Seite 52.*

Der Witwer Max Moormann möchte seine Tochter Theresa und seinen Sohn Simon als Miterben einsetzen. Simon, der sich anders als seine Schwester Theresa für Briefmarken interessiert, soll die wertvolle Briefmarkensammlung ohne Ausgleichspflicht erhalten. Nur der Restnachlass soll zwischen seinen Kindern gleichmäßig aufgeteilt werden. Max Moormann könnte folgendes Einzeltestament errichten:

Testament

1. Ich, Max Moormann, geboren am 16.5.1956, derzeit wohnhaft in 80798 München, Augustenstraße 10, setze zu meinen Erben meine Tochter Theresa Moormann und meinen Sohn Simon Moormann je zur Hälfte ein.

Ersatzerben sind jeweils deren Abkömmlinge nach den Regeln der gesetzlichen Erbfolgeordnung. Wiederum ersatzweise soll Anwachsung eintreten.

2. Mein Sohn Simon erhält im Wege des Vorausvermächtnisses, also ohne Anrechnung auf seinen Erbteil, meine Briefmarkensammlung.

München, den 1.8.2011 *Max Moormann*

Testament eines Alleinstehenden zur wirtschaftlichen Gleichstellung seiner Kinder unter Vermeidung einer Erbengemeinschaft

***Hinweis**: Dieser Text muss handschriftlich verfasst oder notariell beurkundet werden.*

Der Witwer Max Moormann hat zwei Kinder und möchte diese wirtschaftlich gleichstellen. Sein Sohn Simon, ein Lebemann, wäre anders als seine in geschäftlichen und rechtlichen Dingen bewanderte Schwester Theresa nicht in der Lage, den Nachlass abzuwickeln, und würde die Abwicklung allenfalls blockieren, da sich die Geschwister nicht gut verstehen. Nachdem Max beim Tode seiner eigenen Eltern mit einer Erbengemeinschaft und dem eingesetzten Testamentsvollstrecker schlechte Erfahrungen gemacht hat, wünscht er eine andere, Streit vermeidende Lösung. Max Moormann könnte folgendes Einzeltestament errichten:

Testament

1. Ich, Max Moormann, geboren am 16.5.1956, derzeit wohnhaft in 80798 München, Augustenstraße 10, setze meine Tochter Theresa Moormann zu meiner alleinigen Vollerbin ein. Ersatzerben sind deren Abkömmlinge nach den Regeln der gesetzlichen Erbfolgeordnung.

2. Meine Tochter Theresa beschwere ich zu Gunsten meines Sohnes Simon Moormann mit folgendem Vermächtnis:

Mein Sohn Simon erhält ein Geldvermächtnis im Werte seines gesetzlichen Erbteils.

Zur Berechnung des Vermächtnisses gelten die pflichtteilsrechtlichen Vorschriften entsprechend. Meinem Sohn steht ein Auskunftsanspruch entsprechend § 2314 BGB zu.

Das Vermächtnis ist 6 Monate nach meinem Tod zur Zahlung fällig.

Ersatzvermächtnisnehmer sind die Abkömmlinge meines Sohnes nach den Regeln der gesetzlichen Erbfolge. Sind keine vorhanden, entfällt das Vermächtnis.

München, den 1.8.2011 *Max Moormann*

Testament eines Alleinstehenden zur wirtschaftlichen Gleichstellung eines Kindes

***Hinweis**: Dieser Text muss handschriftlich verfasst oder notariell beurkundet werden.*

Der Witwer Max Moormann hat zwei Kinder und möchte diese zu Miterben einsetzen. Sein Sohn Simon hat bereits eine Zuwendung von 100.000 € bekommen. Von einem befreundeten Rechtsanwalt erfährt Max Moormann, dass der Betrag bei der Erbauseinandersetzung der Kinder unberücksichtigt bleibt, weil er weder eine Anrechnungsbestimmung getroffen hat, wonach sich Simon diesen Betrag auf sein späteres Erbe anrechnen lassen muss, noch eine Ausstattung vorliegt, die von Gesetzes wegen bei der Auseinandersetzung der Erbengemeinschaft durch die Kinder zur Anrechnung der Zuwendung führt. Weiter erfährt Max Moormann, dass eine nachträgliche Anrechnungsbestimmung mit seinem Sohn zwar vereinbart werden kann, dies aber der notariellen Form bedarf. Da Max Moormann aktuell nicht so viel liquides Vermögen hat, um seine Tochter lebzeitig gleichzustellen und er keine Notarkosten bezahlen möchte, könnte er folgendes Einzeltestament errichten:

Testament

1. Ich, Max Moormann, geboren am 16.5.1956, derzeit wohnhaft in 80798 München, Augustenstraße 10, setze zu meinen Erben meine Tochter Theresa Moormann und meinen Sohn Simon Moormann je zur Hälfte ein.

Ersatzerben sind jeweils deren Abkömmlinge nach den Regeln der gesetzlichen Erbfolgeordnung. Wiederum ersatzweise soll Anwachsung eintreten.

2. Mein Sohn Simon hat am 17.7.2007 von mir einen Geldbetrag in Höhe von 100.000 € – in Worten einhunderttausend € – erhalten. Eine ausdrückliche Bestimmung der Ausgleichung des Geschenks bei der Erbauseinandersetzung auf meinen Tod ist hierbei nicht erfolgt. Ich ordne deshalb im Wege des Vermächtnisses zu Lasten meines Sohnes Simon und zu Gunsten meiner Tochter Theresa an, dass die Zuwendung bei der Auseinandersetzung meines Nachlasses anzurechnen ist. Die Höhe und die Art der Ausgleichung richtet sich nach den gesetzlichen Vorschriften der §§ 2050 ff. BGB.

München, den 1.8.2011 *Max Moormann*

Testament einer ledigen Person mit Kindern, wovon eines enterbt wird

***Hinweis**: Dieser Text muss handschriftlich verfasst oder notariell beurkundet werden. Siehe auch Seite 50.*

Frauke Fink, alleinerziehende Mutter, möchte, dass ihr gesamtes Vermögen nach ihrem Ableben ihrem Sohn Simon Fink zufällt. Ihre Tochter Theresa Fink soll nichts erben. Sie könnte folgendes Einzeltestament errichten:

Testament

Ich, Frauke Fink, geboren am 21.1.1961, setze meinen Sohn Simon Fink, geboren am 18.8.1978, zu meinem alleinigen Erben ein.

Ersatzerben sind die Abkömmlinge meines Sohnes Simon nach den Regeln der gesetzlichen Erbfolgeordnung.

Meine Tochter Theresa Fink enterbe ich.

München, den 1.8.2011 *Frauke Fink*

Testament eines Alleinstehenden mit Kind aus geschiedener Ehe

***Hinweis**: Dieser Text muss handschriftlich verfasst oder notariell beurkundet werden. Siehe auch Seite 53.*

Als einziges Kind ist aus der Ehe von Max und Frauke Moormann der Sohn Simon hervorgegangen. Ein Jahr nach der Scheidung der Ehe erleiden Frauke Moormann und ihr siebenjähriger Sohn Simon einen Verkehrsunfall, bei dem die Mutter noch am Unfallort und ihr Sohn Simon eine Woche später auf der Intensivstation stirbt. Da Frauke Moormann kein Testament errichtet hat, geht ihr gesamtes Vermögen, bestehend aus einer Wohnung, die ihr von ihrem Vater geschenkt wurde, und einem mühsam ersparten Aktiendepot, kraft gesetzlicher Erbfolge in der Sekunde ihres Todes auf ihren Sohn Simon als Alleinerben über. Da Simon kinderlos und ohne eigenes Testament eine Woche später stirbt, wird er kraft gesetzlicher Erbfolge von seinem Vater Max Moormann beerbt. Die Eigentumswohnung und das von Frauke Moormann ersparte Aktiendepot fallen damit auf dem Umweg über das gemeinsame Kind Simon an den geschiedenen Ehemann Max Moormann. Dieselben erbrechtlichen Wirkungen treten auch ein, wenn Sohn Simon 25 Jahre nach seiner Mutter ohne eigene Abkömmlinge und ohne Errichtung eines eigenen Testaments stirbt. Wieder würde der gesamte Nachlass von Frauke Moormann mittelbar an den geschiedenen Ehemann fallen. Sofern Frauke Moormann dies hätte verhindern wollen, hätte sie nach der Scheidung ein Testament errichten müssen, in der festzulegen gewesen wäre, dass ihr Nachlass, den der minderjährige Sohn Simon von Todes wegen erhält, nicht vom leiblichen Vater verwaltet werden und später geerbt werden darf. Hierfür bieten sich zwei Möglichkeiten an: entweder es wird Vor- und Nacherbschaft unter Ausschluss der Erbfolge des geschiedenen Ehegatten angeordnet oder aber das Kind wird mit einem sogenannten Herausgabevermächtnis beschwert. Bei letzterer Gestaltung ist der Erbe in seiner Rechtsposition erheblich weniger beeinträchtigt, da er frei über den Nachlass verfügen kann. Wird er nur Vorerbe, unterliegt er erheblichen Einschränkungen.

Variante: Herausgabevermächtnis

Testament

1. Ich, Frauke Moormann, geboren am 21.1.1961, derzeit wohnhaft in 80798 München, Augustenstraße 10, setze meinen Sohn Simon Moormann, geboren am 18.8.2002, zu meinem alleinigen Vollerben ein. Sollte mein Sohn zum Zeitpunkt meines Todes bereits vorverstorben sein, treten dessen Abkömmlinge ersatzweise an seine Stelle, wiederum ersatzweise benenne ich meine Schwester Sabine Fink zur Ersatzerbin.

2. Wenn mein Sohn Simon zum Zeitpunkt meines Ablebens noch minderjährig ist, entziehe ich nach § 1638 Abs. 1 BGB seinem Vater Max Moormann das Vermögensverwaltungsrecht. Als Ergänzungspflegerin zur Ausübung des Verwaltungsrechts benenne ich meine Schwester Sabine Fink.

3. Wenn beim Tode meines Sohnes mein geschiedener Mann Max Moormann oder dessen Abkömmlinge aus anderen Beziehungen oder seine Verwandten in aufsteigender Linie Erben werden, Vermächtnisse erhalten oder Pflichtteilsansprüche erwerben, haben die Erben meines Sohnes sämtliche Vermögensgegenstände, die aus meinem Nachlass stammen, einschließlich dessen, was als Surrogat im Sinne von § 2111 BGB hierfür erworben wurde, im Wege des Vermächtnisses an die Abkömmlinge meines Sohnes und wiederum ersatzweise an meine Schwester Sabine Fink herauszugeben. Die Herausgabe ist auf den Überrest beschränkt. Es muss nur das herausgegeben werden, was noch im Nachlass meines Sohnes vorhanden ist.

Das Vermächtnis ist aufschiebend bedingt. Es fällt mit dem Tode meines Sohnes an, aber nur wenn die genannten Voraussetzungen erfüllt sind. Das Vermächtnis ist in diesem Fall sofort fällig. Die Vererblichkeit und Übertragbarkeit der Vermächtnisanwartschaft ist ausgeschlossen.

Entsprechendes gilt für den Fall, dass ich nicht von meinem Sohn, sondern einem benannten Ersatzerben beerbt werde.

München, den 1.8.2011 *Frauke Moormann*

Variante: Vor- und Nacherbschaft

Testament

1. Ich, Frauke Moormann, geboren am 21.1.1961, derzeit wohnhaft in 80798 München, Augustenstraße 10, setze meinen Sohn Simon Moormann, geboren am 18.8.2002, zu meinem befreiten Vorerben ein. Nacherben sind seine Kinder, untereinander zu gleichen Teilen. Wenn mein Sohn Simon kinderlos verstirbt, sind Ersatznacherben die Kinder meiner Schwester Sabine Fink, untereinander zu gleichen Teilen.

2. Wenn mein Sohn Simon zum Zeitpunkt meines Ablebens noch minderjährig ist, entziehe ich nach § 1638 Abs. 1 BGB seinem Vater Max Moormann das Vermögensverwaltungsrecht. Als Ergänzungspflegerin zur Ausübung des Verwaltungsrechts benenne ich meine Schwester Sabine Fink.

München, den 1.8.2011 *Frauke Moormann*

Testament eines Ehegatten mit Patchwork-Familie: Der Ehegatte soll Vorerbe und die eigenen Kinder Nacherben werden

***Hinweis**: Dieser Text muss handschriftlich verfasst oder notariell beurkundet werden. Siehe auch Seite 53.*

Max Moormann, verwitwet, hat eine Tochter, Theresa, aus erster Ehe. Er ist in zweiter Ehe verheiratet mit Frauke Fink, die einen Sohn Simon aus ihrer ersten geschiedenen Ehe hat. Gemeinsame Kinder sind nicht vorhanden. Max Moormann möchte seine zweite Ehefrau für den Erbfall versorgen, gleichzeitig aber sicherstellen, dass sein Nachlass an seine Tochter Theresa fällt, wenn Frauke nach ihm stirbt. Max Moormann möchte insbesondere verhindern, dass sein Stiefsohn Simon, zu dem er kein gutes Verhältnis hat, wirtschaftlich durch erbrechtliche Ansprüche an seinem Nachlass beteiligt wird. Max Moormann könnte folgendes Einzeltestament errichten:

Testament

Ich, Max Moormann, geboren am 16.5.1956, derzeit wohnhaft in 80798 München, Augustenstraße 10, erkläre, dass ich nicht durch ein bindend gewordenes gemeinschaftliches Ehegattentestament oder einen Erbvertrag an der Errichtung dieses Testaments gehindert bin.

1. Meine Ehefrau, Frauke Fink, geboren am 21.1.1961, setze ich als alleinige und von allen gesetzlichen Beschränkungen befreite Vorerbin ein.

2. Nacherbin ist meine Tochter Theresa Moormann, geboren am 12.2.1976. Wenn die Nacherbin wegfällt, zum Beispiel durch Tod oder Ausschlagung, sind Ersatznacherben ihre Abkömmlinge.

Der Nacherbfall tritt mit dem Tod der Vorerbin ein.

3. Wenn meine Ehefrau, Frauke Fink, wegfällt, zum Beispiel durch Tod vor mir, ist Ersatzerbe meine Tochter Theresa Moormann. Wiederum ersatzweise sind deren Abkömmlinge Ersatzerben.

München, den 1.8.2011 *Max Moormann*

Testament eines Ehegatten mit Patchwork-Familie: Das leibliche Kind wird Erbe und der Ehegatte erhält Vermächtnisse

***Hinweis**: Dieser Text muss handschriftlich verfasst oder notariell beurkundet werden. Siehe auch Seite 51.*

Max Moormann hat aus der ersten Ehe mit seiner verstorbenen Frau einen Sohn, Simon, den er als seinen Alleinerben einsetzen will. Seine zweite Ehefrau Frauke Moormann, mit der er keine Kinder hat, möchte er durch ein Vermächtnis absichern. Dazu kann Herr Moormann in seinem Testament zwischen folgenden Alternativen wählen:

Testament

Ich, Max Moormann, geboren am 16.5.1956, derzeit wohnhaft in 80798 München, Augustenstr. 10, setze meinen Sohn Simon Moormann, geboren am 18.8.1978, als Alleinerben ein. Zu Ersatzerben bestimme ich seine Abkömmlinge nach den Regeln der gesetzlichen Erbfolgeordnung.

1. Gestaltungsalternative: „Grundstücksvermächtnis"

a) Ich vermache im Wege des Vermächtnisses meiner Ehefrau Frauke Moormann, geboren am 21.2.1962, mein Grundstück in 80798 München, Adelheidstr. 8.

b) Befindet sich das Grundstück zum Zeitpunkt des Erbfalls nicht mehr in meinem Nachlass, dann ist meiner Ehefrau Frauke Moormann stattdessen ein wertmäßiger Ersatz in Geld zu leisten. Das Geldvermächtnis bestimmt sich dann nach dem Wert des Grundstücks zum Zeitpunkt der Weggabe. Ist das Grundstück verkauft worden, ist der Veräußerungserlös maßgebend.

2. Gestaltungsalternative: „Vermächtnis bezüglich Eigentumswohnung"

Ich vermache im Wege des Vermächtnisses meiner Ehefrau Frauke Moormann, geboren am 21.2.1962, mein im Grundbuch von München, Band 1234, Blatt 567, Fl.Nr. 389, eingetragenes Wohnungseigentum, bestehend aus einem Miteigentumsanteil von 120/1000 an dem Grundstück Fl.Nr. 390, verbunden mit dem Sondereigentum an der im Aufteilungsplan mit Nr. 11 bezeichneten Wohnung mit allen Rechten und Bestandteilen.

3. Gestaltungsalternative: „Nießbrauchvermächtnis Haus"

Ich vermache im Wege des Vermächtnisses meiner Ehefrau Frauke Moormann, geboren am 21.2.1962, den lebenslangen unentgeltlichen Nießbrauch an meinem Grundstück in 80798 München, Adelheidstr. 8. Sie hat alle Lasten des Grundstücks zu tragen, auch die, die nach dem Gesetz der Eigentümer zu tragen hat, also auch die Kosten außerordentlicher Instandhaltungsmaßnahmen. Das Grundstück darf nicht erneut mit Grundschulden oder Hypotheken belastet werden.

4. Gestaltungsalternative: „Wohnungsrechtsvermächtnis"

Ich vermache im Wege des Vermächtnisses meiner Ehefrau Frauke Moormann, geboren am 21.2.1962, ein lebenslanges Wohnrecht nach § 1093 BGB an meiner Eigentumswohnung in 80897 München, Adelheidstr. 8, eingetragen im Grundbuch von München, Band 1234, Blatt 567, Fl.Nr. 389.

Die Wohnung darf sowohl vermietet aus auch anderen Personen unentgeltlich überlassen werden. Ferner hat der Vermächtnisnehmer das Recht zur Mitbenutzung der gemeinschaftlichen Anlagen, insbesondere des Gartens und der Kellerräume.

Der Vermächtnisnehmer hat alle Nebenkosten der Wohnung zu tragen, zum Beispiel Heizung, Strom, Gas, Wasser, Müllabfuhr sowie die Kosten für die Schönheitsreparaturen in der Wohnung. Alle anderen Kosten, insbesondere für die Instandhaltung und Pflege des Gebäudes, trägt der Eigentümer.

5. Gestaltungsalternative: „Hausratsvermächtnis"

Ich vermache im Wege des Vermächtnisses meiner Ehefrau Frauke Moormann, geboren am 21.2.1962, den gesamten Hausrat und das gesamte Inventar der von uns zum Zeitpunkt des Erbfalls bewohnten Wohnung.

Vom Inventar umfasst sind alle Möbel, Küchen- und technischen Geräte. Nicht hierunter fällt das Barvermögen, die Briefmarkensammlung, die Münzsammlung, der Pkw etc.

6. Gestaltungsalternative: „Geldvermächtnis"

Ich vermache im Wege des Vermächtnisses meiner Ehefrau Frauke Moormann, geboren am 21.2.1962, 25 Prozent – in Worten fünfundzwanzig Prozent – des im Zeitpunkt des Erbfalls im Nachlass vorhandenen Geldvermögens. Unter Geldvermögen fallen hierbei das gesamte Barvermögen, sämtliche Bankkonten einschließlich Girokonten und Sparbücher, Goldbarren, sämtliche Sparbriefe und alle Wertpapiere und Aktien. Nicht hierzu zählen Schmuck, Münzsammlungen und sonstige Sammlungen. Mein Erbe ist gegenüber meiner Frau verpflichtet, Auskunft über den Bestand des Geldvermögens zu erteilen und entsprechende Belege vorzulegen. Die Erbfallkosten sind bei der Berechnung des Vermächtnisses nicht zu berücksichtigen.

7. Gestaltungsalternative: „Nießbrauch am gesamten Nachlass"

Ich vermache im Wege des Vermächtnisses meiner Ehefrau Frauke Moormann, geboren am 21.2.1962, den lebenslangen Nießbrauch am gesamten Nachlass, welcher dem Erben nach Erfüllung der Nachlassverbindlichkeiten einschließlich etwaig zu zahlender Erbschaftsteuer verbleibt.

Die Anordnung der vorstehenden Vermächtnisse erfolgt jeweils einzeln, so dass eine gesonderte Annahme bzw. Ausschlagung hinsichtlich jedes einzelnen Nachlassgegenstandes erfolgen kann.

8. Testamentsvollstreckung

Ich ordne Testamentsvollstreckung an. Der Testamentsvollstrecker hat die Aufgabe, für die Ausführung obiger Vermächtnisse zu sorgen. Die Testamentsvollstreckung endet mit Erfüllung obiger Vermächtnisse. Der Testamentsvollstrecker erhält eine angemessene Vergütung, die sich an den Richtlinien des Deutschen Notarvereins orientiert.

Zum Testamentsvollstrecker mit dem Recht, einen Nachfolger zu bestimmen, ernenne ich meine Ehefrau, Frauke Fink, geboren am 21.1.1961. Ersatzweise soll der Vorstand des Netzwerks Deutscher Testamentsvollstrecker e. V., Schloßstraße 26, 12163 Berlin, einen Testamentsvollstrecker aus dem Kreise seiner Mitglieder bestimmen.

München, den 1.8.2011 *Max Moormann*

Testament zu Lasten eines Kindes mit Pflichtteilsentziehung

***Hinweis**: Dieser Text muss handschriftlich verfasst oder notariell beurkundet werden.* *Siehe auch Seite 50.*

Der Witwer Max Moormann hat zwei Kinder: Simon und Theresa Moormann. Das Verhältnis zu seinem Sohn Simon ist wegen dessen Lebenswandel stark angespannt. Anlässlich eines Familientreffens kommt es zum Eklat. Simon schlägt und tritt auf seinen Vater ein, so dass dieser schwer verletzt ins Krankenhaus eingeliefert wird. Nach seinem Monate andauernden Krankenhausaufenthalt will Max Moormann seinen Sohn enterben, so dass er nicht einmal seinen Pflichtteil bekommt. Er könnte folgendes Einzeltestament errichten:

Testament

1. Erbeinsetzung

Ich, Max Moormann, geboren am 16.5.1956, derzeit wohnhaft in 80798 München, Augustenstraße 10, setze zu meiner alleinigen Erbin meine Tochter Theresa Moormann ein.

Ersatzerben sind jeweils deren Abkömmlinge nach den Regeln der gesetzlichen Erbfolgeordnung. Wiederum ersatzweise soll meine Schwester Susanne Schneider Erbin werden.

Meinen Sohn und dessen Abkömmlinge schließe ich von jeder Erbfolge aus.

2. Pflichtteilsentziehung

Meinem Sohn Simon Moormann entziehe ich den Pflichtteil. Er hat mich am 1. März 2011 um 13:30 Uhr in meinem Haus aus Anlass einer verbalen Auseinandersetzung niedergeschlagen und auf mich am Boden liegend eingetreten, wobei ich lebensgefährlich verletzt wurde. Ich leide noch heute physisch und psychisch unter den Folgen der Attacke. Wegen dieser Tat wurde mein Sohn vom Amtsgericht München am 6. Juli 2011 zu einer Freiheitsstrafe von 2 Jahren auf Bewährung verurteilt. Ich verzeihe meinem Sohn diese Tat nicht.

München, den 1.8.2011 *Max Moormann*

Testament zu Gunsten eines minderjährigen Kindes

***Hinweis**: Dieser Text muss handschriftlich verfasst oder notariell beurkundet werden.*

Der Witwer Max Moormann, dessen Frau bei einem Autounfall ums Leben gekommen ist, möchte für den Fall seines Todes seine 8jährige Tochter Theresa soweit als möglich versorgt wissen. Das Testament könnte wie folgt lauten:

Testament

1. Erbeinsetzung

Ich, Max Moormann, geboren am 16.5.1956, derzeit wohnhaft in 80798 München, Augustenstraße 10, setze zu meiner alleinigen Vollerbin meine Tochter Theresa Moormann ein.

Ersatzerben sind jeweils deren Abkömmlinge nach den Regeln der gesetzlichen Erbfolgeordnung. Wiederum ersatzweise soll meine Schwester Susanne Schneider Erbin werden.

2. Vormund

Für den Fall, dass meine Tochter bei meinem Tode noch minderjährig ist, benenne ich meine Schwester Susanne Schneider, ersatzweise deren Mann Thomas Schneider als Vormund. Wird meine Schwester Vormund, ist sie von den Beschränkungen und Verpflichtungen der §§ 1852 bis 1854 BGB befreit.

3. Testamentsvollstreckung

Wenn ich von meiner Tochter beerbt werde und diese zum Zeitpunkt meines Todes noch nicht das 25. Lebensjahr vollendet hat, ordne ich für ihren Erwerb von Todes wegen Testamentsvollstreckung an.

Der Testamentsvollstrecker hat die Aufgabe, den gesamten Nachlass ordnungsgemäß zu verwalten. Bei Vollendung des 25. Lebensjahres meiner Tochter hat der Testamentsvollstrecker den Nachlass, sofern noch nicht geschehen, abzuwickeln und an meine Tochter auszuhändigen.

Der Testamentsvollstrecker hat meiner Tochter aus dem Nachlass die Mittel zur Verfügung zu stellen, die sie für ihren angemessenen Unterhalt und eine angemessene Ausbildung benötigt.

Zum Testamentsvollstrecker für meine Tochter bestimme ich meine Schwester Susanne Scheider, ersatzweise deren Mann. Höchst ersatzweise soll der Vorstand des Netzwerks Deutscher Testamentsvollstrecker e. V., Schloßstraße 26, 12163 Berlin, einen Testamentsvollstrecker aus dem Kreise seiner Mitglieder bestimmen.

Dem Testamentsvollstrecker stehen alle Rechte zu, die einem solchen nach dem Gesetz eingeräumt werden können. In der Eingehung von Verbindlichkeiten für den Nachlass bzw. des verwalteten Vermögens ist er nicht beschränkt. Er ist von allen gesetzlichen Beschränkungen und den Beschränkungen des § 181 BGB befreit.

Der Testamentsvollstrecker erhält keine Vergütung, es sei denn, es wird eine familienfremde Person zum Testamentsvollstrecker ernannt. Für diese gelten die Vergütungsempfehlungen des Deutschen Notarvereins.

München, den 1.8.2011 *Max Moormann*

Testament zu Gunsten eines überschuldeten Kindes (Pflichtteilsbeschränkung in guter Absicht)

***Hinweis**: Dieser Text muss handschriftlich verfasst oder notariell beurkundet werden. Siehe auch Seite 50.*

Der Witwer Max Moormann, macht sich große Sorgen um seinen Sohn Simon, der vor einigen Jahren mit seiner Existenzgründung kläglich gescheitert ist und nun kein eigenes Vermögen mehr hat, dafür aber Bankverbindlichkeiten in Höhe von 300.000 €. Sohn Simon hat eine Tochter Theresa, um die er sich liebevoll kümmert. Max Moormann möchte deshalb seinem Sohn in einer letztwilligen Verfügung eine gewisse Grundversorgung zukommen lassen, wünscht aber im Übrigen, dass letztlich das Vermögen an seine Enkeltochter Theresa fallen soll. Max Moormann könnte folgendes Einzeltestament errichten:

Testament

1. Ich, Max Moormann, geboren am 16.5.1956, derzeit wohnhaft in 80798 München, Augustenstraße 10, setze meinen Sohn Simon Moormann, geboren am 18.8.1978, als nicht befreiten Vorerben ein.

Einen Ersatzvorerben bestimme ich ausdrücklich nicht.

2. Der Nacherbfall tritt mit dem Tode des Vorerben ein. Nacherben sind die Abkömmlinge meines Sohnes, ersatzweise deren Abkömmlinge.

3. Grund für die Beschränkung ist die starke Verschuldung meines Sohnes Simon. Er hat zum Aktenzeichen des Amtsgerichts München (…) die eidesstattliche Versicherung abgegeben. Sein Arbeitslohn wurde gepfändet. Das Amtsgericht hat die Zwangsversteigerung seiner Eigentumswohnung in 80799 München, Schellingstraße 3, angeordnet. Durch diese Überschuldung ist der spätere Erwerb seines Erbes erheblich gefährdet. Deshalb wurde er zum Vorerben und seine Kinder zu Nacherben eingesetzt.

4. Ich ordne Verwaltungstestamentsvollstreckung für die Vorerbschaft und Nacherbentestamentsvollstreckung an. Die Testamentsvollstreckung bezieht sich auch auf die Reinerträge aus der Vorerbschaft. Der Testamentsvollstrecker hat den Vorerben die zur Bestreitung seines Lebensunterhaltes und zur Erfüllung seiner Unterhaltspflichten erforderlichen Erträge auszuzahlen.

Zum Testamentsvollstrecker bestimme ich Herrn Steuerberater Michael Klug, Innere Wiener Straße 13, 81667 München, mit dem Recht, einen Nachfolger zu bestimmen.

Sollte der Testamentsvollstrecker das Amt nicht annehmen oder vor oder nach dem Erbfall wegfallen, dann soll der Vorstand des Netzwerks Deutscher Testamentsvollstrecker e.V. mit Sitz in 12163 Berlin, Schloßstr. 26, einen geeigneten Ersatztestamentsvollstrecker bestimmen.

Der Testamentsvollstrecker erhält eine Vergütung nach den Empfehlungen des Deutschen Notarvereins.

5. Wenn mein Sohn als Erbe wegfällt und seinen Pflichtteil verlangt, unterliegt er ebenfalls den Beschränkungen nach § 2338 BGB.

München, den 1.8.2011 — *Max Moormann*

Testament zu Gunsten karitativer Organisation durch Erbeinsetzung

__Hinweis__: Dieser Text muss handschriftlich verfasst oder notariell beurkundet werden. Siehe auch Seite 49.

Der alleinstehende Max Moormann möchte die gemeinnützige Organisation „Adventskalender für gute Werke e.V." als Erben einsetzen. Er kann hierzu folgendes Testament errichten:

> *Testament*
>
> *1. Zu meinem alleinigen Erben setze ich, Max Moormann, geboren am 16.5.1956, derzeit wohnhaft in 80798 München, Augustenstr. 10, die gemeinnützige Organisation „Adventskalender für gute Werke e.V." mit Sitz in 81677 München, Hultschiner Straße 8, ein.*
>
> *2. Meinen Erben belaste ich mit der Auflage, meine Grabstätte für die Dauer der vollen Ruhezeit zu pflegen und zu unterhalten.*
>
> *3. Ich ordne Testamentsvollstreckung an. Der Testamentsvollstrecker hat die Aufgabe, meine oben im Testament genannten Anordnungen auszuführen und den Nachlass abzuwickeln. Zum Testamentsvollstrecker bestimme ich Herrn Rechtsanwalt Klaus Klug, mit Kanzleisitz in Innere Wiener Straße 13, 81667 München. Ein etwaiger Ersatztestamentsvollstrecker soll durch den Vorstand des Netzwerks Deutscher Testamentsvollstrecker e.V. (www.NDTV.info) bestimmt werden. Die Vergütung des Testamentsvollstreckers richtet sich nach den Empfehlungen des Deutschen Notarvereins.*
>
> *München, den 1.8.2011 Max Moormann*

Testament zu Gunsten karitativer Organisation durch Anordnung eines Vermächtnisses

__Hinweis__: Dieser Text muss handschriftlich verfasst oder notariell beurkundet werden. Siehe auch Seite 51.

Max Moormann, kinderlos, nicht verheiratet und ohne nähere Verwandte, möchte seinen alten Schulfreund Anton Mayer als Erben einsetzen und der gemeinnützigen Organisation „Adventskalender für gute Werke e.V." ein Vermächtnis von 100.000 € zuwenden. Er kann hierzu folgendes Testament errichten:

> *Testament*
>
> *1. Zu meinem alleinigen Erben setze ich, Max Moormann, geboren am 16.5.1956, derzeit wohnhaft in 80798 München, Augustenstr. 10, meinen Freund Anton Mayer, geboren am 18.8.1958, derzeit wohnhaft in Innere Wiener Straße 13, 81667 München, ein.*
>
> *Sollte Herr Anton Mayer zum Zeitpunkt meines Todes schon verstorben sein, so bestimme ich als Ersatzerbin die gemeinnützige Organisation „Adventskalender für gute Werke e.V." mit Sitz in 81677 München, Hultschiner Straße 8.*
>
> *2. Im Wege des Vermächtnisses erhält aus meinem Nachlass die gemeinnützige Organisation „Adventskalender für gute Werke e.V." mit Sitz in 81677 München, Hultschiner Straße 8, einen Geldbetrag von 100.000 €. Einen Ersatzvermächtnisnehmer bestimme ich ausdrücklich nicht.*
>
> *3. Meinen Erben belaste ich mit der Auflage, meine Grabstätte für die Dauer der vollen Ruhezeit zu pflegen und zu unterhalten.*
>
> *4. Ich ordne Testamentsvollstreckung an. Der Testamentsvollstrecker hat die Aufgabe, meine oben im Testament genannten Anordnungen auszuführen und den Nachlass abzuwickeln. Zum Testamentsvollstrecker bestimme ich Herrn Rechtsanwalt Klaus Klug, mit Kanzleisitz in Innere Wiener Straße 13, 81667 München. Ein etwaiger Ersatztestamentsvollstrecker soll durch den Vorstand des Netzwerks Deutscher Testamentsvollstrecker e.V. (www.NDTV.info) bestimmt werden. Die Vergütung des Testamentsvollstreckers richtet sich nach den Empfehlungen des Deutschen Notarvereins.*
>
> *München, den 1.8.2011 Max Moormann*

Testament eines Partners ohne Trauschein mit gemeinsamem Kind: Der Lebenspartner wird Alleinerbe, das Kind erhält Vermächtnisse

***Hinweis**: Dieser Text muss handschriftlich verfasst oder notariell beurkundet werden. Siehe auch Seite 51.*

Max Moormann und Frauke Fink sind nicht verheiratet und haben einen gemeinsamen Sohn. Herr Moormann möchte seine Lebenspartnerin als Alleinerbin einsetzen und den Sohn Simon durch Vermächtnisse für den Erbfall umfassend absichern. Herr Moormann könnte folgendes Einzeltestament errichten:

Testament

1. Ich, Max Moormann, geboren am 16.5.1956, derzeit wohnhaft in 80798 München, Augustenstraße 10, setze meine Lebensgefährtin, Frauke Fink, geboren am 21.1.1961, derzeit wohnhaft in 80798 München, Augustenstraße 10, zu meiner alleinigen Vollerbin ein.

Ersatzerbe ist unser Sohn Simon Fink, geboren am 23.3.1985.

2. Mein Sohn Simon Fink erhält vermächtnisweise

a) einen Geldbetrag von 200.000 € - in Worten zweihunderttausend €;
b) meinen Oldtimer, Marke Jaguar, E-Type;
c) ein lebenslanges Wohnrecht an meiner Ferienwohnung in Kitzbühel, Kufsteiner Straße 3.
d) Für obige Vermächtnisse bestimme ich ausdrücklich keinen Ersatzvermächtnisnehmer.

München, den 1.8.2011 *Max Moormann*

Testament eines Partners einer nichtehelichen Lebensgemeinschaft mit gemeinsamem Kind und Kindern aus früherer Beziehung: Der Lebenspartner und das Stiefkind erhalten Vermächtnisse, die leiblichen Kinder werden Erben

***Hinweis**: Dieser Text muss handschriftlich verfasst oder notariell beurkundet werden. Siehe auch Seite 51.*

Witwer Max Moormann hat eine Tochter namens Theresa Moormann und lebt seit fünf Jahren mit Frauke Fink zusammen, die einen erwachsenen Sohn Siegfried hat. Max Moormann und Frauke Fink sind nicht verheiratet und haben einen gemeinsamen Sohn Simon. Max Moormann möchte seine Tochter Theresa und seinen Sohn Simon als Miterben einsetzen und Frauke Fink durch Vermächtnisse absichern. Herr Moormann könnte folgendes Einzeltestament errichten:

Testament

Ich, Max Moormann, geboren am 16.5.1956, derzeit wohnhaft in 80798 München, Augustenstraße 10, erkläre, dass ich nicht durch ein bindend gewordenes gemeinschaftliches Ehegattentestament oder einen Erbvertrag an der Errichtung dieses Testaments gehindert bin.

1. Zu meinen Erben setze ich meine Tochter Theresa Moormann, geboren am 12.2.1976, und meinen Sohn Simon Fink, geboren am 30.6.2004, je zur Hälfte ein.

Ersatzerben sind jeweils deren Abkömmlinge nach den Regeln der gesetzlichen Erbfolgeordnung. Wiederum ersatzweise soll Anwachsung eintreten.

2. Meine Lebensgefährtin, Frauke Fink, geboren am 21.1.1961, erhält im Wege des Vermächtnisses:

a) einen Geldbetrag von 200.000 € - in Worten zweihunderttausend €;

b) ein lebenslanges Wohnrecht an meinem Haus in 80798 München, Augustenstraße 10;

c) den gesamten Hausrat und das Inventar, das sich bei meinem Ableben in der Immobilie in München, Augustenstraße 10, befindet, sowie meinen Pkw.

3. Siegfried Fink, geboren am 16.9.1979, der Sohn aus der ersten Ehe meiner Lebensgefährtin, Frauke Fink, erhält meinen Oldtimer Marke Jaguar E-Type.

4. Für die Vermächtnisse gemäß Ziffer 2 und Ziffer 3 bestimme ich ausdrücklich keinen Ersatzvermächtnisnehmer.

4 Ich ordne Testamentsvollstreckung an und bestimme meine Lebensgefährtin Frauke Fink zum Testamentsvollstrecker mit der Aufgabe, die ausgesetzten Vermächtnisse zu erfüllen. Sie erhält keine Vergütung. Die Testamentsvollstreckung endet mit Erfüllung der Vermächtnisse.

München, den 1.8.2011 Max Moormann

Testament zu Gunsten eines Haustiers

Hinweis: *Dieser Text muss handschriftlich verfasst oder notariell beurkundet werden. Siehe auch Seite 53.*

Der kinderlose Witwer Max Moormann ist Hundeliebhaber und besitzt einen Schäferhund, den er nach seinem Tod versorgt wissen will. Sein einziger Neffe, zu dem er ein gutes Verhältnis hat und der für ihn wie ein Sohn ist, wohnt dauerhaft im Ausland und kann sich um den Hund nicht kümmern. Das Testament könnte wie folgt lauten:

Testament

1. Ich, Max Moormann, geboren am 16.5.1956, derzeit wohnhaft in 80798 München, Augustenstraße 10, setze meinen Neffen Thomas Moormann, geboren am 17.7.1982, derzeit wohnhaft Kingsroad 5 in Sydney/ Australien, zu meinem alleinigen Vollerben ein. Ersatzerben sind dessen Abkömmlinge nach den Regeln der gesetzlichen Erbfolge.

2. Der Tierschutzverein München e.V., Riemer Straße 270 in 81829 München, erhält im Wege des Vermächtnisses einen Geldbetrag von 100.000 € - in Worten hunderttausend €. Er wird zugleich mit der Auflage beschwert, meinen Schäferhund Moritz bis zu dessen Tod angemessen zu versorgen, zu pflegen und unterzubringen. Sollte mein Hund zum Zeitpunkt meines Todes bereits verstorben sein, reduziert sich das Geldvermächtnis auf 10.000 € - in Worten zehntausend €. Wenn der Tierschutzverein der Auflage nicht nachkommt, ist das Vermächtnis in voller Höhe zurückzuerstatten.

3. Testamentsvollstreckung

Ich ordne Testamentsvollstreckung an und bestimme meinen Freund und Rechtsanwalt Stefan Klug, Mühlbaurstraße 11, 81677 München, zum Testamentsvollstrecker.

Er hat die Aufgabe, meinen Nachlass in Besitz zu nehmen und abzuwickeln. Die Nachlassverbindlichkeiten sind zu berichtigen, das ausgesetzte Vermächtnis ist zu erfüllen, mein Haushalt soll aufgelöst und meine Immobilien veräußert werden. Er soll die Erfüllung der Auflage überwachen. Gegebenenfalls soll er auch für die Rückzahlung des Geldvermächtnisses und eine anderweitige Versorgung meines Schäferhundes sorgen. Nach Entrichtung der anfallenden Erbschaftsteuern ist schließlich der versilberte Nachlass an meinen Neffen auszukehren.

Wenn der Testamentsvollstrecker das Amt nicht annimmt oder vor oder nach dem Erbfall wegfällt, soll der Vorstand des Netzwerks Deutscher Testamentsvollstrecker e.V. mit Sitz in 12163 Berlin, Schloßstr. 26, einen geeigneten Ersatztestamentsvollstrecker bestimmen.

Der Testamentsvollstrecker erhält eine Vergütung nach den Empfehlungen des Deutschen Notarvereins.

München, den 1.8.2011 Max Moormann

Gründung einer Stiftung mittels Testament

***Hinweis**: Dieser Text muss handschriftlich verfasst oder notariell beurkundet werden. Siehe auch Seite 49.*

Der alleinstehende Millionär Max Moormann ist an Aids erkrankt und möchte von Todes wegen eine Stiftung gründen, deren Aufgabe es ist, die Aids-Forschung zu fördern. Er kann hierzu folgendes Testament errichten:

Testament

1. Ich, Max Moormann, geboren am 16.5.1956, derzeit wohnhaft in 80798 München, Augustenstr. 10, setze zu meinem alleinigen Erben meines gesamten Vermögens eine noch zu gründende, selbständige Stiftung des bürgerlichen Rechts ein (§§ 80 ff. BGB). Die Stiftung trägt den Namen „Max Moormann Stiftung". Im Übrigen bestimme ich als Stiftungsgeschäft Folgendes:

a) Die Stiftung hat ihren Sitz in München.

b) Der Stiftungszweck besteht in der Förderung der Wissenschaft und Lehre im Bereich der Aids-Forschung.

c) Die Stiftung soll gemeinnützig sein.

d) Das Stiftungsvermögen umfasst den gesamten Nachlass.

e) Der Vorstand besteht aus einer Person. Für den Vorstand bestimme ich meine Steuerberaterin Frauke Fink, derzeit wohnhaft in 81677 München, Mühlbaurstr. 1.

2. Ich bestimme Herrn Rechtsanwalt Klaus Klug, mit Kanzleisitz in Innere Wiener Straße 13, 81667 München, zum Testamentsvollstrecker mit der Aufgabe, unmittelbar nach meinem Tod die Stiftung gemäß der beigefügten Satzung zu errichten, die Genehmigung der zuständigen Behörde zu diesem Stiftungsgeschäft einzuholen und die Vermögenszuwendung an die Stiftung sicherzustellen. Wird seitens der Genehmigungsbehörde keine Genehmigung der Stiftung erteilt, dann ist der Testamentsvollstrecker befugt, die Satzung der Stiftung entsprechend den Anforderungen der Genehmigungsbehörde anzupassen. Wird die Stiftung nicht genehmigt, dann bestimme ich die UNICEF-Stiftung zu meiner alleinigen Erbin.

Ein etwaiger Ersatztestamentsvollstrecker soll durch den Vorstand des Netzwerks Deutscher Testamentsvollstrecker e.V. (www.NDTV.info) bestimmt werden. Die Vergütung des Testamentsvollstreckers richtet sich nach den Empfehlungen des Deutschen Notarvereins.

München, den 1.8.2011 *Max Moormann*

Testament einer verwitweten Person nach erneuter Heirat

***Hinweis**: Dieser Text muss handschriftlich verfasst oder notariell beurkundet werden. Siehe auch Seite 62.*

Max und Frauke Moormann errichten im Jahr 2006 ein „klassisches" Berliner Testament, in dem sich die Eheleute für den ersten Erbfall wechselseitig als Alleinerben einsetzen und für den zweiten Erbfall den gemeinsamen Sohn Simon als Schlusserben bestimmen. Da im Ehegattentestament keine besondere Regelung zur Frage der Wechselbezüglichkeit aufgenommen wurde, ist kraft gesetzlicher Vermutung die Schlusserbeneinsetzung des Sohnes Simon bindend und kann damit „an sich" vom länger lebenden Ehegatten nicht mehr durch eine neue Verfügung von Todes wegen abgeändert werden. Max Moormann ist am 1.8.2008 verstorben. Die Witwe Frauke Moormann lernt relativ schnell einen neuen Lebensgefährten kennen, Herrn Franz Fink, den sie zwölf Monate nach dem Tod von Max Moormann heiratet. Einen Monat später adoptiert sie Theresa Fink, die Tochter aus der ersten Ehe von Herrn Franz Fink. Frauke Moormann möchte im Rahmen einer neuen letztwilligen Verfügung ihren zweiten Ehemann, Franz Fink, den Sohn Simon Moormann und die adoptierte Stieftochter Theresa Fink zu je einem Drittel als Miterben einsetzen und sucht hierzu einen Erbrechtsexperten auf, der ihr folgenden Rat gibt: Um die Bindungswirkung des Ehegattentestaments aus dem Jahr 2006 zu beseitigen, muss Frauke Moormann binnen Jahresfrist in notarieller Form gegenüber dem zuständigen Nachlassgericht die Anfechtung des Ehegattentestaments erklären. Sie kann sich hierzu auf zwei Anfechtungsgründe berufen: Zum einen ist der zweite Ehemann Franz Fink durch die Wiederheirat pflichtteilsberechtigte Person (§ 2303 Abs. 2 BGB) geworden. Die Anfechtungsfrist endet ein Jahr nach der Heirat. Zum anderen ist durch die Adoption der Stieftochter Theresa Fink eine weitere pflichtteilsberechtigte Person hinzugekommen, mit der Folge, dass Frauke Moormann innerhalb von einem Jahr, gerechnet ab Wirksamwerden des Adoptionsbeschlusses, die Anfechtung des Ehegattentestaments erklären kann. Beide Anfechtungsgründe stehen selbständig nebeneinander. Nachdem Frauke Moormann form- und fristgerecht die Anfechtung des Ehegattentestaments aus dem Jahr 2006 erklärt hat, steht der Nachlass von Max Moormann nicht mehr ihr, sondern dem Sohn Simon als Alleinerben seines Vaters zu, wenn eine entsprechende Ersatzerbenbestimmung getroffen wurde oder anzunehmen ist. Frauke Moormann kann folgendes neue Testament nach Wiedererlangung ihrer Testierfreiheit errichten:

Testament

Ich, Frauke Moormann, geboren am 10.8.1960, derzeit wohnhaft in 80798 München, Augustenstraße 10, erkläre hiermit, dass ich das mit meinem verstorbenen Ehemann Max Moormann errichtete gemeinschaftliche Testament in notarieller Form gegenüber dem Nachlassgericht München angefochten habe und deshalb an der Errichtung dieses Testaments nicht gehindert bin.

1. Zu meinen Erben setze ich meinen zweiten Ehemann Franz Fink, geboren am 13.8.1950, dessen von mir adoptierte Tochter Theresa Fink, geboren am 14.9.1970, und meinen Sohn aus erster Ehe, Simon Moormann, geboren am 14.12.1971, als Erben zu gleichen Teilen ein. Ersatzerben für meinen Sohn Simon Moormann sowie für meine Adoptivtochter Theresa Fink sind jeweils deren Abkömmlinge nach den Regeln der gesetzlichen Erbfolgeordnung. Für meinen Ehemann Frank Fink bestimme ich ausdrücklich keinen Ersatzerben, mit der Folge, dass im Falle seines Wegfalls Anwachsung zu Gunsten der anderen Miterben eintritt.

2. Für den Fall, dass ich vor meinem Ehemann Franz Fink versterbe, erhält dieser im Wege des Vermächtnisses ein lebenslanges Wohnrecht an meiner Immobilie in 80798 München, Augustenstraße 10. Mein Ehemann Franz Fink erhält weiter den gesamten Hausrat und das Inventar, das sich zum Zeitpunkt meines Todes in dieser Immobilie befindet.

3. Ich wünsche Erdbestattung und belaste hiermit meine Erben mit der Auflage, meine Grabstätte für die Dauer der vollen Ruhezeit zu pflegen und zu unterhalten.

München, den 1.8.2011 *Max Moormann*

Testament eines Unternehmers

Hinweis: *Dieser Text muss handschriftlich verfasst oder notariell beurkundet werden. Siehe auch Seite 45.*

Der Unternehmer Max Moormann ist Alleingesellschafter eines kleinen Handelsunternehmens, das in der Form einer GmbH betrieben wird. Er ist mit Frauke Moormann verheiratet. Aus der Ehe ist der Sohn Simon hervorgegangen. Nach Absolvierung seines Studiums der Betriebswirtschaft ist er seit 5 Jahren im väterlichen Betrieb tätig. Max Moormann möchte seine Ehefrau für den Erbfall versorgen, gleichzeitig aber sicherstellen, dass sein Unternehmen von seinem Sohn fortgeführt wird. Das Testament könnte wie folgt lauten:

Testament

1. Ich, Max Moormann, geboren am 16.5.1956, derzeit wohnhaft in München, Obermenzinger Straße 3, setze meinen Sohn Simon Moormann, geboren am 18.8.1978, als meinen Alleinerben ein. Ersatzerbin ist meine Ehefrau Frauke Moormann.

2. Meiner Ehefrau wende ich im Wege des Vermächtnisses zu:

a) meinen Miteigentumsanteil an dem von uns gemeinsam bewohnten Hausgrundstück in der Obermenzinger Str. 3 in München;

b) den gesamten Hausrat und das Inventar, das sich bei meinem Ableben in unserem Haus befindet, sowie meinen Pkw und

c) sämtliche Guthaben auf meinen Bankkonten einschließlich meiner Sparbücher und sämtlicher Wertpapiere auf meinen Depots. Vom Vermächtnis sind meine Gesellschafterkonten bei der Moormann Handels GmbH nicht erfasst.

Für die Vermächtnisse bestimme ich ausdrücklich keinen Ersatzvermächtnisnehmer.

3. Ich ordne Testamentsvollstreckung an. Zur Testamentsvollstreckerin ernenne ich meine Ehefrau Frauke Moormann. Ein etwaiger Ersatztestamentsvollstrecker soll durch den Vorstand des Netzwerks Deutscher Testamentsvollstrecker e.V. (www.NDTV.info) bestimmt werden. Der Ersatztestamentsvollstrecker erhält eine Vergütung nach der Empfehlung des Deutschen Notarvereins.

München, den 1.8.2011 Max Moormann

Zwei Einzeltestamente eines Paares ohne Trauschein mit gemeinsamem Kind: Das Kind wird Erbe, der Lebenspartner erhält Vermächtnisse

***Hinweis**: Dieser Text muss handschriftlich verfasst oder notariell beurkundet werden. Siehe auch Seite 60.*

Max Moormann und Frauke Fink leben in nicht ehelicher Lebensgemeinschaft und haben einen gemeinsamen Sohn. Nachdem das Paar von einem Fachanwalt für Erbrecht darüber informiert wurde, dass eine Erbeinsetzung des Lebenspartners nicht nur zu einer Pflichtteilshaftung, sondern auch zu erheblichen Steuernachteilen führen kann, errichten sie folgende Einzeltestamente:

Testament

1. Ich, Max Moormann, geboren am 16.5.1956, derzeit wohnhaft in München, Obermenzinger Straße 3, setze meinen Sohn Simon Fink, geboren am 18.8.1978, als Alleinerben ein.

Zu Ersatzerben bestimme ich dessen Abkömmlinge nach den Regeln der gesetzlichen Erbfolgeordnung, wiederum ersatzweise soll meine Lebensgefährtin Frauke Fink, geboren am 21.1.1961, Erbin werden.

2. Meine Lebensgefährtin Frauke Fink, geboren am 21.1.1961, erhält folgende Vermächtnisse:

a) Meine Lebensgefährtin Frauke Fink erhält ein lebenslanges Wohnrecht an meinem Einfamilienhaus in München, Obermenzinger Straße.

b) Meine Lebensgefährtin Frauke Fink erhält weiter den gesamten Hausrat und das Inventar des Einfamilienwohnhauses in München, Obermenzinger Straße 3, einschließlich des Pkws und aller persönlichen Gegenstände.

c) Meine Lebensgefährtin Frauke Fink erhält ein Geldvermächtnis im Werte von 50 Prozent des nach Abzug sämtlicher Verbindlichkeiten einschließlich Erbfallkosten verbleibenden Geld- und Wertpapiervermögens.

d) Für obige Vermächtnisse bestimme ich ausdrücklich keinen Ersatzvermächtnisnehmer.

3. Ich ordne Testamentsvollstreckung an und bestimme meine Lebensgefährtin Frauke Fink zur Testamentsvollstreckerin mit der Aufgabe, die ausgesetzten Vermächtnisse zu erfüllen. Sie erhält keine Vergütung. Die Testamentsvollstreckung endet mit Erfüllung der Vermächtnisse.

München, den 1.8.2011 Max Moormann

Testament

1. Ich, Frauke Fink, geboren am 21.1.1961, derzeit wohnhaft in München, Obermenzinger Straße 3, setze meinen Sohn Simon Fink, geboren am 18.8.1978, als Alleinerben ein.

Zu meinem Ersatzerben bestimme ich dessen Abkömmlinge nach den Regeln der gesetzlichen Erbfolgeordnung, wiederum ersatzweise meinen Lebensgefährten Max Moormann.

2. Meinem Lebensgefährten Max Moormann wende ich folgende Vermächtnisse zu:

a) Mein Lebensgefährte Max Moormann erhält ein lebenslanges Wohnrecht an meiner Ferienimmobilie in Kitzbühel, Kufsteiner Straße.

b) Mein Lebensgefährte Max Moormann erhält mein gesamtes Aktiendepot bei der Stadtsparkasse München.

c) Mein Lebensgefährte Max Moormann erhält sämtliche Bücher, Schallplatten und CDs, die sich bei meinem Ableben in meinem Eigentum befinden.

d) Für obige Vermächtnisse bestimme ich ausdrücklich keinen Ersatzvermächtnisnehmer.

3. Ich ordne Testamentsvollstreckung an und bestimme meinen Lebensgefährten Max Moormann zum Testamentsvollstrecker mit der Aufgabe, die ausgesetzten Vermächtnisse zu erfüllen. Er erhält keine Vergütung. Die Testamentsvollstreckung endet mit Erfüllung der Vermächtnisse.

München, den 1.8.2011 *Max Moormann*

Ehegattentestamente

Testament eines Ehepaares ohne Kinder

***Hinweis**: Dieser Text muss handschriftlich verfasst oder notariell beurkundet werden. Siehe auch Seite 60.*

Max Moormann möchte nicht nur alleine, sondern gemeinsam mit seiner Frau Frauke Moormann für den Erbfall vorsorgen und die letztwilligen Verfügungen aufeinander abstimmen. Es empfiehlt sich deshalb, ein gemeinschaftliches Ehegattentestament aufzusetzen. Wer Erbe im zweiten Erbfall wird, können die Eheleute frei entscheiden. Dies können etwa die Verwandten der Eheleute oder eine karitative Vereinigung sein. Das Ehepaar könnte wie folgt testieren:

Gemeinschaftliches Testament

1. Verfügung für den ersten Todesfall

Wir, die Eheleute Max und Frauke Moormann, setzen uns gegenseitig zum alleinigen Vollerben unseres gesamten Vermögens ein.

2. Verfügung für den zweiten Todesfall

a) Schlusserben beim Tod des Überlebenden von uns sind die Geschwister des Ehemannes zur Hälfte und die der Ehefrau zur anderen Hälfte, unter sich zu gleichen Teilen.

b) Zu Ersatzerben berufen wir die Abkömmlinge des jeweiligen Verwandten nach gesetzlicher Erbfolgeordnung, wiederum ersatzweise tritt Anwachsung ein.

3. Bindung

Unsere gegenseitig getroffenen Verfügungen für den ersten Todesfall sollen wechselbezüglich sein. Sie können nur gemeinschaftlich geändert oder einseitig durch notariell beglaubigten und anschließend zugestellten Widerruf aufgehoben werden.

1. Variante:

Nach dem Tode des Erstversterbenden von uns ist der überlebende Ehegatte nicht befugt, die Schlusserbeinsetzung unserer Geschwister abzuändern und anderweitig von Todes wegen zu verfügen.

2. Variante:

Nach dem Tod des Erstversterbenden von uns ist es dem Überlebenden gestattet, ohne Beeinträchtigung seines Alleinerbenrechts, einseitig dieses Testament beliebig zu ändern und anderweitig von Todes wegen zu verfügen. Er ist in keiner Weise an die getroffene Schlusserbeinsetzung unserer Geschwister gebunden.

3. Variante:

Nach dem Tod des Erstversterbenden von uns darf der Überlebende nur die Schlusserbeinsetzung seiner Geschwister beliebig von Todes wegen abändern. An die Erbeinsetzung der Geschwister des Erstversterbenden zur Hälfte des Nachlasses ist er gebunden.

4. Testamentsvollstreckung

Der Überlebende von uns ordnet Testamentsvollstreckung an. Der Testamentsvollstrecker hat den Nachlass abzuwickeln.

Zum Testamentsvollstrecker benennen wir Herrn Rechtsanwalt Max Maier, Theresienstr. 13 in München. Ersatzweise soll der Vorstand des Netzwerks Deutscher Testamentsvollstrecker e.V. mit Sitz in 12163 Berlin, Schloßstr. 26, einen geeigneten Ersatztestamentsvollstrecker bestimmen. Er erhält eine Vergütung entsprechend der Empfehlung des Deutschen Notarvereins.

München, den 1.8.2011 — *Max Moormann/Frauke Moormann*

Testament eines Ehepaares mit gemeinsamen und einseitigen Kindern (Patchwork-Familie): Einsetzung des Ehegatten als Alleinerben und der gemeinsamen Kinder als Schlusserben

***Hinweis**: Dieser Text muss handschriftlich verfasst oder notariell beurkundet werden. Siehe auch Seite 61.*

Das Ehepaar Max und Frauke Moormann möchte, dass der länger lebende Ehegatte nach dem Tod des Partners umfassend abgesichert ist. Wenn beide nicht mehr leben, sollen der Sohn Simon und die Tochter Theresa den gemeinsamen Nachlass erhalten. Klaus, das nicht eheliche Kind von Herrn Moormann, soll weder im ersten noch im zweiten Erbfall Erbe werden und nur den Pflichtteil erhalten. Um den Pflichtteil des nicht ehelichen Kindes nicht unnötig zu erhöhen, muss dafür Sorge getragen werden, dass für den Fall des Vorversterbens der Ehefrau deren Vermögen nicht uneingeschränkt in das Vermögen des Ehemannes übergeführt wird. Andernfalls errechnet sich der Wert des Pflichtteils unnötigerweise auch noch aus dem geerbten Vermögen der Ehefrau. Das Ehepaar Moormann könnte folgendes Testament errichten:

Gemeinschaftliches Testament

1. Verfügung für den ersten Todesfall

Wir, die Eheleute Max Moormann, geboren am 16.5.1956, und Frauke Moormann, geboren am 21.1.1962, beide derzeit wohnhaft in 80798 München, Augustenstraße 10, setzen uns gegenseitig zum alleinigen Vollerben unseres gesamten Vermögens ein.

2. Bedingtes Herausgabevermächtnis für den ersten Todesfall

Sollte ich, Frauke Moormann, die Erstversterbende sein, ist das gesamte aus meinem Nachlass noch vorhandene Vermögen einschließlich etwaiger Surrogate im Sinne von § 2111 BGB an unsere gemeinsamen Kinder Simon und Theresa, ersatzweise an deren Abkömmlinge, herauszugeben. Das Vermächtnis fällt mit meinem Tod an, wird aber erst beim Tod meines Mannes fällig.

Mein Mann darf unbeschränkt und in jeder rechtlich möglichen Weise, selbst unentgeltlich, über meinen Nachlass verfügen. Unsere Kinder erhalten nur den Überrest. Es besteht keine Verpflichtung zur ordnungsgemäßen Verwaltung. Sicherheiten, Auskünfte oder ein Nachlassverzeichnis können nicht verlangt werden.

3. Verfügungen für den zweiten Todesfall

a) Schlusserben beim Tod des Überlebenden von uns werden unsere Kinder Simon und Theresa zu gleichen Teilen.

b) Zu deren Ersatzerben bestimmen wir deren Abkömmlinge nach den Regeln der gesetzlichen Erbfolgeordnung, wiederum ersatzweise soll Anwachsung zu Gunsten des anderen Stammes eintreten.

c) Der nicht eheliche Sohn Klaus Mayer und seine Abkömmlinge werden enterbt.

4. Bindung

Unsere gegenseitig getroffenen Verfügungen für den ersten Todesfall sollen wechselbezüglich sein. Sie können nur gemeinschaftlich geändert oder einseitig durch notariell beglaubigten und anschließend zugestellten Widerruf aufgehoben werden.

Nach dem Tod des Erstversterbenden von uns ist der überlebende Ehegatte nicht befugt, die Schlusserbeinsetzung unserer Kinder abzuändern und anderweitig von Todes wegen zu verfügen.

München, den 1.8.2011 *Max Moormann/Frauke Moormann*

Testament eines Ehepaares mit gemeinsamen Kindern: Einsetzung der Kinder zu Erben und Nießbrauch zu Gunsten des überlebenden Ehegatten an den Erbteilen der Kinder

***Hinweis**: Dieser Text muss handschriftlich verfasst oder notariell beurkundet werden.* *Siehe auch Seite 62.*

Max und Frauke Moormann stehen beide wirtschaftlich auf eigenen, gesicherten Beinen. Sie möchten, dass der überlebende Ehegatte nach dem ersten Erbfall das Vermögen des Erstversterbenden umfassend nutzen kann, aber gleichzeitig sicherstellen, dass der Vermögensstamm des Erstversterbenden den Kindern zukommt. Das Ehepaar Moormann könnte folgendes Testament errichten:

Gemeinschaftliches Testament

1. Erbeinsetzung

Wir, die Eheleute Max und Frauke Moormann setzen bei unserem Tod unsere Kinder Simon und Theresa Moormann zu gleichen Teilen zu unseren Erben ein. Eine Nacherbfolge findet nicht statt. Ersatzerben unsere Kinder sind jeweils deren Abkömmlinge nach den Regeln und im Verhältnis der gesetzlichen Erbfolge.

2. Auseinandersetzung

Wir ordnen an, dass die Erbengemeinschaft nach dem Erstversterbenden von uns ist bis zum Tod des Längstlebenden nicht auseinandergesetzt werden darf.

3. Nießbrauch

Der Erstversterbende räumt dem Letztversterbenden von uns vermächtnisweise den Nießbrauch am gesamten Nachlass des Erstversterbenden ein.

Der Nießbrauch ist im Grundbuch durch Eintragung zu sichern, mit der Maßgabe, dass zur Löschung des Nießbrauchs der Nachweis des Todes des Berechtigten genügt.

4. Testamentsvollstreckung

Der Erstversterbende ordnet Testamentsvollstreckung durch den überlebenden Ehegatten an. Dieser hat die Aufgabe, das ausgesetzte Nießbrauchsvermächtnis zu erfüllen und den Nachlass für seine eigene Lebensdauer zu verwalten und über diesen zu verfügen.

Dem Testamentsvollstrecker werden, soweit gesetzlich zulässig, alle Befugnisse zur Erfüllung seiner Aufgaben eingeräumt. Er ist in der Eingehung von Verbindlichkeiten für den Nachlass nicht beschränkt. Er ist von den Beschränkungen des § 181 BGB befreit.

5. Bindung

Unsere gegenseitig getroffenen Verfügungen für den ersten Todesfall sollen wechselbezüglich und bindend sein.

Nach dem Tod des Erstversterbenden von uns, kann dieser seine letztwillige Verfügung beliebig abändern. Seine Stellung als Nießbraucher und Testamentsvollstrecker wird durch Ausübung des Änderungsrechts nicht tangiert.

München, den 1.8.2011 *Max Moormann/Frauke Moormann*

Testament eines Ehepaares mit gemeinsamen Kindern: Einsetzung des Ehegatten als Vorerben und der Kinder als Nacherben

***Hinweis**: Dieser Text muss handschriftlich verfasst oder notariell beurkundet werden. Siehe auch Seite 61.*

Das Ehepaar Max und Frauke Moormann möchte, dass nach dem ersten Todesfall der länger lebende Ehegatte umfassend abgesichert ist und keine Einbuße in seinem Lebensstandard erleidet. Gleichzeitig soll aber auch abgesichert werden, dass das im hälftigen Miteigentum stehende Haus der Ehegatten nicht veräußert und belastet werden kann. Es soll für den gemeinsamen Sohn Simon erhalten bleiben. Das Ehepaar Moormann könnte folgendes Testament errichten:

Gemeinschaftliches Testament

Wir, die Eheleute Max und Frauke Moormann, errichten nachfolgendes Testament

1. Verfügung des Erstversterbenden

Der Erstversterbende von uns setzt den überlebenden Ehegatten zu seinem alleinigen und nicht befreiten Vorerben ein.

Der Nacherbfall tritt mit dem Tod des überlebenden Ehegatten von uns ein. Als Nacherben bestimmen wir unseren Sohn Simon Moormann. Ersatznacherben sind jeweils dessen Abkömmlinge nach den Regeln und im Verhältnis der gesetzlichen Erbfolge.

Die Nacherbenanwartschaften sind nicht vererblich und übertragbar.

2. Verfügung des Letztversterbenden

Der Letztversterbende von uns setzt unseren Sohn Simon Moormann, ersatzweise dessen Abkömmlinge nach den Regeln der gesetzlichen Erbfolge, zu seinem alleinigen und ausschließlichen Vollerben ein. Eine Nacherbfolge findet nicht statt.

3. Bindung

Unsere gegenseitig getroffenen Verfügungen für den ersten und zweiten Todesfall sollen wechselbezüglich sein. Sie können nur gemeinschaftlich geändert oder einseitig durch notariell beglaubigten und anschließend zugestellten Widerruf aufgehoben werden.

Nach dem Tod des Erstversterbenden von uns ist der überlebende Ehegatte nicht befugt, die Schlusserbeinsetzung unseres Sohnes abzuändern und anderweitig von Todes wegen zu verfügen.

4. Anfechtungsverzicht

Wir verzichten hinsichtlich der Verfügung für den ersten und den zweiten Erbfall auf das uns zustehende Anfechtungsrecht nach § 2079 BGB für den Fall des Vorhandenseins oder Hinzutretens weitere Pflichtteilsberechtigter und schließen insoweit auch das Anfechtungsrecht Dritter aus.

München, den 1.8.2011 *Max Moormann/Frauke Moormann*

Testament eines Ehepaares mit gemeinsamen Kindern: Einsetzung des Ehegatten als Alleinerben und der Kinder als Schlusserben (Berliner Testament)

***Hinweis**: Dieser Text muss handschriftlich verfasst oder notariell beurkundet werden.* *Siehe auch Seite 61.*

Das Ehepaar Max und Frauke Moormann möchte, dass nach dem ersten Todesfall der länger lebende Ehegatte umfassend abgesichert ist. Erst wenn beide nicht mehr leben, sollen der Sohn Simon und die Tochter Theresa den gemeinsamen Nachlass erhalten. Das Ehepaar Moormann könnte folgendes Testament errichten:

Gemeinschaftliches Testament

1. Verfügung für den ersten Todesfall

Wir, die Eheleute Max Moormann, geboren am 16.5.1956, und Frauke Moormann, geboren am 21.1.1962, beide derzeit wohnhaft in 80798 München, Augustenstraße 10, setzen uns gegenseitig zu alleinigen und ausschließlichen Vollerben ein. Eine Nacherbfolge findet nicht statt.

2. Verfügungen für den zweiten Todesfall

Schlusserbe bei Tod des Überlebenden von uns sind unsere gemeinsamen Kinder Simon und Theresa, und zwar je zur Hälfte. Zu Ersatzerben unserer Kinder bestimmen wir jeweils deren Abkömmlinge, entsprechend den Regeln der gesetzlichen Erbfolgeordnung, wiederum ersatzweise soll Anwachsung eintreten.

3. Bindung

Unsere gegenseitig getroffenen Verfügungen für den ersten Todesfall sollen wechselbezüglich sein. Sie können nur gemeinschaftlich geändert oder einseitig durch notariell beglaubigten und anschließend zugestellten Widerruf aufgehoben werden.

Nach dem Tod des Erstversterbenden von uns ist der überlebende Ehegatte nicht befugt, die Schlusserbeinsetzung unserer Kinder beliebig abzuändern und anderweitig von Todes wegen zu verfügen.

4. Pflichtteilstrafklausel

Verlangen unsere Kinder auf den Tod des Erstversterbenden gegen unseren Willen ihren Pflichtteil, sind sie für den zweiten Todesfall von der Erbfolge ausgeschlossen. Ein Pflichtteilsverlangen setzt nur voraus, dass unsere Kinder Kenntnis von dieser Strafklausel haben.

München, den 1.8.2011 *Max Moormann/Frauke Moormann*

Testament eines Ehepaares mit einseitigen Kindern: Der Ehegatte wird Vermächtnisnehmer, die Kinder werden Miterben

***Hinweis**: Dieser Text muss handschriftlich verfasst oder notariell beurkundet werden. Siehe auch Seite 61.*

Max Moormann möchte mit seiner zweiten Ehefrau, Frauke Moormann, die letzten Dinge regeln. Aus seiner ersten geschiedenen Ehe sind zwei Kinder hervorgegangen, Simon und Theresa Moormann. Die zweite Ehe blieb kinderlos. Frauke Moormann hat keine eigenen Kinder und von den eigenen Eltern eine Eigentumswohnung und ein Aktiendepot geerbt. Da Frauke Moormann damit wirtschaftlich gut abgesichert ist, möchte das Ehepaar die beiden Kinder aus erster Ehe als Erben von Max Moormann einsetzen. Frauke Moormann möchte ihr Vermögen ihrer Nichte Nina Neumann zuwenden. Das Ehepaar Moormann könnte wie folgt testieren:

Gemeinschaftliches Testament

I. Verfügungen für das Ableben von Max Moormann.

1. Ich, Max Moormann, geboren am 16.5.1956, derzeit wohnhaft in 80798 München, Augustenstr. 10, setze meinen Sohn Simon Moormann, geboren am 18.8.1978, und meine Tochter Theresa Moormann, geboren am 16.5.1980, als Miterben zu je ein Halb ein.

Zu meinen Ersatzerben bestimme ich die Abkömmlinge meiner Kinder nach den Regeln der gesetzlichen Erbfolgeordnung, wiederum ersatzweise tritt Anwachsung zu Gunsten des anderen Stammes ein.

2. Sollte ich der Erstversterbende von uns beiden sein, ordne ich zu Gunsten meiner Frau Frauke Moormann folgende Vermächtnisse an:

a) ein lebenslanges Wohnrecht an meinem Einfamilienhaus in München, Obermenzinger Straße 3;

b) den gesamten Hausrat und das Inventar des Einfamilienwohnhauses in München, Obermenzinger Straße 3, einschließlich des Pkws und aller persönlicher Gegenstände und

c) einen Geldbetrag von 200.000 € - in Worten zweihunderttausend €.

II. Verfügungen für das Ableben von Frauke Moormann

1. Ich, Frauke Moormann, geboren am 21.1.1962, derzeit wohnhaft in 80798 München, Augustenstr. 10, setze zu meiner alleinigen Vollerbin meine Nichte Nina Neumann, geboren am 23.3.1984, ein. Diese Erbeinsetzung gilt unabhängig davon, ob ich vor oder nach meinem Ehemann Max Moormann versterbe.

Zu Ersatzerben bestimme ich die beiden Kinder meines Ehemannes, Simon Moormann und Theresa Moormann, wiederum ersatzweise deren Abkömmlinge nach den Regeln der gesetzlichen Erbfolgeordnung.

2. Für den Fall, dass ich vor meinem Ehemann Max Moormann versterbe, erhält dieser im Wege des Vermächtnisses ein lebenslanges Wohnrecht an meiner Ferienwohnung in Kitzbühel, Kufsteiner Straße.

III. Bindung

Nur die ausgesetzten Vermächtnisse zu Gunsten des jeweils anderen Ehegatten sind wechselbezüglich. Sie können entweder gemeinschaftlich geändert oder einseitig durch notariell beglaubigten und anschließend zugestellten Widerruf aufgehoben werden.

München, den 1.8.2011 *Max Moormann/Frauke Moormann*

Testament eines Ehepaares mit einseitigen Kindern (Patchwork-Familie): Der überlebende Ehegatte wird Vorerbe, das Kind des erstversterbenden Ehegatten Nacherbe

***Hinweis**: Dieser Text muss handschriftlich verfasst oder notariell beurkundet werden. Siehe auch Seite 60.*

Der Witwer Max Moormann und die Witwe Frauke Fink, die jeweils ein Kind aus erster Ehe haben, sind in zweiter Ehe miteinander verheiratet. Beide möchten ein Testament errichten, in dem der länger lebende Ehegatte Erbe wird. Wenn beide verstorben sind, sollen die Kinder Simon Moormann und Theresa Fink jeweils das Vermögen ihres Elternteils erhalten. Es soll verhindert werden, dass Familienbesitz des Erstversterbenden, insbesondere Immobilien, vom länger lebenden Ehegatten veräußert oder mit Grundpfandrechten belastet werden können. Das Ehepaar entschließt sich deshalb, den länger lebenden Ehegatten als Vorerben und das Kind des Erstversterbenden als Nacherben einzusetzen. Hierzu könnte folgendes gemeinschaftliches Testament errichtet werden:

Gemeinschaftliches Testament

Wir, die Eheleute Max Moormann, geboren am 16.5.1956, und Frauke Fink, geboren am 21.1.1962, beide derzeit wohnhaft in 80798 München, Augustenstraße 10, errichten nachfolgendes gemeinschaftliches Testament.

1. Verfügung des Erstversterbenden

Wir berufen uns gegenseitig zu alleinigen, nicht befreiten Vorerben.

Nacherbe des Erstversterbenden von uns ist dessen Kind aus erster Ehe, ersatzweise dessen Abkömmlinge nach den Regeln der gesetzlichen Erbfolge.

Der Nacherbfall tritt mit dem Tod des Vorerben ein.

Die Nacherbenanwartschaft ist nicht vererblich oder übertragbar.

2. Verfügung des Letztversterbenden

Der Überlebende von uns setzt sein Kind aus erster Ehe zu seinem alleinigen Vollerben ein, ersatzweise dessen Abkömmlinge nach den Regeln der gesetzlichen Erbfolge. Eine Nacherbfolge findet nicht statt.

3. Bindung

Unsere gegenseitig getroffenen Verfügungen für den ersten Todesfall sollen wechselbezüglich sein. Sie können nur gemeinschaftlich geändert oder einseitig durch notariell beglaubigten und anschließend zugestellten Widerruf aufgehoben werden.

Nach dem Tod des Erstversterbenden von uns ist der überlebende Ehegatte befugt, die Schlusserbeinsetzung seines Kindes beliebig abzuändern und anderweitig von Todes wegen zu verfügen.

München, den 1.8.2011 *Max Moormann/Frauke Moormann*

Ehegattentestament zu Gunsten eines behinderten Kindes

***Hinweis**: Dieser Text muss handschriftlich verfasst oder notariell beurkundet werden.*

Das Ehepaar Max und Frauke Moormann möchte für seinen geistig behinderten Sohn Simon vorsorgen und errichtet hierzu folgendes Testament:

Gemeinschaftliches Testament

Wir, Max Moormann, geboren am 16.5.1956, und Frauke Moormann, geboren am 21.1.1962, beide derzeit wohnhaft in 80798 München, Augustenstraße 10, sind miteinander verheiratet. Aus unserer Ehe sind die Kinder Simon, geboren am 23.7.1992, und Theresa, geboren am 14.5.1990, hervorgegangen. Unser Sohn Simon ist geistig behindert und bezieht Sozialhilfe.

Durch frühere Verfügungen von Todes wegen sind wir nicht daran gehindert, ein Testament zu errichten. Vorsorglich widerrufen wir alle früheren Verfügungen von Todes wegen und errichten nachfolgendes Testament.

1. Erbeinsetzung unseres behinderten Sohnes Simon

a) Unser Sohn Simon ist nicht befreiter Vorerbe nach dem ersten und zweiten Todesfall seiner Eltern. Seine Erbquote liegt 15 Prozent über seiner fiktiven Pflichtteilsquote nach dem Ableben eines jeden Elternteils. Die Nacherbfolge tritt beim Tode des Vorerben ein. Nacherbe ist der Längerlebende von uns.

b) Wenn unser Sohn Simon vor oder nach dem ersten Erbfall wegfällt, zum Beispiel durch Vorversterben oder Ausschlagung, entfällt die Vor- und Nacherbeneinsetzung. Sein Erbteil wächst dem Längerlebenden von uns an. Dieser wird also Alleinerbe. Ersatznacherbe ist unsere Tochter Theresa, weiter ersatzweise ihre jeweiligen Abkömmlinge nach den Regeln der gesetzlichen Erbfolge.

c) Das Recht des Ersatznacherben geht der Vererblichkeit des Nacherbenrechts vor. Die Nacherbenanwartschaft ist nicht übertragbar, es sei denn, an den Vorerben.

2. Gegenseitige Erbeinsetzung

a) Hinsichtlich des verbleibenden Erbteils setzen wir uns gegenseitig zum alleinigen Vollerben ein.

b) Schlusserbe nach dem Längerlebenden von uns ist unsere Tochter Theresa.

c) Wenn der Schlusserbe wegfällt, zum Beispiel durch Tod oder Ausschlagung, sind Ersatzerben seine Abkömmlinge. Wenn Abkömmlinge nicht vorhanden sind, ist Ersatzerbe der gemeinnützige „Verein für Behinderte e.V." mit Sitz in München.

3. Dauertestamentsvollstreckung

a) Wir ordnen Testamentsvollstreckung an. Aufgabe des Testamentsvollstreckers ist es, die Nachlassauseinandersetzung nach dem ersten und zweiten Erbfall zu betreiben und im Übrigen die Vorerbschaft nach dem ersten und zweiten Todesfall nach § 2216 Abs. 2 BGB zu verwalten. Von den Beschränkungen des § 181 BGB ist der Testamentsvollstrecker befreit.

b) Aus den Erträgen der Vorerbschaft hat der Testamentsvollstrecker unserem Sohn Simon nach billigem Ermessen gemäß §§ 315 ff. BGB für folgende Zwecke Mittel zur Verfügung zu stellen, auf die aber der Sozialhilfeträger nicht zugreifen kann bzw. auf die gewährte Sozialhilfeleistung nicht anrechenbar sind:

- *Taschengeld in angemessener Höhe,*
- *Kleidung, Bettwäsche,*
- *persönliche Anschaffungen, zum Beispiel zur Erfüllung geistiger oder künstlerischer Bedürfnisse, wozu insbesondere auch die Ausübung von Hobbys und Liebhabereien zählt, gerade im Hinblick auf die Stärkung der Psyche,*
- *die Einrichtung der Wohnung,*

- *Freizeit- und Urlaubsaufenthalte einschließlich der Anschaffung der dafür notwendigen Materialien und Ausstattungsgegenstände,*
- *ärztliche Behandlung, Therapien und Medikamente, die von der Krankenkasse nicht oder nicht vollständig bezahlt werden, zum Beispiel Brille, Zahnersatz, Kuraufenthalte, Besuche bei Verwandten und Freunden.*

c) Auf die Substanz des Vermögens darf der Testamentsvollstrecker zurückgreifen, sofern er dies für erforderlich hält. Der Testamentsvollstrecker wird ausdrücklich angewiesen, auf die Bedürfnisse und Wünsche unseres Sohnes einzugehen. Entscheidend ist immer das Wohl unseres Sohnes Simon.

d) Zum Testamentsvollstrecker bestimmen wir den länger lebenden Ehegatten von uns. Weiter ersatzweise unsere Tochter Theresa, weiter ersatzweise soll das „Netzwerk Deutscher Testamentsvollstrecker e.V." mit Geschäftssitz in 12163 Berlin, Schloßstr 26 (www.NDTV.info), einen Testamentsvollstrecker ernennen.

Wir ordnen an, dass der Testamentsvollstrecker eine angemessene Vergütung nach den Empfehlungen des Deutschen Notarvereins erhält.

4. Bindung

Wechselbezüglich ist nur unsere gegenseitige Einsetzung als Vollerben gemäß Ziffer 2 a). Dies kann nur gemeinschaftlich geändert oder einseitig durch notariell beglaubigten und anschließend zugestellten Widerruf aufgehoben werden.

Alle übrigen Verfügungen sind nicht wechselbezüglich. Der Längerlebende von uns ist befugt, auf den zweiten Todesfall seine Verfügungen zu widerrufen, zu ändern oder zu ergänzen. Auch lebzeitige Vermögensverfügungen sind uneingeschränkt zulässig. Nach dem Erstversterbenden unterliegt er also keiner Bindung.

München, den 1.8.2011 *Frauke Moormann*

Dies ist auch mein letzter Wille.

München, den 1.8.2011 *Max Moormann*

Erbvertrag eines Paares ohne Trauschein mit gemeinsamem Kind

***Hinweis**: Dieser Text muss notariell beurkundet werden.* *Siehe auch Seite 64.*

Max Moormann und seine Lebensgefährtin Frauke Fink möchten in einer gemeinsamen letztwilligen Verfügung für den Erbfall vorsorgen und wünschen, dass beim Tod des Längerlebenden der gemeinsame Sohn Simon Fink Erbe wird. In einer Beratung durch einen Fachanwalt für Erbrecht haben sie erfahren, dass nur Eheleute (sowie gleichgeschlechtliche eingetragene Lebenspartnerschaften) ein gemeinschaftliches und damit ein nach dem Tod des Erstversterbenden bindend werdendes Testament errichten können. Der Erbrechtsexperte rät deshalb dem Paar, folgenden Erbvertrag zu errichten, der allerdings der notariellen Beurkundung bedarf:

Erbvertrag

1. Verfügung für den ersten Todesfall

Wir, Herr Max Moormann, geboren am 16.5.1956, und Frau Frauke Fink, geboren am 21.1.1961, setzen uns gegenseitig in erbvertraglich bindender Weise zum alleinigen Vollerben unseres gesamten Vermögens ein.

2. Verfügung für den zweiten Todesfall

In erbvertraglich bindender Weise wird beim Tod des Überlebenden unser Sohn, Simon Fink, geboren am 18.8.1978, zum Schlusserben eingesetzt.

Zu Ersatzerben berufen wir die Abkömmlinge unseres Sohnes Simon nach gesetzlicher Erbfolgeordnung.

3. Rücktritt

Jeder von uns ist bis zum Tod des anderen Ehegatten zum Rücktritt vom Erbvertrag berechtigt. Der Rücktritt bedarf der notariellen Beurkundung und dessen Zustellung beim anderen Ehegatten. Durch den Rücktritt wird der Erbvertrag insgesamt gegenstandslos.

München, den 1.8.2009 Max Moormann

München, den 1.8.2009 Frauke Fink

(Beurkundungsvermerk des Notars)

Maßnahmen nach dem Erbfall

Schreiben an Lebens- und Unfallversicherungen

***Hinweis**: Diesen Text müssen Sie mit Ort, Datum, Vor- und Familiennamen unterschreiben und am besten per Einschreiben/Rückschein versenden.* *Siehe auch Seite 70.*

(Name und Anschrift des Erben) (Ort, Datum)

... - Versicherung

(Anschrift)

Einschreiben mit Rückschein

Nachlass des am ... verstorbenen ..., zuletzt wohnhaft ...

Versicherungs-Nr. ...

Sehr geehrte Damen und Herren,

in vorgenannter Nachlasssache übermittle ich Ihnen in der Anlage den mir vom Amtsgericht ... am ... erteilten Erbschein, der mich als Alleinerben des am ... verstorbenen ..., Ihres Versicherungsnehmers, ausweist.

Alternativ:

in vorgenannter Nachlasssache übermittle ich Ihnen in der Anlage eine beglaubigte Abschrift des notariellen Testaments vom ... des Notars ... aus ..., UR-Nr. ..., das mich als Alleinerben des am ... verstorbenen ... ausweist, nebst Kopie des Eröffnungsprotokolls.

In der Anlage beigefügt ist auch die Sterbeurkunde Ihres Versicherungsnehmers.

Nach den mir vorliegenden Informationen besteht eine Lebensversicherung/Unfallversicherung des Erblassers zu Gunsten ... Für die Mitteilung der Höhe der auszuzahlenden Versicherungssumme bin ich dankbar. Sofern ein Bezugsrecht zu Gunsten einer Person eingeräumt wurde, so widerrufe ich vorsorglich den vom Verstorbenen an Sie erteilten Auftrag, den Bezugsberechtigten vom Eintritt des Versicherungsfalls und der Zuwendung dieser Versicherungssumme zu benachrichtigen. Ich füge vorsorglich zudem eine bankmäßige Identitätsbescheinigung bei.

Im Falle des erfolgreichen Widerrufs überweisen Sie bitte die Versicherungssumme auf das Nachlasskonto Ihres verstorbenen Versicherungsnehmers bei der ..., Kontonr..., BLZ ..., ggf. IBAN ..., BIC ... Bitte überweisen Sie die Versicherungssumme mit dem Vermerk „Lebensversicherung/Unfallversicherung Nr. ...

Sollte das Versicherungsverhältnis schon vollumfänglich abgewickelt sein, bitte ich Auskünfte über die Höhe der zur Auszahlung gekommenen Versicherungsleistung und den Leistungsempfänger zu erteilen. Gleichzeitig bitte ich mitzuteilen, ob die Auszahlung auf Grund des Bezugsrechts oder gegen Vorlage der Versicherungspolice erfolgt ist.

Für eine baldige Rückmeldung bin ich dankbar.

Mit freundlichem Gruß

Unterschrift

Schreiben an Hausbank

Hinweis: *Diesen Text müssen Sie mit Ort, Datum, Vor- und Familiennamen unterschreiben und am besten per Einschreiben/Rückschein versenden. Siehe auch Seite 70.*

(Name und Anschrift des Erben) (Ort, Datum)

... - Bank

(Anschrift)

Einschreiben mit Rückschein

Nachlass des am ... verstorbenen ..., zuletzt wohnhaft ...

Konto-Nr. ...

Sehr geehrte Damen und Herren,

in vorgenannter Sache übermittle ich Ihnen in der Anlage den mir vom Amtsgericht ... am ... erteilten Erbschein, der mich als Alleinerben Ihres am ... verstorbenen Kunden ... ausweist.

Alternativ:

in vorgenannter Sache übermittele ich Ihnen in der Anlage eine beglaubigte Abschrift des notariellen Testaments vom ... des Notars ... aus ...,UR-Nr. ..., das mich als Alleinerben des am ... verstorbenen ... ausweist, nebst Kopie des Eröffnungsprotokolls.

In der Anlage beigefügt sind auch die entsprechende Sterbeurkunde und eine bankmäßige Identitätsbescheinigung meiner Person.

Ich bitte um Übermittlung eines Kundenfinanzstatus zum Todestag sowie eines Finanzstatus, aus dem sich der aktuelle Bestand des Nachlasses ergibt. Gleichzeitig bitte ich um Anfertigung einer Kontoverlaufsübersicht für die Zeit vom Todestag bis heute für sämtliche bei Ihnen geführten Konten. Die laufenden Kontoauszüge senden Sie bitte fortan an meine oben angegebene Adresse. Sollten Kontoeröffnungsanträge gestellt sein, Daueraufträge erteilt sein oder Darlehens- oder Bürgschaftsverträge geschlossen sein, bitte ich um Übersendung der betreffenden Unterlagen.

Bestehende Vollmachten widerrufe ich hiermit. Gleiches gilt für vom Erblasser erteilte Daueraufträge und Lastschrifteinzugsermächtigungen. Lastschriften und Einzügen widerspreche ich auch rückwirkend. Sofern Vollmachten bestanden haben, bitte ich um Mitteilung des Namens und der Anschrift des Bevollmächtigten und die Auskunft, in welchem Zeitraum die Vollmacht bestanden hat.

Soweit Ihrerseits Kenntnis über vom Erblasser abgeschlossene Lebensversicherungen, Sparverträge oder Ähnliches besteht, teilen Sie mir dies bitte unverzüglich mit. Vorsorglich widerrufe ich allerdings bereits jetzt sämtliche Schenkungsversprechen des Erblassers, die er zu Lebzeiten abgegeben hat, die aber noch nicht vollzogen wurden. Einem Vollzug durch Ihre Bank widerspreche ich. Sofern Sie an den Erblasser EC- oder Kreditkarten ausgegeben haben, bitte ich um sofortige Sperrung. Sollten sich Gläubiger des Erblassers bei Ihnen melden, darf ich Sie bitten, diese an meine oben angegebene Adresse zu verweisen.

Für Rückfragen stehe ich selbstverständlich zur Verfügung.

Mit freundlichem Gruß

Unterschrift

Schreiben zur Kontenrecherche an den Bankenverband mittel- und ostdeutscher Länder e.V.

***Hinweis**: Diesen Text müssen Sie mit Ort, Datum, Vor- und Familiennamen unterschreiben und am besten per Einschreiben/Rückschein versenden.* *Siehe auch Seite 70.*

(Name und Anschrift des Erben) (Ort, Datum)

Bankenverband mittel-
und ostdeutscher Länder e.V.
Kurfürstendamm 178/179
10707 Berlin

Nachlass des am ... verstorbenen ..., zuletzt wohnhaft ...

Sehr geehrte Damen und Herren,

in vorgenannter Sache übermittle ich Ihnen in der Anlage den mir vom Amtsgericht ... am ... erteilten Erbschein, der mich als Alleinerben Ihres am ... verstorbenen Kunden ... ausweist.

Alternativ:

in vorgenannter Sache übermittle ich Ihnen in der Anlage eine beglaubigte Abschrift des notariellen Testaments vom ... des Notars ... aus ...,UR-Nr. ..., das mich als Alleinerben des am ... verstorbenen ... ausweist, nebst Kopie des Eröffnungsprotokolls.

In der Anlage beigefügt sind auch die entsprechende Sterbeurkunde und eine bankmäßige Identitätsbescheinigung meiner Person.

Ich bitte um Ermittlung etwaiger vom Erblasser unterhaltener Konten und entsprechende Übermittlung des Ergebnisses Ihrer Recherchen an meine oben angegebene Adresse. Bitte teilen Sie mir außerdem mit, in welcher Höhe Kosten für Ihre Recherche entstehen und wie ich diese Kosten begleichen kann.

Für Ihre Bemühungen bedanke ich mich bereits im Voraus.

Mit freundlichem Gruß

Unterschrift

Schreiben an Versicherungen

***Hinweis**: Diesen Text müssen Sie mit Ort, Datum, Vor- und Familiennamen unterschreiben und am besten per Einschreiben/Rückschein versenden.* *Siehe auch Seite 70.*

(Name und Anschrift des Erben) (Ort, Datum)

... - Versicherung

(Anschrift)

Nachlass des am ... verstorbenen ..., zuletzt wohnhaft ...

Versicherungsnehmer: ...

Versicherungsnummer: ...

Sehr geehrte Damen und Herren,

in vorgenannter Sache übermittle ich Ihnen in der Anlage den mir vom Amtsgericht ... am ... erteilten Erbschein, der mich als Alleinerben Ihres am ... verstorbenen Kunden ... ausweist.

Alternativ:

in vorgenannter Sache übermittle ich Ihnen in der Anlage eine beglaubigte Abschrift des notariellen Testaments vom ... des Notars ... aus ...,UR-Nr. ..., das mich als Alleinerben des am ... verstorbenen ... ausweist, nebst Kopie des Eröffnungsprotokolls.

In der Anlage beigefügt sind auch die entsprechende Sterbeurkunde und eine bankmäßige Identitätsbescheinigung meiner Person.

In den Unterlagen des Verstorbenen habe ich oben genannten Versicherungsvertrag gefunden.

Das zwischen Ihnen und dem Verstorbenen bestehende Vertragsverhältnis kündige ich hiermit rückwirkend zum Todestag (...), hilfsweise fristlos. Bitte bestätigen Sie mir den Eingang dieses Schreibens und die Kündigung schriftlich. Bitte teilen Sie mir außerdem mit, ob der Verstorbene noch weitere Versicherungsverträge mit Ihrer Versicherungsgesellschaft abgeschlossen hat. Sollten Ihrerseits noch Forderungen gegen den Nachlass bestehen, bitte ich um entsprechende Auflistung und Übermittlung der Ihre Forderung begründenden Rechnungsbelege. Ein eventuelles Guthaben überweisen Sie bitte auf das Ihnen bekannte Girokonto des Erblassers.

Für Rückfragen stehe ich selbstverständlich zur Verfügung. Für Ihre Bemühungen bedanke ich mich bereits im Voraus.

Mit freundlichem Gruß

Unterschrift

Kündigung von Vertragsverhältnissen

***Hinweis**: Diesen Text müssen Sie mit Ort, Datum, Vor- und Familiennamen unterschreiben und am besten per Einschreiben/Rückschein versenden.* *Siehe auch Seite 69.*

(Name und Anschrift des Erben) (Ort, Datum)

(Name und Anschrift des Vertragspartners)

Einschreiben mit Rückschein

Nachlass des am ... verstorbenen ..., zuletzt wohnhaft ...

Kündigung der Mitgliedschaft/des Vertragsverhältnisses

Sehr geehrte Damen und Herren,

in vorgenannter Sache übermittle ich Ihnen in der Anlage den mir vom Amtsgericht ... am ... erteilten Erbschein, der mich als Alleinerben Ihres am ... verstorbenen Kunden/Mitglieds ... ausweist.

Alternativ:

in vorgenannter Sache übermittle ich Ihnen in der Anlage eine beglaubigte Abschrift des notariellen Testaments vom ... des Notars ... aus ...,UR-Nr. ..., das mich als Alleinerben des am ... verstorbenen ... ausweist, nebst Kopie des Eröffnungsprotokolls.

In der Anlage beigefügt sind auch die entsprechende Sterbeurkunde und eine bankmäßige Identitätsbescheinigung meiner Person.

Hiermit kündige ich das bestehende Mitgliedschaftsverhältnis/Vertragsverhältnis rückwirkend zum Todestag (...), hilfsweise fristlos. Bitte bestätigen Sie mir die Kündigung.

Sollten Ihrerseits noch Forderungen gegen den Nachlass bestehen, bitte ich um entsprechende Auflistung und Übermittlung der Ihre Forderung begründenden Rechnungsbelege. Ein eventuelles Guthaben überweisen Sie bitte auf das Ihnen bekannte Girokonto des Erblassers.

Mit freundlichem Gruß

Unterschrift

Kündigung eines Mietverhältnisses

***Hinweis**: Diesen Text müssen Sie mit Ort, Datum, Vor- und Familiennamen unterschreiben und am besten per Einschreiben/Rückschein versenden.* *Siehe auch Seite 73.*

(Name und Anschrift des Erben) (Ort, Datum)

(Name und Anschrift des Vermieters)

Einschreiben mit Rückschein

Nachlass des am ... verstorbenen ..., zuletzt wohnhaft ...

Kündigung des Mietvertrags

Sehr geehrte Damen und Herren,

in vorgenannter Sache übermittle ich Ihnen in der Anlage den mir vom Amtsgericht ... am ... erteilten Erbschein, der mich als Alleinerben Ihres am ... verstorbenen Kunden ... ausweist.

Alternativ:

in vorgenannter Sache übermittle ich Ihnen in der Anlage eine beglaubigte Abschrift des notariellen Testaments vom ... des Notars ... aus ...,UR-Nr. ..., das mich als Alleinerben des am ... verstorbenen ... ausweist, nebst Kopie des Eröffnungsprotokolls.

In der Anlage beigefügt sind auch die entsprechende Sterbeurkunde und eine bankmäßige Identitätsbescheinigung meiner Person.

Nach meinem Kenntnisstand hat der Verstorbene die oben genannte Wohnung von Ihnen gemietet. Von dem mir zustehenden Recht auf außerordentliche Kündigung des Mietverhältnisses gemäß § 564 BGB mache ich Gebrauch. Hiermit kündige ich das zwischen Ihnen und ... geschlossene Mietverhältnis gemäß Mietvertrag vom ... zum nächsten möglichen Zeitpunkt, dem ...

Um Mitteilung des derzeitigen Mietzinses und eventuell bestehender Mietrückstände wird gebeten. Für eine Überlassung des Mietvertrags und der letzten Mieterhöhungserklärung, jeweils in Kopie, bin ich dankbar. Ich bitte zudem um Rückmeldung, ob der Verstorbene eine Kaution geleistet hat und welcher Betrag sich momentan auf dem Kautionskonto befindet. Eine geleistete Kaution zahlen Sie bitte auf nachfolgendes Konto aus:

Kontoinhaber: ...
Konto-Nr.: ...
BLZ: ...

Bitte bestätigen Sie mir schriftlich den Erhalt dieses Kündigungsschreibens und den Kündigungstermin binnen 10 Tagen.

Die Mietwohnung wird bis spätestens ... geräumt sein und kann dann an Sie übergeben werden. Zur Vereinbarung eines Übergabetermins werde ich mich zu gegebener Zeit mit Ihnen in Verbindung setzen. Sofern ein Nachmieter schon früher als zum ... bereit ist, die Wohnung zu übernehmen, wäre ich für eine vorzeitige Entlassung aus dem Mietverhältnis dankbar. Sollten Sie im Besitz von Wohnungsschlüsseln sein, teilen Sie mir dies bitte kurz telefonisch mit.

Für Rückfragen stehe ich selbstverständlich zur Verfügung.

Mit freundlichem Gruß

Unterschrift

Widerspruch gegen Fortsetzung des Mietverhältnisses

***Hinweis**: Diesen Text müssen Sie mit Ort, Datum, Vor- und Familiennamen unterschreiben und am besten per Einschreiben/Rückschein versenden.*

(Name und Anschrift) (Ort, Datum)

(Name und Anschrift des Vermieters)

Einschreiben mit Rückschein

Nachlass des am ... verstorbenen ..., zuletzt wohnhaft ...

Widerspruch gegen Fortsetzung des Mietverhältnisses

Sehr geehrte Damen und Herren,

in vorgenannter Sache hatte der Verstorbene die oben genannte Wohnung von Ihnen allein gemietet. Als Ehefrau Ihres Mieters, die mit diesem einen gemeinsamen Haushalt führte, trete ich gemäß § 563 Abs. 1 BGB grundsätzlich automatisch in das Mietverhältnis ein. Vom Tod meines Mannes habe ich am ... Kenntnis erlangt und erkläre hiermit innerhalb der Monatsfrist des § 563 Abs. 3 BGB, und damit fristgemäß, Ihnen gegenüber, das Mietverhältnis nicht fortsetzen zu wollen.

Da über § 563 Abs. 2 BGB auf Grund meiner vorangegangenen Erklärung meine minderjährigen Kinder, die mit dem Verstorbenen und mir in einem gemeinsamen Haushalt gelebt haben, nunmehr in das Mietverhältnis eintreten würden, erkläre ich auch für diese, dass sie das Mietverhältnis mit Ihnen nicht fortsetzen wollen. Da weder meine Kinder noch ich Erben des am ... verstorbenen Erblassers geworden sind, ist eine Kündigung des Mietverhältnisses unsererseits nicht erforderlich.

Erben sind: ...

Mit freundlichem Gruß

Unterschrift

Schreiben an den Rentenservice

***Hinweis**: Diesen Text müssen Sie mit Ort, Datum, Vor- und Familiennamen unterschreiben und am besten per Einschreiben/Rückschein versenden.*

(Name und Anschrift des Erben) (Ort, Datum)

Deutsche Post AG Berlin
- Rentenservice -
Flohrstraße 21
13500 Berlin

Nachlass des am ... verstorbenen ..., zuletzt wohnhaft ...

Rentenversicherungs-Nr. ... **Rentenbezieher: ...**

Sehr geehrte Damen und Herren,

in vorgenannter Sache übermittle ich Ihnen in der Anlage den mir vom Amtsgericht ... am ... erteilten Erbschein, der mich als Alleinerben Ihres am ... verstorbenen Kunden ... ausweist.

Alternativ:

in vorgenannter Sache übermittle ich Ihnen in der Anlage eine beglaubigte Abschrift des notariellen Testaments vom ... des Notars ... aus ...,UR-Nr. ..., das mich als Alleinerben des am ... verstorbenen ... ausweist, nebst Kopie des Eröffnungsprotokolls.

In der Anlage beigefügt sind auch die entsprechende Sterbeurkunde und eine bankmäßige Identitätsbescheinigung meiner Person.

Bitte stellen Sie die monatlichen Rentenzahlungen ein und teilen Sie mir die bisher geleistete monatliche Rentenhöhe mit. Auch bitte ich um Auskunft über den letzten Zahlungsweg.

Mit freundlichem Gruß

Unterschrift

Schreiben an das Pflegeheim

***Hinweis**: Diesen Text müssen Sie mit Ort, Datum, Vor- und Familiennamen unterschreiben und am besten per Einschreiben/Rückschein versenden. Siehe auch Seite 68.*

(Name und Anschrift des Erben) (Ort, Datum)

(Name und Anschrift des Pflegeheims)

Einschreiben mit Rückschein

Nachlass des am ... verstorbenen ..., zuletzt wohnhaft ...

Sehr geehrte Damen und Herren,

in vorgenannter Sache übermittle ich Ihnen in der Anlage den mir vom Amtsgericht ... am ... erteilten Erbschein, der mich als Alleinerben Ihres am ... verstorbenen Kunden ... ausweist.

Alternativ:

in vorgenannter Sache übermittle ich Ihnen in der Anlage eine beglaubigte Abschrift des notariellen Testaments vom ... des Notars ... aus ...,UR-Nr. ..., das mich als Alleinerben des am ... verstorbenen ... ausweist, nebst Kopie des Eröffnungsprotokolls.

In der Anlage beigefügt sind auch die entsprechende Sterbeurkunde und eine bankmäßige Identitätsbescheinigung meiner Person.

Ich bitte um Auskunft Ihrerseits hinsichtlich nachfolgender Fragen:

- Befinden sich noch Hausratsgegenstände des Verstorbenen bei Ihnen, und falls dies der Fall sein sollte, welche Gegenstände sind noch vorhanden?
- Hat der Verstorbene Verwahrgelder oder Verwahrgegenstände hinterlassen?
- Besteht bei Ihnen noch ein Taschengeldkonto für den Verstorbenen, und falls ja, welchen Stand weist dieses auf?
- Wurde bei Ihnen ein Testament gefunden?

Noch vorhandene wertlose Nachlassgegenstände wie Bekleidung, Kosmetika, etc. stelle ich Ihrem Haus für soziale Zwecke zur Verfügung. Sofern in Ihrem Besitz noch Schlüssel des Verstorbenen zu dessen Wohnung sind, bitte ich Sie um eine zeitnahe unfreie Postzusendung. Bitte teilen Sie mir außerdem mit, ob Ihrerseits noch Forderungen gegen den Nachlass bestehen und in welcher Höhe. Die entsprechenden Rechnungsbelege lassen Sie mir bitte an meine obige Adresse zukommen. Im Falle des Bestehens einer Forderung Ihrerseits berufe ich mich vorsorglich bereits jetzt auf die Dreimonatseinrede gemäß § 2014 BGB.

Für Ihre Bemühungen bedanke ich mich bereits im Voraus.

Mit freundlichem Gruß

Unterschrift

Schreiben an Arbeitgeber

***Hinweis**: Diesen Text müssen Sie mit Ort, Datum, Vor- und Familiennamen unterschreiben und am besten per Einschreiben/Rückschein versenden.* *Siehe auch Seite 69.*

(Name und Anschrift des Erben) (Ort, Datum)

(Name und Anschrift des Arbeitgebers)

Einschreiben mit Rückschein

Nachlass des am ... verstorbenen ..., zuletzt wohnhaft ...

Sehr geehrte Damen und Herren,

in vorgenannter Sache übermittle ich Ihnen in der Anlage den mir vom Amtsgericht ... am ... erteilten Erbschein, der mich als Alleinerben Ihres am ... verstorbenen Kunden ... ausweist.

Alternativ:

in vorgenannter Sache übermittle ich Ihnen in der Anlage eine beglaubigte Abschrift des notariellen Testaments vom ... des Notars ... aus ...,UR-Nr. ..., das mich als Alleinerben des am ... verstorbenen ... ausweist, nebst Kopie des Eröffnungsprotokolls.

In der Anlage beigefügt sind auch die entsprechende Sterbeurkunde und eine bankmäßige Identitätsbescheinigung meiner Person.

Bitte lassen Sie mich wissen, ob von Ihrer Seite Sterbegeld an den Nachlass oder die Angehörigen gezahlt wird. Für eine Auskunft darüber, ob noch Ansprüche auf Arbeitsentgelt oder sonstige Leistungen ausstehen und ob das Arbeitsverhältnis tarifgebunden war, bin ich ebenfalls dankbar. Um Übermittlung der Arbeitspapiere, der Lohnsteuerkarte und sonstiger eventuell vorhandener Unterlagen wird gebeten. Auch eine Mitteilung Ihrerseits, auf welches Konto die Gehaltszahlungen erfolgt sind, ist für mich hilfreich. Sofern sich noch persönliche Gegenstände des Verstorbenen in Ihren Räumlichkeiten befinden, lassen Sie mich wissen, wann diese bei Ihnen abgeholt werden können. Sollte der Verstorbene im Todeszeitpunkt noch im Besitz von Arbeitsunterlagen oder Ähnlichem gewesen sein, die noch an Sie herausgegeben werden müssten, bin ich für entsprechende Hinweise dankbar und werde umgehend Sorge dafür tragen, dass Ihnen diese Unterlagen zukommen.

Ich bedanke mich bereits im Voraus für Ihre Bemühungen.

Mit freundlichem Gruß

Unterschrift

Schreiben an Erben wegen Übernahme der Beerdigungskosten

***Hinweis**: Diesen Text müssen Sie mit Ort, Datum, Vor- und Familiennamen unterschreiben und am besten per Einschreiben/Rückschein versenden.* *Siehe auch Seite 75.*

(Name und Anschrift des Trägers der Bestattungskosten) (Ort, Datum)

(Name und Anschrift des Erben)

Nachlass des am ... verstorbenen ..., zuletzt wohnhaft ...

Sehr geehrter ...,

in vorgenannter Sache habe ich für die Bestattung des am ... verstorbenen ..., zuletzt wohnhaft ..., Kosten übernommen. Zur Organisation der Bestattung bin ich vom Ordnungsamt der Stadt ... verpflichtet worden, da ich laut Gesetz zu den totenfürsorgeberechtigten Personen gehöre. Für die Bestattung sind mir nachfolgende Kosten entstanden:

1. ...
2. ...
3. ...

Die entsprechenden Rechnungsbelege und die Nachweise darüber, dass die Rechnungen aus meinem Vermögen beglichen wurden, sind als Anlage beigefügt. Da ich selbst nicht zu den Erben des ... gehöre, mache ich gegen Sie als Erben nunmehr den Anspruch auf Erstattung der Beerdigungskosten in Höhe von insgesamt ... € gemäß § 1968 BGB geltend.

Alternativ:

Da ich nur Miterbe des Verstorbenen bin, steht mir gegen die übrigen Mitglieder der Erbengemeinschaft, also auch Sie, ein Anspruch auf anteilige Erstattung der von mir getragenen Kosten zu. Entsprechend Ihrer Erbquote haben Sie daher die Bestattungskosten in Höhe von ... € zu tragen.

Bitte überweisen Sie den oben belegten Betrag innerhalb der nächsten 7 Werktage auf mein nachfolgend angegebenes Konto:

Bank ...
Kontoinhaber ...
Kontonr. ...
BLZ ...

Für eine zeitnahe Erledigung der Angelegenheit bin ich dankbar.

Mit freundlichem Gruß

Unterschrift

Schreiben an den Verband der Privaten Bausparkassen e.V.

***Hinweis**: Diesen Text müssen Sie mit Ort, Datum, Vor- und Familiennamen unterschreiben und am besten per Einschreiben/Rückschein versenden. Siehe auch Seite 70.*

(Name und Anschrift des Trägers der Bestattungskosten) (Ort, Datum)

Verband der Privaten Bausparkassen e.V.
Klingelhöferstraße 4
10785 Berlin

Nachlass des am ... verstorbenen ..., zuletzt wohnhaft ...

Sehr geehrte Damen und Herren,

in vorgenannter Sache übermittle ich Ihnen in der Anlage den mir vom Amtsgericht ... am ... erteilten Erbschein, der mich als Alleinerben Ihres am ... verstorbenen Kunden ... ausweist.

Alternativ:

in vorgenannter Sache übermittle ich Ihnen in der Anlage eine beglaubigte Abschrift des notariellen Testaments vom ... des Notars ... aus ...,UR-Nr. ..., das mich als Alleinerben des am ... verstorbenen ... ausweist, nebst Kopie des Eröffnungsprotokolls.

In der Anlage beigefügt sind auch die entsprechende Sterbeurkunde und eine bankmäßige Identitätsbescheinigung meiner Person.

Ich bitte um Ermittlung etwaiger vom Erblasser abgeschlossener Bausparverträge und die betreffenden Bausparkassen. Die Ergebnisse Ihrer Recherchen übermitteln Sie bitte an meine oben angegebene Adresse.

Bitte teilen Sie mir außerdem mit, in welcher Höhe Kosten für Ihre Recherche entstehen und wie ich diese Kosten begleichen kann.

Für Ihre Bemühungen bedanke ich mich bereits im Voraus.

Mit freundlichem Gruß

Unterschrift

Annahme eines Vermächtnisses

***Hinweis**: Diesen Text müssen Sie mit Ort, Datum, Vor- und Familiennamen unterschreiben und am besten per Einschreiben/Rückschein versenden.* *Siehe auch Seite 80.*

(Name und Anschrift des Vermächtnisnehmers) (Ort, Datum)

(Name und Anschrift des Erben)

Nachlass des am ... verstorbenen ..., zuletzt wohnhaft ...

Sehr geehrter ...,

hiermit teile ich mit, dass ich das mir vom Erblasser ... in seinem Testament vom ... /Erbvertrag vom ... zugewandte Vermächtnis ... annehme.

Bitte teilen Sie mir mit, wann ich mit der Erfüllung des Vermächtnisses rechnen kann und welche Maßnahmen von mir noch in die Wege geleitet werden müssen, damit eine schnelle Abwicklung erfolgen kann.

Für eine Besprechung der Angelegenheit stehe ich selbstverständlich zur Verfügung.

Mit freundlichem Gruß

Unterschrift

Ausschlagung eines Vermächtnisses

***Hinweis**: Diesen Text müssen Sie mit Ort, Datum, Vor- und Familiennamen unterschreiben und am besten per Einschreiben/Rückschein versenden.* *Siehe auch Seite 80.*

(Name und Anschrift des Vermächtnisnehmers) (Ort, Datum)

(Name und Anschrift des Erben)

Nachlass des am ... verstorbenen ..., zuletzt wohnhaft ...

Sehr geehrter ...,

hiermit teile ich mit, dass ich das mir vom Erblasser ... in seinem Testament vom ... /Erbvertrag vom ... zugewandte Vermächtnis ... ausschlage.

Mit freundlichem Gruß

Unterschrift

Erbausschlagungserklärung

***Hinweis**: Diese Ausschlagung müssen Sie binnen 6 Wochen nach dem Sterbefall vor einem Notar erklären und innerhalb dieser Frist muss die Erklärung dem Nachlassgericht vorliegen. Siehe auch Seite 79.*

(Name und Anschrift des Erbanwärters) (Ort, Datum)

Amtsgericht …

- Nachlassgericht -

…

Nachlass des am … verstorbenen …, zuletzt wohnhaft …

Am … ist der Erblasser …, mit letztem Wohnsitz in …, verstorben. Ob er eine Verfügung von Todes wegen hinterlassen hat, ist mir unbekannt.

Alternativ:

Der Erblasser hat ein privatschriftliches Testament vom … /einen Erbvertrag vom … hinterlassen.

Als Witwe des Verstorbenen komme ich neben unseren volljährigen Kindern

…, geboren am …

…, geboren am …

als gesetzliche Erbin in Betracht.

Der Nachlass ist nach meinem Kenntnisstand überschuldet.

Ich schlage die Erbschaft nach meinem Ehemann … für mich aus allen möglichen Berufungsgründen und ohne jede Bedingung aus.

Ort, Datum

Unterschrift

Notarielle Unterschriftsbeglaubigung

KAPITEL 6

Tabellen

Der gesetzliche Erbteil des Ehegatten

Der gesetzliche Erbteil des Ehegatten ist abhängig vom ehelichen Güterstand und den Kindern des Erblassers:

Der gesetzliche Erbteil des Ehegatten			
Güterstand	neben 1 Kind	neben 2 Kindern	bei mehr als 2 Kindern
Zugewinngemeinschaft	1/4 + 1/4 = 1/2	1/4 + 1/4 = 1/2	1/4 + 1/4 = 1/2
Gütertrennung	1/2	1/3	1/4
Gütergemeinschaft	1/4	1/4	1/4

Der Pflichtteil enterbter Ehegatten und Kinder

Die Höhe der Pflichtteilsquote ist abhängig davon, welche erbberechtigten Personen beteiligt sind und in welchem Güterstand die Eheleute lebten. Die nachfolgende Tabelle veranschaulicht die Abhängigkeit der Pflichtteilsquote von der Zahl der vorhandenen Kinder und vom ehelichen Güterstand:

Güterstand	**Pflichtteil des Ehegatten neben Abkömmlingen**			**Pflichtteil je Kind, falls Erblasser verheiratet war**		
				Anzahl der hinterlassenen Kinder		
				1	2	3
Zugewinngemeinschaft (erbrechtliche Lösung)	1/4 (großer Pflichtteil)			1/4	1/8	1/12
Zugewinngemeinschaft (güterrechtliche Lösung)	1/8 (kleiner Pflichtteil)			3/8	3/16	1/8
Gütertrennung	1 Kind 1/4	2 Kinder 1/6	3 u. mehr Kinder 1/8	1/4	1/6	1/8
Gütergemeinschaft	1/8			3/8	3/16	1/8

Die Erbschaftsteuerfreibeträge

Beschenkte und Erben sind in „Steuerklassen“ eingeteilt.

- Zur Steuerklasse I gehören der Ehegatte, der eingetragene Lebenspartner, die Kinder und Stiefkinder, die Abkömmlinge der Kinder und Stiefkinder sowie die Eltern und Voreltern im Falle eines Erwerbs von Todes wegen.
- Zur Steuerklasse II gehören die Eltern und Voreltern (wenn es sich nicht um ererbtes Vermögen handelt, sondern um eine Schenkung), die Geschwister, die Abkömmlinge ersten Grades von Geschwistern, somit die Neffen und Nichten, die Stiefeltern, Schwiegerkinder und Schwiegereltern sowie der geschiedene Ehegatte.
- Zur Steuerklasse III gehören alle übrigen Personen.

Von meist großer Bedeutung sind die „Freibeträge“. Diese Freibeträge werden zunächst von dem ererbten oder geschenkten Vermögen abgezogen. Nur der verbleibende Rest wird besteuert.

Erbschaftsteuer-Klassen und -Freibeträge		
Steuerklasse	Beschenkter, Erbe, Vermächtnisnehmer oder Pflichtteilsberechtigter	Persönlicher Freibetrag
I	Ehegatte; Eingetragener Lebenspartner	500.000 €
I	Kind; Stiefkind; Enkel, falls Eltern vorverstorben	400.000 €
I	Enkel; Urenkel; (wenn die Eltern noch leben)	200.000 €
I	Eltern und Großeltern im Erbfall	100.000 €
II	Eltern und Großeltern bei Schenkung; Geschwister; Neffen; Nichten; Stiefeltern; Schwiegerkinder; Schwiegereltern; geschiedener Ehegatte	20.000 €
III	alle Übrigen, insb. Paare ohne Trauschein	20.000 €

Die Erbschaftsteuertarife

Die Steuertarife für eine Schenkung oder eine Erbschaft (auch Vermächtnis oder Pflichtteil) richten sich nach der Höhe des geschenkten oder ererbten Vermögens sowie nach der jeweiligen Steuerklasse. Die Steuertarife stellen wir im Folgenden tabellarisch dar:

Erbschaftsteuertarif			
	Prozentsatz in der Steuerklasse		
Erwerb bis einschl. €	I	II	III
75.000	7	15	30
300.000	11	20	30
600.000	15	25	30
6.000.000	19	30	30
13.000.000	23	35	50
26.000.000	27	40	50
über 26.000.000	30	43	50

KAPITEL 7

Nützliche Adressen und Links

Gesetzestexte

Bundesgesetze: www.gesetze-im-internet.de
Bestattungsgesetze Länder: www.saarheim.de/Gesetze Laender/bestg_laender.htm

Erbrechtsinformationen

- Netzwerk Deutscher Erbrechtsexperten: www.ndeex.de
- Erbrecht in Europa: www.successions-Europe.eu/de/home
- Bundesjustizministerium: www.bmj.de/DE/Recht/BuergerlichesRecht/FamilienrechtErbrecht/_node.html
- Bundesgerichtshof: www.bundesgerichtshof.de

Rechtsanwälte, Steuerberater, Notare

- Bundesrechtsanwaltskammer: www.brak.de
- Bundessteuerberaterkammer: www.bstbk.de
- Bundesnotarkammer: www.bnotk.de/Buergerservice/Informationen/Erben/index.php
- Netzwerk Deutscher Erbrechtsexperten: www.NDEEX.de (siehe auch Seite 190)
- Netzwerk Deutscher Testamentsvollstrecker: www.NDTV.info

Testamentsvollstreckung

- Deutscher Notarverein: www.dnotv.de/Dokumente/Testamentsvollstrecker.html
- Netzwerk Deutscher Testamentsvollstrecker: www.ndtv.info

Patientenverfügung und Vorsorgevollmacht

- Bundesnotarkammer: www.vorsorgeregister.de
- Patientenschutzorganisation Deutsche Hospizstiftung: www.hospize.de
- Deutsches Rotes Kreuz: www.zentralarchiv.info

Organspenderausweis

- Bundeszentrale für gesundheitliche Aufklärung (BZgA): www.organspende-info.de

Betreuer

Bundesverband der Berufsbetreuer/-innen e.V.: www.bdb-ev.de
Verband freiberuflicher Betreuer/innen e.V.: www.vfbev.de

Betreuungs-Lexikon

- http://wiki.btprax.de/Hauptseite

Gesundheit

- Allergie-Verein in Europa e.V.: www.allergieverein-europa.de
- Bundesarbeitsgemeinschaft für Rehabilitation (BAR): www.bar-frankfurt.de
- Bundesarbeitsgemeinschaft „Hilfe für Behinderte“ e.V. (BAGH): www.bagh.de
- Bundesselbsthilfeverband für Osteoporose: www.bfo-aktuell.de
- Bundesverband der Kehlkopflosen e.V.: www.kehlkopflosenbundesverband.de
- Bundesverband für die Rehabilitation der Aphasiker e.V. (BRA): www.aphasiker.de
- Bundesverband für Rehabilitation und Interessenvertretung Behinderter (BDH): www.bdh-reha.de
- Bundesvereinigung Lebenshilfe für Menschen mit geistiger Behinderung e.V.: www.lebenshilfe.de
- Bundeszentrale für Gesundheitliche Aufklärung: www.bzga.de
- Deutsche AIDS-Hilfe e.V.: www.aidshilfe.de
- Deutsche Arbeitsgemeinschaft Selbsthilfegruppen e.V. (DAG SHG): www.dag-selbsthilfegruppen.de
- Deutsche Alzheimer Gesellschaft e.V.: www.deutsche-alzheimer.de
- Deutsche Gesellschaft für Muskelkranke e.V.: www.dgm.org
- Deutsche Herzstiftung: www.herzstiftung.de
- Deutsche Krebshilfe e.V.: www.krebshilfe.de
- Deutsche Multiple Sklerose Gesellschaft, Bundesverband e.V.: www.dmsg.de
- Deutsche Muskelschwund-Hilfe e.V.: www.muskelschwund.de
- Deutsche Parkinson Vereinigung e.V.: www.parkinson-vereinigung.de
- Deutsche Rheumaliga: www.rheuma-liga.de
- Deutsche Schlaganfall-Gesellschaft (DSG): www.dsg-info.de
- Deutsche Schmerzhilfe e.V.: www.schmerzhilfe.org
- Deutsche Schmerzliga e.V.: www.schmerzliga.de
- Deutsche Stiftung Organtransplantation: www.organspende-kampagne.de
- Gesamtverband für Suchtkrankenhilfe: www.sucht.org
- K.i.s.E. e.V., Kinder in schwieriger Ernährungssituation: www.kise-ev.de
- Kreuzbund e.V., Selbsthilfe- und Helfergemeinschaft für Suchtkranke: www.kreuzbund.de
- Kuratorium ZNS e.V., Für Unfallverletzte mit Schäden des zentralen Nervensystems: www.kuratorium-zns.de
- mammaNetz, Orientierung und Begleitung für Frauen mit Brustkrebs: www.mamma-netz.de
- Stiftung Deutsche Schlaganfall-Hilfe: www.schlaganfall-hilfe.de
- VPSM e.V., Verein gegen psychosozialen Stress und Mobbing: www.vpsm.de

Palliativmedizin

- Deutsche Gesellschaft für Palliativmedizin e.V.: www.dgpalliativmedizin.de
- Deutscher Hospiz- und PalliativVerband e.V.: www.hospiz.net.

Pflege

- Bundesarbeitsgemeinschaft Hauskrankenpflege e.V.: www.bah-bundesverband.de
- Deutsche Hospiz Stiftung: www.hospize.de
- Deutscher Verein für öffentliche und private Fürsorge: www.deutscher-verein.de

Senioren

- Bundesverband privater Anbieter sozialer Dienste e.V.: www.bpa.de
- Verband Deutscher Alten- und Behindertenhilfe e.V.: www.vdab.de
- Freie Wohlfahrtspflege: www.bagfw.de
- Arbeiterwohlfahrt Bundesverband e.V. (AWO): www.awo.org
- Deutscher Caritasverband e.V. (Caritas): www.caritas.de
- Deutscher Paritätischer Wohlfahrtsverband e.V.: www.paritaet.org
- Deutsches Rotes Kreuz e.V.: www.drk.de
- Diakonisches wird der EKD e.V.: www.diakonie.de

Berater im „Netzwerk Deutscher Erbrechtsexperten e.V." (www.NDEEX.de)

BADEN-WÜRTTEMBERG
Armin Abele
Rechtsanwalt, Fachanwalt für Erbrecht
72764 Reutlingen, Eberhardstraße 1
Telefon: 07121 324 180

Thomas Maulbetsch
Rechtsanwalt, Fachanwalt für Erbrecht
74847 Obrigheim, Hauptstraße 31
Telefon: 06261 671100

Wolfgang Roth
Rechtsanwalt, Fachanwalt für Erbrecht
74847 Obrigheim, Hauptstraße 31
Telefon: 06261 671100

Barbara Schüller
Rechtsanwältin, Fachanwältin für Erbrecht
79098 Freiburg, Wallstraße 2
Telefon: 0761 36333

Andreas Wolff
Rechtsanwalt, Fachanwalt für Erbrecht
68161 Mannheim, P 5, 11
Telefon: 0621 402206

BAYERN
Florian Enzensberger
Rechtsanwalt, Fachanwalt für Erbrecht
82362 Weilheim, Bahnhofstraße 9
Telefon: 0881 924900
82467 Garmisch-Partenkirchen, Ludwigstraße 81
Telefon: 08821 9669685

Bernhard F. Klinger
Rechtsanwalt, Fachanwalt für Erbrecht
81667 München, Innere Wiener Straße 13
Telefon: 089 210 10 20

Stefanie Scheuber
Rechtsanwältin, Fachanwältin für Erbrecht, Fachanwältin
für Miet- und Wohnungseigentumsrecht
90408 Nürnberg, Pirckheimerstraße 33
Telefon 0911 5868710

BERLIN
Johannes Schulte
Rechtsanwalt, Fachanwalt für Erbrecht, Fachanwalt für
Steuerrecht, Notar
12163 Berlin, Schloßstraße 26
Telefon: 030 8529066

HESSEN
Joachim Mohr
Rechtsanwalt, Fachanwalt für Erbrecht, Fachanwalt
für Familienrecht
35396 Gießen, Greizer Straße 1
Telefon: 0641 952600

MECKLENBURG-VORPOMMERN
Sven Klinger
Rechtsanwalt, Fachanwalt für Erbrecht
19053 Schwerin, Schlossstraße 14
Telefon: 0385 555194

NORDRHEIN-WESTFALEN
Klaus Becker
Rechtsanwalt, Fachanwalt für Erbrecht
52062 Aachen, Friedrich-Wilhelm-Platz 9–10
Telefon: 0241 24994

Hans-Oskar Jülicher
Rechtsanwalt, Fachanwalt für Erbrecht
52525 Heinsberg, Ostpromenade 1
Telefon: 02452 976090

Stephan Konrad
Rechtsanwalt, Fachanwalt für Erbrecht,
Fachanwalt für Miet- und Wohnungseigentumsrecht
33602 Bielefeld, Elsa-Brandström-Straße 2
Telefon: 0521 64647

RHEINLAND-PFALZ
Joachim Müller
Rechtsanwalt, Fachanwalt für Erbrecht
56564 Neuwied, Langendorfer Straße 145
Telefon: 02631 91650

SCHWEIZ
Dr. Bruno Eugster
Rechtsanwalt, Notar
CH 9001 St. Gallen, Neugasse 44
Telefon: 0041 71/22331 75

Stichwortverzeichnis